高等院校国际商务应用型规划教材

国际金融学理论与实训

李丹捷　白玮炜　主　编
高　西　来秀欣　副主编

对外经济贸易大学出版社
中国·北京

图书在版编目（CIP）数据

国际金融学理论与实训 / 李丹捷，白玮炜主编. —北京：对外经济贸易大学出版社，2020. 8
高等院校国际商务应用型规划教材
ISBN 978-7-5663-2168-8

Ⅰ. ①国… Ⅱ. ①李… ②白… Ⅲ. ①国际金融学-高等学校-教材 Ⅳ. ①F831

中国版本图书馆 CIP 数据核字（2020）第 115330 号

国际金融学理论与实训

李丹捷　白玮炜　**主编**

责任编辑：高　卓

出版发行：对外经济贸易大学出版社
社　　址：北京市朝阳区惠新东街 10 号
网　　址：www. uibep. com
资源网址：www. uibepresources. com
邮政编码：100029
邮购电话：010-64492338
发行部电话：010-64492342
E-mail：uibep@ 126. com

成品尺寸：185mm×260mm
印　　张：16. 25
字　　数：375 千字
ISBN 978-7-5663-2168-8
印　　刷：北京华创印务有限公司
版　　次：2020 年 8 月北京第 1 版
印　　次：2020 年 8 月第 1 次印刷
定　　价：42. 00 元

前　　言

20世纪60年代以来，生产和资本的国际化迅速展开，国际间的经济贸易往来促进了国际金融业务的发展。在长期的实践过程中，人们遇到了各种各样的独立于国际贸易学的国际货币金融问题，从而产生了相应的国际金融理论，这些理论反过来又对各国对外贸易的发展起到了催化和促进作用。当前，国际金融交易的增长速度大大超过了国际贸易的增长速度。国际金融领域不断发生着影响深远的变化和令人瞩目的事件，这推动了全球金融格局的变化，引发了金融海啸甚至全球的金融动荡，我们有必要在国际金融方面进行更为深入的研讨和更为广阔的探索。

国际金融学的研究对象主要包括两个方面：一方面是由不同货币之间的静态和动态关系所引发的各种微观主体之间的交往和联系；另一方面是从宏观角度出发的国内经济与国际经济之间的相互关系。本书涵盖国际金融学的重大理论、政策、制度等内容，主要适用于高等院校经济类专业本科生，从事涉外金融工作的人员，也可作为其他相关人员的培训和参考用书。本书编写的主要特点是：

1. 本书注重提高学生分析问题的能力，帮助学生掌握国际金融的分析思路和方法。全书大量分析各种金融问题，使学生具备理论与实际相结合的能力，并将丰富的理论知识应用于现实生活中。

2. 在内容体系的安排上，注重知识的内在逻辑性与讲解的循序渐进性，以利于学生的理解掌握。

3. 辅助学习资料完备。本书的每章都以“引言”和“学习目标”引领全章，使学生能提纲挈领地了解各章的学习目的和核心内容。章后附有“关键概念”“复习思考”和“实训案例”等内容，帮助学生梳理全章的关键内容，检验学习目标的完成情况，满足应用型人才培养的需求。

本书为集体劳动和团队合作的产物，由李丹捷老师编写大纲，并撰写第一、二、三、五、七章，白玮炜老师编写第四、六、九章，来秀欣老师编写第八、十一、十二章，高西老师编写第十章。感谢黄清南同学在本书修订过程中搜集数据、整理和校对。本书最终由李丹捷老师总纂定稿。

在本书的撰写过程中，编者参阅、借鉴了大量的文献资料和网上资料，这些参考文献为我们提供了丰富的素材和创作源泉，在此谨向有关作者、编者、出版社致谢。特别是，本书的出版承蒙对外经济贸易大学出版社各位编辑的帮助，在此致以诚挚的谢意。

当今世界，经济与金融的发展日新月异，国际金融无论是在市场规模、交易工具、创新手段，还是在经营方式等方面，无一不在经历着前所未有的变化。由于笔者水平有限，书中的错误、疏漏和不足在所难免，希望广大读者不吝批评、指正，以便再版时得以完善和补充。

目　录

第三篇 国际货币体系与汇率制度

第四篇 国际资本流动与国际金融市场

第五篇 国际金融危机理论与国际金融监管

第一篇

国际收支与国际储备

第一章　国际收支与国际收支平衡表

引　言

伴随各国经济的对外开放和世界经济一体化的发展，国与国之间的经济交往日益增多，交往的形式也日益多样化。在国际经济交往中，通常会形成国际债权债务关系以及国际货币收支关系，从而产生国际收支问题。国际收支是国际经济活动的重要内容，常被作为研究国际金融问题的起点。

国家外汇管理局《2019年上半年中国国际收支报告》显示，2019年上半年，全球经济增长动能减弱、下行风险增加，贸易保护主义升级，国际金融市场波动加大；中国经济运行总体平稳、稳中有进，主要宏观经济指标保持在合理区间，人民币对美元汇率双向波动增强。

2019年上半年，中国国际收支保持基本平衡。经常账户差额继续处于合理区间，上半年顺差882亿美元，与国内生产总值（GDP）之比为1.3%。其中，货物贸易顺差同比增加，服务贸易逆差收窄，投资收益由逆差转为小幅顺差。跨境资本流动总体稳定，呈现净流入态势。境内主体对外直接投资、对外证券投资平稳有序；境外投资者投资境内市场意愿保持稳定，投资结构优化，非储备性质的金融账户顺差454亿美元。其中，直接投资顺差保持平稳，仍是重要的顺差来源；证券投资延续顺差，反映了证券市场开放效果以及人民币资产的国际吸引力；其他投资逆差减少。中国交易形成的储备资产小幅增加、保持稳定，体现了国际收支基本平衡的结果。

上述国际收支运行状态都会体现在一国的国际收支平衡表中。国际收支平衡表是分析一国对内、对外经济的重要工具。因此，正确理解和掌握国际收支的内容，科学分析一国国际收支的情况，具有非常重要的意义。

学习目标

通过本章的学习，学生应掌握国际收支的基本概念、国际收支平衡表及其项目构成，国际收支账户分析的基本原理和方法以及一国国际收支状况与一国宏观经济状况之间的关系，为学习国际收支管理理论打下基础。

第一节　国际收支概述

国际收支（Balance of Payments，BOP）的概念有狭义和广义之分。狭义的国际收支概念是第一次世界大战和第二次世界大战之间各国普遍采用的概念。广义的国际收支概念自第二次世界大战后才广泛流行起来，也是目前采用的国际收支概念。

一、狭义的国际收支概念

早在 17 世纪初欧洲重商主义盛行阶段，国际贸易活动便很频繁。那时国际间的经济交易仅仅局限于有形商品的贸易。那时的国际收支仅指一国在一定时期内商品进出口的贸易收支，其含义主要是指一国对外贸易需要结算的差额。

国际金本位制度崩溃以后，随着国际间经济交易内容和范围的扩大，国际收支已从贸易收支概念扩展为外汇收支概念。凡在国际经济交往（包括国际借贷）中必须使用外汇收支进行清算的交易都属于国际收支的范围。现在，我们把这种外汇收支称为狭义的国际收支。狭义的国际收支概念不包括无外汇收支的国际经济交易。

因此，狭义的国际收支概念是指一国在一定时期内（通常为一年），同其他国家为清算到期的债权债务所发生的外汇收支的综合。这一概念强调到期立即结清和以现金做出支付，只要是未到期前无须办理结清收付的国际借贷，对一国的国际收支就不会产生实际影响。

总之，凡是在报告期内涉及外汇收支的交易，均属于狭义的国际收支范畴。狭义的国际收支是建立在现金基础上的，所以国际收支的状况直接影响一国的外汇供求关系。

二、广义的国际收支概念

第二次世界大战后，随着对外贸易的进一步发展，以及国际政治、经济、文化往来的日益密切，国际经济关系更加广泛。不仅结算手段越来越多样化，而且商品、技术和服务的国际交流，资本的流动，以及无偿性质的捐款、赠款、侨汇等单方转移和国际援助等，都有了迅猛发展。其中，有许多交易并不涉及外汇收支。这样，广义的国际收支概念不再以支付为基础（On Payments Basis），而是以交易为基础（On Transactions Basis）。目前，世界各国普遍采用广义的国际收支概念。

狭义的国际收支强调现金基础；广义的国际收支则强调国际经济交易的业务基础，即将不需货币偿付的各种“援助”项目和不需现金支付的物资、服务之间的交换以及赊购赊销的信用交易项目也均列入国际收支。据此，国际货币基金组织（IMF）对广义的国际收支定义为：在一定时期内一国居民与非居民之间全部政治、经济、文化往来所产生的经济交易的系统的货币记录。对广义的国际收支概念应从以下几个方面理解。

（一）国际收支是一个流量概念

当人们提及国际收支时，必须指明其属于哪一个时期，这一报告期可以是一年，也可以是一个季度或一个月，各国通常以一年为一个报告期。

（二）国际收支所反映的内容是经济交易

广义的国际收支与支付没有关系，而是以经济交易为基础，以货币形式记录下来。有些交易可能不涉及货币支付，但这些未涉及货币收支的交易需折算成货币加以记录。

所谓经济交易，是指经济价值从一个经济体向另一个经济体的转移。从内容上看，经济交易有五种类型。

（1）交换。即一交易者（经济体）向另一交易者提供了一宗经济价值，并从对方得到价值相等的回报。这里所说的经济价值，可概括为实际资源（货物、服务、收入）和金融资产。如简单的货物贸易，金融资产之间的交换，货币资本借贷、对外直接投资、有价证券投资以及无形资产（如专利权、版权）的转让买卖等。

（2）转移。即一交易者（经济体）向另一交易者提供了一宗经济价值，但并未从对方得到对应的、价值相等的回报。如无偿的物资捐赠、服务和技术援助，债权国对债务国给予的债务注销，富裕国家对低收入国家的投资捐赠等。

（3）移居。即一个人把住所从一经济体搬迁到另一经济体的行为。居民所属经济体的变化，带来经济体间债权、债务以及伴随移居所发生的经济价值的转移。

（4）其他根据推论而存在的交易。在一些情况下，即使实际流动没有发生，也可以根据推论确定交易的存在，记录在国际收支中。例如，国外直接投资收益的再投资，投资者的海外子公司所获收益中，一部分是属于投资者本人的，如果这部分收益用于再投资，则必须在国际收支中反映出来，尽管这一行为并不涉及两国间的资金与服务的流动。

（5）债权、债务的再分类。根据国际货币基金组织的《国际收支手册》（第六版手册的名称为《国际收支和国际投资头寸手册》），国际收支平衡表中金融项目要反映债权人和债务人的动机，因此金融项目要根据动机的变化进行重新分类。例如，拥有国外某公司股票的几个彼此独立的投资者，如果旨在获得股利收入，则是一般的证券投资；如果他们联合起来组成一个集团，以便在管理上控制该公司，这时他们持有的股份就成了直接投资。这样的再分类就要在发生期末记入国际收支头寸中，而不是国际收支平衡表中。

（三）国际收支所记载的经济交易必须发生于一国居民与非居民之间

判断一项经济交易是否应计入国际收支范围的依据不是国籍和国界，而是交易双方是否分别为该国的居民和非居民。只有居民与非居民之间的经济交易才计入国际收支。居民是指在一国的经济领土内具有一定经济利益中心的经济单位，符合上述情况的他国公民也可能属于本国居民。

所谓经济领土，一般包括一个政府所管辖的地理领土，也包括该国天空、水域和临近水域下的大陆架以及该国在世界其他地方的飞地，还包括海关控制下的自由区和离岸企业经营的保税仓库或工厂。坐落在一国地理边界内的外国政府或国际机构使用的领土飞地不作为该国经济领土的组成部分。

所谓在一国经济领土内具有一定经济利益中心，是指该单位在某国的经济领土内在一年或一年以上的时间中已经或计划从事大规模的经济活动或交易。

对于一经济体而言，居民可分为自然人居民和法人居民。自然人居民是指那些在本国居住时间长达一年以上的个人。法人居民是指在本国从事经济活动的各级政府机构、企业和非营利团体。官方外交使节、驻外军事人员等一律是所在国的非居民。国际性机构，诸如联合国、国际货币基金组织等，也是任何国家的非居民。

第二节 国际收支平衡表

一、国际收支平衡表的概念与结构

国际收支平衡表是指按照一定的编制原则和格式，一国在一定时期内所有国际经济活动收入与支出的系统记录。国际收支平衡表是反映和说明该国国际收支状况的表式，是反映一国对外经济发展、偿债能力等关键信息的重要文件，也是各国制定开放经济条件下宏观经济政策的基本依据。

国际货币基金组织发布的《国际收支手册》是世界各国编制国际收支平衡表的指导性框架工具，也是分析判断各国国际经济地位的基本数据参考。国际货币基金组织于1993年出版了《国际收支手册》（第五版），对编制国际收支平衡表所采用的概念、准则、惯例、分类方法以及标准构成都做了统一的说明；2008年又公布了最新版（第六版）的手册，其名称修改为《国际收支和国际投资头寸手册》，扩展并充实了第五版的相关内容，对货物与服务贸易收支部分子项目进行了调整，更加突出对国际投资和国际金融交易的记录。国际收支平衡表的结构为“T形账户”，分为借方和贷方两栏。国际收支平衡表的结构如表1-1所示。

表1-1　国际收支平衡表　　单位：亿美元

	贷方（+）	借方（-）	差额
经常账户			
资本账户			
金融账户			
误差与遗漏账户			

二、国际收支平衡表的编制原则

（一）复式记账原则

任何一笔国际经济交易都应在借贷双方同时反映。复式记账法是常用的会计报表编制方法，其特征可以概括为两点：一是会计科目划分为借方和贷方，借方科目为资金占用类科目，如货物和服务进口，应付收入，资产增加或负债减少，记为“-”，反映对外支付情况；贷方科目为资金来源类科目，如货物和服务出口，应收收入，资产减少或负债增加，记为“+”，反映接受付款情况。二是每一笔交易需要同时留下金额相同、方向相反的借记和贷记两个记录。

（二）权责发生制原则

交易的记录时间应以经济所有权转移为标准。在国际经济交易中，如签订买卖合同、货物装运、结算、交货、付款等一般都是在不同日期进行的，为了统一各国的记录口径，国际货币基金组织采用所有权变更原则。只要两国之间发生了债权债务关系，即使没有实现现金支付，也要按照所有权转移的日期记入国际收支平衡表。

（三）市场价格原则

每笔交易的记录都以市场价格或其等值为依据确定交易的价值。关于贸易收支的价格，按照国际惯例，出口国以离岸价（FOB）来计算，进口国以到岸价（CIF）来计算。为了统一记录口径，国际货币基金组织建议无论进出口均采用离岸价来记入各国国际收支平衡表，到岸价中的运费和保险费列入服务收支。

（四）单一记账货币原则

国际收支平衡表是以货币记录的交易，对于有些可能不涉及货币支付的交易，需折算成货币加以记录。所有记账单位要折合为同一种货币。由于国际经济交易使用多种货币，需要将多种货币转换成单一货币表示，原则上应当按照签约时的汇率对交易金额进行转换。记账货币可以是本国货币，也可以是外国货币。比如，我国国际收支平衡表的记账货币是美元（外国货币），美国采用的也是美元（本国货币）。

三、国际收支平衡表的内容

根据《国际收支和国际投资头寸手册》的规定，国际收支平衡表中的全部账户可分为四大类：经常账户、资本账户、金融账户以及误差与遗漏账户。

（一）经常账户

经常账户显示的是居民与非居民之间货物、服务、初次收入和二次收入的流量。经常账户是国际收支中十分重要的账户类别。

1. 货物和服务

货物包括一般商品、用于加工的货物、货物修理、各种运输工具在港口购买的货物以及非货币用黄金。货物贸易又称有形贸易（Visible Trade）。此账户系统记录了一国的商品进出口情况，往往对一国国际收支的经常项目乃至整个国际收支的状况起着决定性作用。国际货币基金组织规定，进出口商品价格均应按离岸价格（FOB）计算。

服务贸易又称无形贸易（Invisible Trade）。此账户记录的内容较为复杂，包括运输服务，旅游服务，通信服务，建筑服务，保险服务，金融服务，计算机和信息服务，专有权利使用费和特许费，其他商业服务，个人、文化和娱乐服务以及别处未提及的政府服务。其中，通信服务、保险服务、金融服务、计算机和信息服务、专有权利使用费和特许费以及其他商业服务在当代国际贸易中地位越来越重要。

《国际收支和国际投资头寸手册》将加工贸易从货物贸易调整到服务贸易项下；将转手贸易从服务贸易调整到货物贸易的一般贸易项下，并采用交易价格而非离岸价格进行估价。

2. 初次收入

初次收入是因为提供服务、金融资产和出租自然资源而获得的回报，包括雇员报酬、利息、公司的已分配收益、再投资收益、租金。初次收入分为以下两类。

（1）与生产过程相关的收入。雇员报酬是向生产过程投入服务的收入。对产品和生产的税收和补贴也是有关生产的收入。

（2）与金融资产和其他非生产资产所有权相关的收入。财产收入是提供金融资产和出租自然资源所得的回报。投资收益是提供金融资产所得的回报，包括股利和准公司收益提取、再投资收益和利息。但是，对金融衍生产品和雇员认股权的所有权不产生投资收益。

3. 二次收入

二次收入账户表示居民与非居民之间的经常转移，主要是通过政府或慈善组织等的经常转移对收入重新分配。转移可以为现金或实物。资本转移列示于资本账户中。经常转移包括各级政府的转移（如战争赔款、政府间的经济援助、军事援助和捐赠、政府与国际组织间定期缴纳的费用以及国际组织作为一项政策向各国政府定期提供的转移等）和其他私人转移（如侨汇、捐赠、继承、赡养费、资助性汇款、退休金等）。

（二）资本账户

与第五版“资本与金融账户”不同，《国际收支和国际投资头寸手册》将资本账户与金融账户分别单独列出。资本账户包括居民与非居民之间的应收和应付资本转移以及居民与非居民之间非生产非金融资产的取得和处置。

非生产非金融资产包括自然资源、契约、租约和许可、营销资产（和商誉）。自然资源包括土地、矿产权、林业权、水资源、渔业权、大气空间和电磁光谱；契约、租约和许可（包括确认为经济资产的契约、租约和许可），这些资产为社会和其法律体系所创建，有时称为无形资产；营销资产包括品牌、报刊名称、商标、标志和域名等。

资本转移包括债务减免、非人寿保险索赔、投资捐赠、一次性担保和其他债务承担、税金及其他资本转移。主要涉及以下三项所有权的转移：固定资产所有权的资产转移；同固定资产收买或放弃相联系的或以其为条件的资产转移；债权人不索取任何回报而取消的债务。

（三）金融账户

金融账户记录涉及金融资产与负债以及发生于居民与非居民之间的交易。金融账户可以细分为直接投资、证券投资、金融衍生品（储备资产除外）和雇员认股权、其他投资和储备资产五类。与经常账户不同，金融账户的各个项目并不按借贷方总额来记录，而是按资产净获得和负债净发生来记入相应的借方或贷方。

金融账户中的会计分录可以为货物、服务、收入、资本账户或其他金融账户分录的对应分录。例如，货物出口的对应分录通常为金融资产的增加，如货币和存款或贸易信贷的增加。

金融账户标准组成部分根据投资类型或功能可以分为直接投资、证券投资、金融衍生品和雇员认股权、其他投资以及储备资产。

（1）直接投资。其特征是投资者对非居民企业的经营管理拥有有效的控制权。直接投资可以采取直接在国外投资兴建企业的形式，也可以采取购买非居民企业一定比例股票的形式，或采取将投资利润进行再投资的形式。

（2）证券投资。证券投资指没有被列入直接投资或储备资产的，有关债务或股本证券的跨境交易和头寸，主要指购买非居民政府的长期债券和非居民公司的股票、债券等。需指出的是，当证券投资中拥有非居民企业股权达到一定比例时（如美国规定达到10%以上，国际货币基金组织规定25%以上），就被认定为直接投资。

（3）金融衍生品和雇员认股权。金融衍生合约是一种金融工具，该金融工具与另一个特定的金融工具、指标或商品挂钩，通过这种挂钩，可以在金融市场上对特定金融风险本身（例如，利率风险、外汇风险、股权和商品价格风险、信用风险等）进行交易。

（4）其他投资。凡不包括在直接投资、证券投资和储备资产中的一切金融交易均记录在此。这些交易包括长短期的贸易信贷、贷款、货币和存款以及应收款项和应付款项，如政府贷款、银行贷款和贸易融资等长短期贷款。

（5）储备资产。储备资产是由货币当局控制，并随时可供货币当局用来满足国际收支资金需求，用以干预汇兑市场影响货币汇率，以及用于其他相关目的（例如，维护人们对货币和经济的信心，作为向外国借款的基础）的对外资产。储备资产必须是外币资产和实际存在的资产，各项有效协议下产生的债权，不包括潜在的资产，如掉期安排和信贷额度下可得到的外汇都不构成现有的债权。由货币当局“控制”和“可供使用”是储备资产的基本特征。

储备资产包括货币黄金、特别提款权持有额、在国际货币基金组织的储备头寸、货币和存款、证券（包括债务和股本证券）、金融衍生产品和其他债权（贷款和其他金融工具）。储备资产的增加总是经常账户和其他金融账户上有一笔顺差发生；储备资产的减少则是经常账户和其他金融账户上有一笔逆差发生。另一方面，经常账户上的净差额又要通过储备账户的减少（或增加）或其他金融账务的对外净借入来平衡。

（四）误差与遗漏账户

国际收支平衡表采用复式记账法。由于统计资料来源不同，或资料不全，或资料本身错漏，或未记录，造成统计上的误差和遗漏，导致国际收支借方与贷方金额不相等。为了使借贷双方总额人为地达到相等，特设立误差与遗漏项目，以轧平借贷差额。如果借方总额大于贷方总额，其差额记入该账户的贷方；反之，记入借方。

误差与遗漏账户能够在一定程度上反映一国国际收支统计质量的高低。根据国际惯例，只要误差与遗漏账户占国际收支口径的货物进出口额的比重不超过5%，都是可以接受的。

四、编制实例

国际收支平衡表是按照复式记账原理编制出来的会计报表，因此每笔经济交易用两个或两个以上的有关账户同时进行记录，从而全面地、相互联系地反映每项经济交易所引起的外汇资金和运用的增减变动。

在国际收支平衡表中，一般用“借”“贷”反映外汇资金来源和运用的增减变动。“贷方”反映外汇收入，负债增加，资产减少；“借方”反映外汇支出，负债减少，资产增加。

现在以A国某时期内的国际经济交易为例，说明其国际收支平衡表（见表1-2）的编制。

（1）A 国企业出口价值 100 万美元的纺织品。这说明 A 国出口商品，意味着本国资产的减少，所以应记在“货物出口”的贷方；同时也表明 A 国的外汇资产增加，应记在金融账户中的“其他投资”的借方。

借：其他投资　　100 万美元

　　贷：货物出口　　100 万美元

（2）A 国居民到欧洲旅行，动用了其在德国的存款 20 万美元。本国居民到国外旅游意味着外汇支出，所以应记入“服务进口”的借方，同时在外国银行存款减少应记入“其他投资”的贷方。

借：服务进口　　20 万美元

　　贷：其他投资　　20 万美元

（3）为帮助某国灾后重建，A 国政府动用外汇储备 200 万美元提供无偿援助，另提供相当于 200 万美元的食品援助。这属于交易类型中的转移项目，本国居民对非居民的单方面转移，应记入借方，官方储备减少、实际资源的减少都属于贷方项目。

借：经常转移　　400 万美元

　　贷：官方储备　　200 万美元

　　　　货物出口　　200 万美元

（4）外商以价值 1 000 万美元的设备投入 A 国，兴办合资企业。A 国实际资源增加，应反映在“货物进口”的借方，而兴办合资企业属于金融账户中的“直接投资”的贷方。

借：货物进口　　1 000 万美元

　　贷：外国对 A 国的直接投资　　1 000 万美元

（5）A 国企业在海外投资所得利润 100 万美元，其中 80 万美元用于当地的再投资，20 万美元调回国内结售给政府换取本国货币。投资所得属于经常账户下投资收入项目，因为是外汇收入，记入贷方。官方储备的增加记入借方。

借：对外长期投资　　80 万美元

　　官方储备　　20 万美元

　　贷：投资收入　　100 万美元

（6）A 国居民动用海外存款 50 万美元，用以购买外国某公司的股票。同时又收到其持有的海外债券利息收入 1 万美元，并将这 1 万美元存入海外银行。海外资产的增加记入借方，海外资产的减少记入贷方。

借：证券投资　　50 万美元

　　贷：外国银行存款　　50 万美元

借：外国银行存款　　1 万美元

　　贷：投资收入　　1 万美元

（7）A 国向外国提供了 1 000 万美元的 10 年期贷款。这笔贷款意味着 A 国长期资本外流，应记在金融账户下“其他投资”的借方。由此产生了外国在 A 国银行的 1 000 万美元存款。新的存款作为短期资本内流，应记在金融账户下“其他投资”的贷方。

借：其他投资　　1 000 万美元

　　贷：其他投资　　1 000 万美元

（8）A 国企业授予某国某企业连锁经营权，获取特许经营费 5 万美元。这属于资本项目中非生产非金融资产的取得（借记）与处置（贷记）。

借：外国银行存款　　　　　　　　　　5 万美元

　　贷：营销资产　　　　　　　　　　　　　5 万美元

上述各笔交易可编制成一张完整的国际收支账户表格，如表 1-2 所示。

表 1-2　　国际收支平衡表　　单位：万美元

	贷方	借方	差额
经常账户			
货物和服务	100 ……… ① 200 ……… ③	20 ………… ② 1 000 …… ④	
初次收入	100 ……… ⑤ 1 ………… ⑥		
二次收入		400 ……… ③	
经常账户差额	401	1 420	-1 019
资本账户			
非生产非金融资产的取得和处置	5 ………… ⑧		
资本转移			
资本账户差额	5	0	5
净贷出(+)/净借入(-)来自经常账户和资本账户	406	1 420	-1 014
金融账户（按职能类别）	资产净获得	负债净产生	差额
直接投资	1 000 …… ④	80 ………… ⑤	
证券投资		50 ………… ⑥	
金融衍生品(储备除外)和雇员认股权			
其他投资	20 ………… ② 50 ………… ⑥ 1 000 …… ⑦	100 ……… ① 1 ………… ⑥ 1 000 …… ⑦ 5 ………… ⑧	
储备资产	200 ……… ③	20 ………… ⑤	
净贷出(+)/净借入(-)来自金融账户	2 270	1 256	1 014
误差与遗漏账户			0

五、国际收支平衡表的分析

（一）国际收支平衡表的分析方法

国际收支平衡表的分析方法有静态分析、动态分析和比较分析三种。在对一国国际收支进行分析时，应将这三种分析方法结合起来综合运用，才能全面深入地揭示该国国际收支的状况。

静态分析是分析某国在某一时期的国际收支平衡表，主要是计算和分析表中各个项目及其差额，分析各个项目差额的形成原因及其对国际收支总差额的影响。

动态分析是指对某国若干连续时期的国际收支平衡表进行分析，掌握长期变化情况。

比较分析既包括对一国若干连续时期的国际收支平衡表进行比较分析，也包括对多个不同国家在相同时期的国际收支平衡表进行比较分析。

（二）国际收支平衡表的分析重点

从表 1-2 中我们可以发现，国际收支平衡表最终总计的差额为零，这是由复式记账方法所决定的。然而，这种国际收支平衡表总计的平衡仅是形式上的平衡，并无经济学意义。在大多数情况下，各个具体项目的借方和贷方经常是不相等的，双方进行抵消后会产生一定的差额。我们把一国国际收支平衡表中的贷方总额大于借方总额的情况称为国际收支的顺差或盈余（Surplus），用“+”号表示；把借方总额大于贷方总额的情况称为国际收支的逆差或赤字（Deficit），用“-”号表示。我们很容易将国际收支不平衡理解为国际收支状况出现了逆差或顺差。因此，这些项目的差额就成为国际收支平衡表分析的重点。

1. 贸易账户差额

贸易账户差额是指包括货物与服务在内的进出口之间的差额。贸易账户差额传统上经常作为整个国际收支的代表，能够反映一国的产业结构和产品的国际竞争力。在很多国家，贸易账户差额在国民收入中所占比重相当大；反映在经济增长过程中，对国民收入增长率贡献非常突出，可拉动经济增长。此外，通常用出口或进出口总额占国民收入的比重来衡量一国经济开放程度。

2. 经常账户差额

经常账户差额是指一定时期内一国货物、服务、初次收入和二次收入项目上借贷方的净差额，反映一国贸易、非贸易以及转移收支的状况，是衡量国际收支的最好指标。

3. 综合账户差额

综合账户差额是指经常账户与资本和金融账户中的资本转移、直接投资、证券投资、其他投资账户所构成的余额，也就是将国际收支账户中官方储备账户剔除后的差额，通常所说的国际收支盈余或赤字实际上就是指综合账户的盈余或赤字。综合账户的意义在于可以衡量国际收支对一国储备持有所造成的压力，一国可以通过动用或获取储备来弥补国际收支的不平衡。综合账户差额为正，则储备资产增加；综合账户差额为负，则储备资产减少。

4. 误差与遗漏账户差额

误差与遗漏账户差额一般是由统计技术原因造成的，有时也有人为因素，它的数额过大会影响到国际收支分析的准确性。当一国国际收支账户持续出现同方向、较大规模的误差与遗漏时，就要考虑到人为因素。例如，对出口进行退税是国家鼓励出口的一种财政政策，如果企业为骗取退税收入而虚报出口，就会形成出口数额过高而资本流入数额过低，由此造成国际收支借方余额小于贷方余额，从而相应形成误差与遗漏账户的借方余额。

关键概念

国际收支　国际收支平衡表　贸易账户差额　综合账户差额　误差与遗漏账户差额

复习思考

一、单项选择题

1. 若一国的国际收支平衡表中，储备资产项目为 -100 亿美元，则表示该国（　　）

A. 增加了 100 亿美元的储备　　B. 减少了 100 亿美元的储备
C. 人为的账面平衡，不说明问题　　D. 无法判断

2. 在一国的国际收支平衡表中，最基本、最重要的项目是（　　）

A. 经常账户　　B. 资本与金融账户
C. 误差与遗漏账户　　D. 官方储备

3. 在编制国际收支平衡表，进行进出口商品统计时，均按（　　）价计算

A. CIF　　B. CFC　　C. FOB　　D. FAC

4. 按照国际收支平衡表的编制原理，凡引起资产增加的项目应记入（　　）

A. 借方　　B. 贷方　　C. 借贷双方　　D. 附录

5. 按照国际收支平衡表的编制原理，凡引起外汇流入的项目应记入（　　）

A. 借方　　B. 贷方　　C. 借贷双方　　D. 附录

6. 股利、红利等投资收益属于（　　）

A. 服务收支　　B. 贸易收支　　C. 转移收支　　D. 资本项目

二、多项选择题

1. 下列属于我国居民的有（　　）

A. 美国使馆的外交人员　　B. 某一日资外商独资企业
C. 在法国使馆工作的中国雇员　　D. 国家希望工程基金会
E. 国际货币基金组织的驻华机构

2. 下列各项中应该记入国际收支平衡表贷方的项目有（　　）

A. 货物的进口　　B. 服务输出
C. 支付给外国的工资　　D. 接受的外国政府无偿援助
E. 私人汇出的侨汇

3. 下列各项属于资本转移的有（　　）

A. 固定资产所有权的转移
B. 同固定资产的收买和放弃相联系的或以其为条件的资产转移
C. 债权人不索取任何回报而取消的债务
D. 投资捐赠
E. 非生产性有形资产及无形资产的收买和放弃

三、思考题

1. 国际收支平衡表的主要项目有哪些?
2. 简述国际收支平衡表的记账原则。
3. 一个国家经常项目赤字的同时国际收支平衡表盈余，是否可能?请加以解释。

实训案例

2018年中国国际收支平衡表

单位：亿美元

项　　目	差额	贷方	借方
1. 经常账户	491	29 136	-28 645
1. A 货物和服务	1 029	26 510	-25 481
1. A. a 货物	3 952	24 174	-20 223
1. A. b 服务	-2 922	2 336	-5 258
1. A. b. 1 加工服务	172	174	-3
1. A. b. 2 维护和维修服务	46	72	-25
1. A. b. 3 运输	-669	423	-1 092
1. A. b. 4 旅行	-2 370	404	-2 773
1. A. b. 5 建设	49	136	-86
1. A. b. 6 保险和养老金服务	-66	49	-116
1. A. b. 7 金融服务	12	33	-21
1. A. b. 8 知识产权使用费	-302	56	-358
1. A. b. 9 电信、计算机和信息服务	65	300	-235
1. A. b. 10 其他商业服务	191	662	-470
1. A. b. 11 个人、文化和娱乐服务	-24	10	-34
1. A. b. 12 别处未提及的政府服务	-27	18	-45
1. B 初次收入	-514	2 348	-2 862
1. B. 1 雇员报酬	82	181	-99
1. B. 2 投资收益	-614	2 146	-2 760
1. B. 3 其他初次收入	18	21	-3
1. C 二次收入	-24	278	-302
1. C. 1 个人转移	-4	62	-66
1. C. 2 其他二次收入	-20	216	-236

续表

项　　目	差额	贷方	借方
2. 资本和金融账户	1 111	—	—
2.1 资本账户	-6	3	-9
贷方	—	—	—
借方	—	—	—
2.2 金融账户	1 117	-3 721	4 838
2.2.1 非储备性质的金融账户	1 306	4 838	-3 532
2.2.1.1 直接投资	1 070	—	—
2.2.1.2 证券投资	1 067	—	—
2.2.1.3 金融衍生工具	-62	—	—
2.2.1.4 其他投资	-770	—	—
2.2.2 储备资产	-189	—	—
2.2.2.1 货币黄金	0	—	—
2.2.2.2 特别提款权	0	—	—
2.2.2.3 在国际货币基金组织的储备头寸	-7	—	—
2.2.2.4 外汇储备	-182	—	—
2.2.2.5 其他储备资产	0	—	—
3. 净误差与遗漏	-1 602	—	—

实训项目：结合中国国际收支平衡表，并自行查找中国近五年的收支平衡表，对中国的国际收支的主要项目进行分析。

第二章　国际收支调节与国际收支管理理论

引　言

“全球经济失衡”是国际货币基金组织在2005年初提出的。这种现象表现为在全球经济失衡的状态下发达国家长期存在贸易逆差，而经济相对不发达国家长期存在贸易顺差。全球经济失衡的实质是全球国际收支交易的失衡，其中最具有代表性的就是2000年以来中美经济关系的失衡。美国政府更是以此为借口于2018年9月18日宣布实施对从中国进口的约2 000亿美元商品加征关税的措施，2018年9月24日起加征关税税率为10%，2019年1月1日起加征关税税率提高到25%，拉开了中美贸易摩擦的序幕。

对比2007—2018年的中美两国国际收支平衡表中的经常账户发现，中国始终处于贸易顺差国地位，美国始终处于贸易逆差国地位。值得注意的是，从整体上看，中国的经常账户的贸易顺差呈现出逐步下降的趋势，尤其是自2015年以后，中国的贸易顺差缩小尤为明显。但在此期间，美国的贸易逆差却几乎处于相同的水平，甚至有一定向上攀升的趋势。

学习目标

通过本章的学习，学生应掌握国际收支失衡的判断标准；了解导致国际收支失衡的一般原因；掌握调节国际收支失衡的主要手段及相关的国际收支管理理论。通过学习了解国际收支调节与管理是宏观经济管理的重要组成部分，在对外经济交往不断扩大的前提下保持国际收支的平衡发展，是国民经济持续、健康、稳定发展不可或缺的条件。

第一节　国际收支的失衡

一、国际收支失衡的含义

国际收支从平衡表上看，总是处于平衡状态。这种账面的平衡并不是经济意义上平衡的反映。从经济意义上判断国际收支的平衡，应从国际经济交易的性质入手。国际经济交易反映到国际收支平衡表上有若干项目，按照交易的性质可以分为自主性交易和调节性交易。

所谓自主性交易（Autonomous Transaction），又称事前交易，是指经济主体为了达到某种经济目的而进行的交易，如货物、服务的进出口和资本交易等。由于其自发性，必然经常地出现差额。这会导致外汇市场出现供求不平衡和汇率波动，从而带来一系列的经济影响。一国货币当局如不接受这样的结果，就要运用另一种交易即调节性交易来弥补自主性交易不平衡所造成的外汇供求缺口。调节性交易（Accommodating Transaction），又称事后交易，是为了弥补自主性交易差额而进行的相关交易，比如向外国政府或国际金融机构借款，动用官方储备等。

理论上说，如果自主性交易达到了平衡，则认为该国的国际收支是平衡的；如果自主性交易收支不能相抵，必须用调节性交易来轧平，这样达到的平衡仅是形式上的平衡，其实质则是国际收支的不平衡或失衡。

二、国际收支失衡的原因

导致国际收支不平衡的原因是多种多样的：有经济因素，也有非经济因素；有货币因素，也有非货币因素；有来自内部的，也有来自外部的；等等。根据原因的不同，国际收支不平衡可分为如下六种类型。

（一）临时性不平衡

临时性不平衡是指由短期的、非确定的或偶然的因素引起的国际收支不平衡。这种性质的国际收支不平衡一般程度较轻，持续时间不长，带有可逆性，主要包括季节性不平衡和偶然性不平衡。季节性不平衡是指由生产和消费的季节性造成的国际收支不平衡。对以农产品为主要出口商品的发展中国家而言，季节性不平衡较为明显。偶然性不平衡是指由天灾人祸造成的一次性、无规律的不平衡，一旦引发天灾人祸的因素消失，国际收支就会恢复到正常状态。在浮动汇率制度下，这种类型的国际收支不平衡有时根本不需要政策调节，市场汇率的波动就能将其纠正。在固定汇率制度下，一般也只需暂时动用官方储备资产便能加以恢复。

（二）周期性不平衡

周期性不平衡是指一国经济周期波动所引起的国际收支不平衡。从经常项目来看，当一国经济处于衰退期时，国内社会总需求下降，进口需求也相应下降，则经常项目往往会出现盈余；反之，如果一国经济处于繁荣期，国内社会总需求上升，进口需求也相应上升，经常项目则可能出现逆差。再从资本流动来看，经济繁荣时期，投资前景看好，资本流入增加；萧条时期，投资前景暗淡，资本流出增加。第二次世界大战前，资本项目在各国国际收支中所占比重一般并不突出，总的来说，一国在经济周期的萧条期国际收支易出现顺差，在经济周期的繁荣期国际收支易出现逆差。第二次世界大战后，资本项目的地位愈益突出，导致国际收支顺差或逆差与一国经济周期的萧条或繁荣之间不再必然存在这种简单的对应关系。

（三）货币性不平衡

货币性不平衡是指货币供应量的相对变化导致的国际收支失衡。在一定的汇率水平下，一国因货币供应量增长过快，出现通货膨胀，会使商品成本与物价水平相对高于其他国家，那么必然对出口不利对进口有利，导致出口减少，进口增加，造成国际收支逆差；反之亦然。

（四）收入性不平衡

收入性不平衡是指国民收入增减变化所引起的国际收支不平衡。一般而言，一国国民收入增加，会使本国的消费增加，其商品、服务的进口也可能随之增加，造成贸易支出大于收入，而出现逆差。不过，若一国经济增长，国民收入增加主要是由劳动生产率上升或出口增加所致的，则国民收入的上升也可能伴随着顺差。

（五）结构性不平衡

一般来说，一国的国际收支状况往往取决于其贸易状况。当国际市场的供求发生变化时，一国进出口商品结构如能随之调整，该国的贸易收支将不会受到影响；相反，如该国不能按照国际市场供求的变化来调整进出口商品的结构，该国的贸易收支和国际收支就会失衡。

（六）资本性不平衡

资本性不平衡是指在浮动汇率制下因汇率变动所带来的国际收支不平衡。国际金融市场上存在巨额的短期流动资本，它对汇率（及相应利率等）的变动非常敏感，会在各国之间频繁移动，以达到追求资本投机和保值的目的，往往构成一国国际收支不平衡的重要原因。

三、国际收支失衡的影响

虽然国际收支不平衡的发生是必然的，但对于一国而言，国际收支出现持续、大量的不平衡，不管是逆差还是顺差，对这个国家来讲，其经济都会受到不利影响。

如果一国发生持续性国际收支逆差，则引起本币下浮的压力。若货币当局想稳定本币汇率，就需对外汇市场进行干预，即抛售外汇、购买本币，以弥补外汇供求缺口。这一方面会耗费国际储备，严重削弱对外支付能力，影响国家信用；另一方面则会形成国内货币的紧缩形势，造成利率水平上升，抑制本国经济增长，从而导致失业增加和国民收入增长率下降。

如果一国存在长期或巨额国际收支顺差，一方面可以增加该国的外汇储备，增强其对外支付能力，但也会给该国的国内经济带来以下不良影响：（1）造成本币供应量增加，引发通货膨胀；（2）一般会促使本币汇率上浮，不利于出口贸易发展，从而加重国内的失业程度；（3）因为一国的国际收支顺差源于别国的国际收支逆差，所以长此以往会引发国际摩擦。

第二节 国际收支失衡的调节

国际收支调节的主要目标就是实现国际收支平衡。国际收支失衡无论是顺差还是逆差，如不及时调整，都会对国民经济产生不良影响。因此，世界各国都十分重视国际收支的调节工作。国际收支的调节机制大致可有两种情形：一种是依赖市场的自动调节机制，另一种是依靠政府的政策调节机制。

一、国际收支的自动调节机制

所谓国际收支的自动调节是指通过经济运行中市场机制的自发作用使国际收支失衡在某种程度上自动消除。

（一）国际金本位制下的国际收支自动调节机制

金本位制下的国际收支自动调节机制是指 18 世纪英国的大卫·休谟（David Hume）所提出的物价—现金流动机制，主要说明金本位制下黄金的流出入和物价水平的变动对贸易收支不平衡的调节作用。

在金本位制度下，一国国际收支出现赤字，就意味着本国黄金净输出，而国内黄金存量下降，货币供给就会减少，进而引起国内物价水平下跌；物价下跌后，本国商品在国外市场上的竞争力就会提高，外国商品在本国市场上的竞争力就会下降，结果出口增加，进口减少，国际收支赤字减少直至消除。反之，国际收支盈余造成黄金内流，国内货币供给增大，本国物价水平上涨，从而使出口下降，进口上升，最终使盈余趋于消失（见图 2-1）。

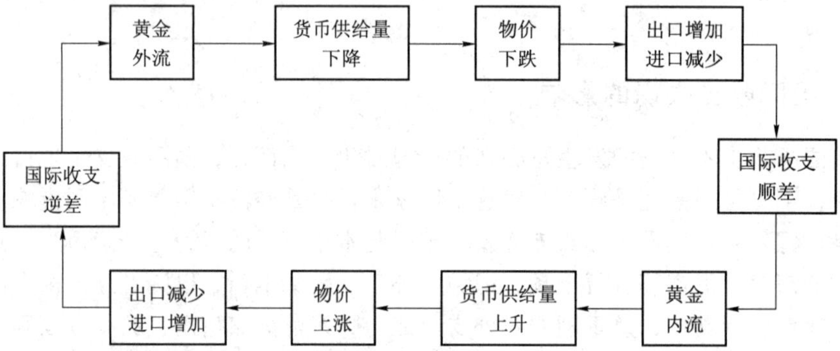

图 2-1　金本位制下的国际收支自动调节机制

（二）纸币本位的固定汇率制度下的国际收支自动调节机制

这里的固定汇率制度是指纸币本位制下一国货币当局通过外汇储备变动干预外汇市场来维持汇率不变。在这种固定汇率制度下，一国国际收支失衡后，外汇储备、货币供应量会发生变化，进而启动了利率、收入和物价三大自动调节机制，使国际收支趋于平衡。

（1）利率机制。一国国际收支发生逆差时，为了维持固定汇率，该国政府就必须动用外汇储备，外汇储备减少，本国货币供应量减少，利率上升，引起本国资本外流减少和外国资本流入增加，结果资本账户收支改善，进而国际收支得到改善；反之，国际收支发生顺差时，外汇储备增加，本国货币供应量上升，利率下降，资本净流出增加，使顺差减少乃至消除。

（2）收入机制。当国际收支出现赤字时，国内货币供应量减少，利率上升，国内支出减少；在货币供应量减少时，公众为了恢复现金余额水平，也会直接减少国内消费和投资。这样，国民收入将下降。随着国民收入下降，进口需求也下降，逆差得以逐渐消除。反之，若国际收支出现盈余，则收入机制的自动调节过程将使顺差得以逐渐减少。

（3）价格机制。国际收支发生赤字时，货币供给的下降通过乘数扩大后形成的现金余额效应或收入效应，会引起本国价格水平的下降。在汇率固定的情况下，将逐渐增加出口，减少进口，趋向自动恢复国际收支平衡。这就是价格机制。

图 2-2 显示了固定汇率制度下的国际收支三种自动调节机制。

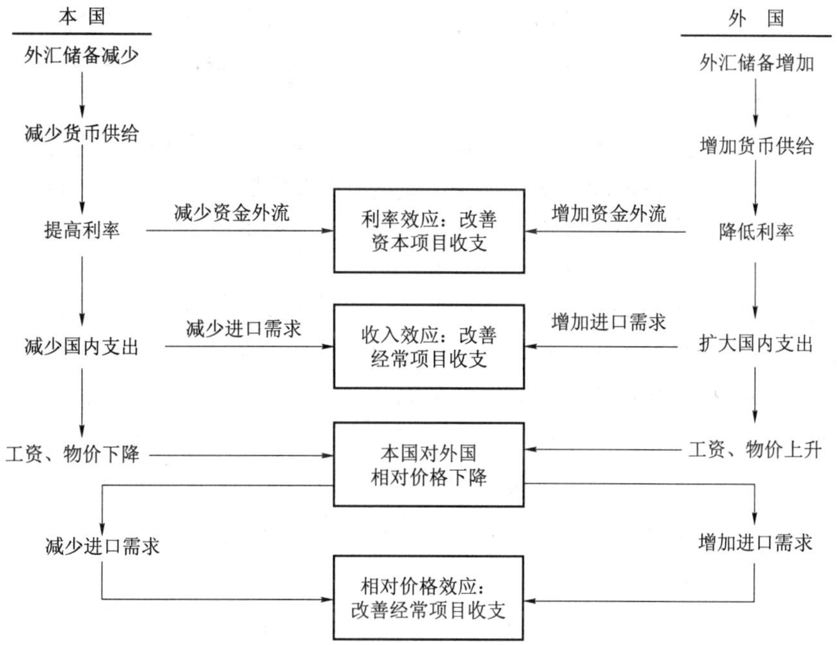

图 2-2 固定汇率制度下的国际收支自动调节机制

（三）纸币本位的浮动汇率制度下的国际收支自动调节机制

在浮动汇率制度下，一国货币当局不对外汇市场进行干预，即不通过储备增减来影响外汇供给或需求，任由市场的外汇供求关系来决定汇率的升降。在这种制度下，如果一国发生国际收支逆差，外汇需求就会大于外汇供给，外汇汇率就会上升。外汇汇率上升即本币贬值，会造成本国商品相对价格的下降，外国商品相对价格的上升，结果出口增加，进口减少，国际收支赤字会减少甚至消除。反之，如果一国发生国际收支顺差，外汇需求就会小于外汇供给，外汇汇率就会下跌，本币升值，这造成本国商品相对价格上升，结果出口下降，进口上升，国际收支顺差自动得到减轻或消除。根据弹性理论的分析，外汇汇率的上升即本币贬值造成了本国商品相对价格的下降，因此只要本国进出口需求弹性满足马歇尔—勒纳条件，国际收支逆差就可减少甚至消除。

可见，在纸币本位的浮动汇率制度下，国际收支主要的自动调节机制是汇率机制。事实上，即使在浮动汇率制度下，各国政府仍大都对汇率进行不同程度的干预，因此，上述利率、收入和价格三大自动调节机制在浮动汇率制度下也不同程度地发挥作用。

二、国际收支不平衡的政策调节

尽管经济体系中存在着国际收支的自动调节机制，但其调节周期较长，而且受具体经济条件或经济环境限制，因此，当一国出现国际收支失衡时，一国政府往往不能完全依靠经济体系的自动调节机制来平衡国际收支，而需要主动采取适当的政策措施进行调节。

（一）外汇缓冲政策

外汇缓冲政策指货币当局运用其自有或借入的外汇储备，在外汇市场上通过买卖外汇来调节外汇市场供求，弥补因国际收支不平衡产生的外汇缺口，从而缓解外部失衡对国内经济带来的震荡。

在国际收支存在逆差、本币汇率下跌时，货币金融当局或中央银行在外汇市场上抛售外汇、吸进本币，消除国际收支逆差所形成的外汇供求缺口，缓解外汇供求矛盾，缓冲逆差对国内经济、金融的不利影响。在国际收支发生顺差、本币汇率上升时，进行相反的操作。

外汇缓冲政策属于一种弥补性政策，它只能应付临时性、季节性或周期性的国际收支不平衡，它能使本币汇率免受暂时性失衡所造成的无谓波动，有利于本国经济的内部均衡和外部平衡。但不宜用来应对巨额、长期的国际收支逆差，否则将招致外汇储备的枯竭或外债的大量累积，最终不仅不能解决国际收支逆差问题，反而可能导致国内经济的剧烈震荡。当一国面临巨额、长期国际收支赤字时，应当主要通过支出增减型等其他政策来调节，外汇缓冲政策则可作为调节的辅助手段。

（二）汇率政策

政府通过主动调整汇率来调节国际收支的不平衡，这是一国政府有意识地利用汇率调节功能的体现。在固定汇率制下，当国际收支发生严重逆差时，采取货币法定贬值，以改善国际收支；当国际收支出现巨额顺差时，则在他国压力下实行货币法定升值，以减少和消除国际收支顺差。在浮动汇率制下，可以通过参与外汇买卖来左右汇率，调节国际收支的失衡。

汇率政策的调节效果取决于以下两个方面：一是进出口需求弹性之和是否大于1（即马歇尔—勒纳条件）；二是本国现有生产能力是否获得充分利用。另外，货币贬值一般具有加剧通货膨胀与物价上涨的负面影响，因而结合紧缩性财政政策和货币政策来实现货币贬值，才能起到既改善国际收支，又不加剧国内通货膨胀。

（三）财政政策和货币政策

财政政策和货币政策是指政府通过调整财政收支或调节货币供应量来控制国内总需求，改变宏观经济的主要变量如国民收入、物价和利率，启动国际收支的收入、利率、物价调节机制，改善国际收支。

逆差时，政府采取紧缩性的财政、货币政策，具体措施包括削减财政开支、提高税率、增加税收等财政性措施和提高贴现率、增加存款准备金、在公开市场上卖出有价证券、紧缩银根等货币性措施。这样一方面使国内总需求收缩、投资和国民收入减少、消费下降、物价下跌，从而促进出口、抑制进口；另一方面，较高的利率水平还可吸引国际资本流入，改善金融项目的收支，使国际收支趋于平衡。顺差时，政府采取扩张性的财政、货币政策，以扩大国内投资和消费，引起进口增加、出口减少，促使资本流出，使国际收支恢复平衡。

采用财政、货币政策调节国际收支，必须通过对国内经济的影响才能实现。为消除国际收支逆差而实行紧缩性财政、货币政策，会导致经济增长放慢甚至出现负增长，同时失业增加；为消除国际收支顺差而实行扩张性财政、货币政策，又会引发通货膨胀。因此，通过调整财政、货币政策而实现国际收支的平衡，是以损害国内的经济增长与人们生活水平的提高为代价的。这很容易导致内部均衡与外部均衡发生冲突与矛盾，形成顾此失彼的局面。因此，财政政策与货币政策要配合运用，实现内外均衡的双重目的。一般来说，货币政策多半会对国际收支产生较大的影响，因为它倾向于扩大国内外的利率差距，从而引起大规模资本流动，而财政政策通常对国内经济活动作用大，对国际收支的作用小。财政政策和货币政策的配合运用如表 2-1 所示。

表 2-1　　财政政策和货币政策的配合运用

经济情况	财政政策	货币政策
衰退和逆差	扩张性的	紧缩性的
衰退和顺差	扩张性的	扩张性的
通胀和逆差	紧缩性的	紧缩性的
通胀和顺差	紧缩性的	扩张性的

（四）直接管制

直接管制是指以行政命令的办法对国际经济交易和金融交易进行直接干预，恢复国际收支的平衡。直接管制包括贸易管制和外汇管制。

贸易管制指对进出口贸易进行直接管制，如进出口许可证制、进口配额制、进口技术标准、歧视性采购政策等保护贸易的措施。外汇管制指对外汇收支和外汇价格、国际结算等采取的限制性措施。从实际效果来看，直接管制通常能起到迅速改善国际收支的效果，能按照本国的不同需要，对进出口贸易和资本流动区别对待。但它并不能真正解决国际收支失衡问题，一旦取消管制，国际收支逆差仍会重新出现。此外，实施管制政策，会引起其他国家的反对与报复，恶化国际经济关系。

第三节　国际收支理论

国际收支理论是国际金融学的基本理论，它研究国际收支的决定因素、国际收支失衡的原因和消除失衡的调节方法等重大问题。国际收支理论最早可追溯到 1752 年英国经济学家大卫·休谟提出的“物价—现金流动机制”学说。随着世界经济的发展变化和经济思潮的更替，国际收支理论也在不断发展和趋于完善，形成了一些有影响的理论学说。

一、弹性分析理论

英国著名经济学家马歇尔（Alfred Marshall）在1923年首次提出“进出口需求弹性”概念。1937年英国经济学家琼·罗宾逊（Joan Robinson）以此为基础系统地提出国际收支弹性理论，又称弹性分析法。该理论主要采用局部均衡分析的方法，从进出口商品的需求弹性着手，研究在收入不变的条件下，汇率变动对贸易收支的调节作用。

（一）马歇尔—勒纳条件

所谓进出口商品的需求弹性，是指进出口商品的需求数量对进出口商品价格变化的反应程度。弹性大，表明进出口商品价格能在较大程度上影响进出口商品的需求数量；弹性小，表明进出口商品价格变化对进出口商品需求数量的影响较小。一国货币贬值，会使出口商品价格下降而增加出口，进口商品价格提高而减少进口。但这并不意味着贸易收支逆差会减少，因为贸易逆差的减少取决于贸易值，即出口的增加大于进口增加。

马歇尔—勒纳条件（Marshall-Lerner Condition）的假设如下：其他一切条件不变，只考虑汇率变化对进出口商品的影响；贸易商品的供应几乎有完全弹性；充分就业和收入不变；没有资本移动，国际收支等于贸易收支。在此基础上，假设出口需求弹性为 D_x，进口需求弹性为 D_m，则：

$|D_x+D_m|>1$　　货币贬值将会改善贸易收支；

$|D_x+D_m|=1$　　货币贬值不发生作用；

$|D_x+D_m|<1$　　货币贬值将恶化贸易收支。

其中，贸易收支通过货币贬值而得到改善的必要条件是 $|D_x+D_m|>1$，这就是马歇尔—勒纳条件。

（二）J曲线效应

实际上即使在马歇尔—勒纳条件成立的情况下，贬值也不能马上改善贸易收支，贬值对国际收支的调节是一个动态的过程，即恶化—恢复—改善的过程。

在贬值之初，贸易收支反而可能恶化。主要是因为在贬值之前已签订的贸易合同仍然要按原定的价格和数量执行。贬值后，凡以外币定价的进口折成本币后的支付将增加；凡以本币定价的出口折成外币后的收入将减少。这意味着，对于贬值前已签订但在贬值后执行的贸易合同，其出口数量不能增加以冲抵出口外币价格的下降，进口数量不能减少以冲抵进口价格的上升。于是，在贬值后的一段时期内，贸易收支趋向恶化。待出口供给和进口需求等方面做了相应的调整后，贸易收支才逐渐开始改善。整个过程用曲线描绘出来后，像字母J，因此我们将马歇尔—勒纳条件成立的情况下，贬值对贸易收支改善的时滞效应称为J曲线效应（见图2-3）。

（三）对弹性分析理论的评价

弹性分析理论正确地指出，只有在一定的进出口供求弹性的条件下，货币贬值才有改善贸易收支的作用和效果，纠正了货币贬值一定会改善国际贸易收支的片面看法，这意味着调整产业结构、外贸结构，从长远看对贬值调节的作用效果具有重要影响。

但同时该理论也存在一些缺陷：（1）它是一种局部分析，只强调汇率变动对进口

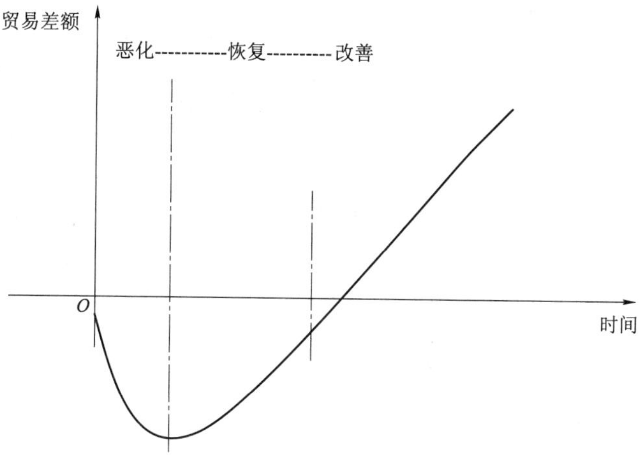

图 2-3　J 曲线效应

相对价格的影响，忽视了汇率变动对其他因素的影响；（2）这一理论是一种静态分析，忽视了汇率变动效应的时滞问题；（3）这一理论把国际收支仅仅局限于贸易收支，未考虑服务进出口和国际资本流动，而服务进出口和国际资本流动在现代国际收支中显然具有重要的地位和作用；（4）该理论以小于充分就业（即国内外都有大量闲置资源未被充分利用）为条件，适用于生产周期的危机与萧条阶段，而不适用于生产周期的复苏与高涨阶段；（5）该理论在具体运用时，由于弹性值难于计算而受到很大的局限。

二、吸收分析理论

吸收分析理论是 20 世纪 50 年代初由经济学家詹姆斯·米德（J. Meade）和西德尼·亚历山大（S. Alexander）在关于弹性论的激烈争论中系统地提出的。该理论以凯恩斯宏观经济理论为基础，从一国国民收入与支出的关系出发，研究国际收支的决定和调节。其基本思路是：国际收支差额由国民收入与国内吸收间的差额决定，要想改善国际收支，必须相应地增加收入和减少吸收。

（一）吸收分析的基本方程式

假定国际收支等于贸易收支，开放型经济的国民收入方程式如下所示：

$$Y=C+I+G+(X-M) \tag{2.1}$$

式中，“$C+I+G$”为国内总支出，亚历山大把总支出称为吸收（A），把“$X-M$”称为贸易收支差额（B），则

$$B=Y-A \tag{2.2}$$

该式为吸收理论的基本公式，它表明：贸易收支差额等于总收入与总吸收之差，总收入与总吸收相等说明该国贸易收支平衡；若总收入大于总吸收，贸易收支为顺差；若总收入小于总吸收，贸易收支为逆差。因此，贸易收支的调节最终必须通过改变总收入或总吸收来调节，或者同时改变二者。

（二）货币贬值分析

亚历山大将吸收分为两部分：一部分是自主性吸收（A_d），即独立于收入之外的吸收；另一部分为引致性吸收 $a \cdot Y$，即由收入变化引起的吸收。关系式为：

$$A = a \cdot Y + A_d \tag{2.3}$$

这里 a 为边际吸收倾向，即边际国内消费倾向、边际投资倾向和边际进口倾向之和，也可以用公式表示为：$a = \Delta A / \Delta Y$。

贸易收支差额的增量部分是：

$$\begin{aligned}\Delta B &= \Delta Y - a \cdot \Delta Y - \Delta A_d \\ &= (1-a) \cdot \Delta Y - \Delta A_d\end{aligned} \tag{2.4}$$

由上式可以看出，贬值改善贸易收支的条件是 $(1-a) \cdot \Delta Y > \Delta A_d$，贬值的效果取决于三个方面：贬值对收入的直接效应（ΔY）；在一定的收入水平下，贬值对吸收的直接影响（ΔA_d）；贬值引起的收入水平的变化对吸收的引致影响，取决于边际吸收倾向 a。贬值的国际收支效应完全取决于宏观经济状况、资源配置情况以及本国的吸收倾向。当经济尚未充分就业、资源配置尚未优化、吸收倾向小于 1 时，贬值的收入效应较为显著；反之，若经济已经达到充分就业、资源完成优化配置且吸收倾向大于 1，则贬值主要引起吸收效应。具体地说，贬值的收入效应主要包括闲置资源效应、贸易条件效应和资源配置效应，贬值的吸收效应则由现金余额效应、收入再分配效应和货币幻觉效应等构成。

1. 贬值的收入效应

（1）闲置资源效应。这是贬值的收入效应中最为重要的一个，因为如果来自国外的需求因本币贬值而增加，本国能否保证出口商品的充分供应就成为出口增长的最大制约。

本币贬值→出口增加、进口减少→启用闲置资源→通过外贸乘数的作用，国民收入成倍增长→国际收支改善

（2）贸易条件效应：

本币贬值→贸易条件恶化→实际国民收入下降→吸收减少、出口增加→国际收支改善

（3）资源配置效应：

本币贬值→出口增加、进口减少→出口生产部门和进口替代部门的利润上升→国内资源重新配置→国民收入提高→国际收支改善

2. 贬值的吸收效应

（1）现金余额效应。这是货币贬值最重要的吸收效应，因为它既作用于商品市场，又同时作用于货币、资本市场。

本币贬值→国内物价总水平上涨→居民手中现金余额增加→消费减少→商品与服务进口下降→国际收支改善

本币贬值→国内物价总水平上涨→居民手中现金余额增加→货币市场供求改变，利

率上升→投资减少，居民出售外币资产→资本流入→资本账户改善

（2）收入再分配效应：

本币贬值→国内物价总水平上涨→国民收入向利润收入者及政府部门转移→吸收倾向下降→吸收总量减少→国际收支改善

（3）货币幻觉效应：

本币贬值→由进口品开始国内物价轮番上涨→出现货币幻觉→消费与投资下降→吸收总量减少→国际收支改善

（三）对吸收分析理论的评价

吸收论真正把国际收支当作宏观变量，将一国国际收支的决定与变动和整个宏观经济状况结合起来分析，跳出了弹性论局部均衡分析的狭隘视野，有助于人们对国际收支失衡和均衡性质的深入理解，但也不可避免地存在一些缺陷。首先，吸收论建立在国民收入核算会计恒等式基础上，并没有对收入和吸收为因、贸易收支为果提供令人信服的逻辑分析。实际上，贸易收支也会反过来影响收入和吸收。其次，在贬值分析中，吸收论未能考虑贸易品与非贸易品相对价格变动在调整过程中的作用。最后，吸收论未涉及国际资本流动。

三、货币分析理论

现代货币分析理论是以货币主义理论为基础，采用存量均衡分析方法，研究在收入一定的条件下，货币供求与国际收支的关系。该理论是由美国经济学家约翰逊、蒙代尔、弗兰克尔等在20世纪60—70年代提出和发展起来的。

（一）货币分析的基本方程式

货币需求方程式是货币分析理论展开国际收支分析的基础，即

$$M_d = KPY \tag{2.5}$$

M_d 是货币需求余额量，K 是名义货币余额与名义国民收入之比（假定是一常数），P 是国内价格水平，Y 是实际产量，PY 是名义国民收入总值（GNP）。

另外，根据货币主义理论，假设一国的货币供应量取决于基础货币，货币供给方程式为：

$$M_s = m(D+R) \tag{2.6}$$

货币供给 M_s 等于货币乘数 m 与货币基数二者之积。货币基数包括两个部分：国内信贷（D），即通过国内银行体系扩张信用创造的货币供给；外汇储备资产（R），即国际收支获得的盈余。

假定长期来看，货币供求处于均衡状况，即 $M_d = M_s$，由此可得出货币分析最基本的方程式：

$$R = M_d - D \tag{2.7}$$

该式表明，代表国际收支差额变动的外汇储备资产的增减，是由货币需求和国内货币供给之间的关系决定的。国际收支的不平衡反映了货币供求关系的变动：如果货币需

求 M_d 大于国内货币供给 D，国际收支出现顺差或 R 增加，这是因为国内货币的过度需求要通过顺差的形式从国外吸收货币；如果货币需求 M_d 小于国内货币供给 D，国际收支出现逆差或 R 减少，这是由于国内多余的货币供应通过逆差的形式流到国外所致。所以说，国际收支是货币市场的"安全阀"，这个"阀门"既能以逆差的形式放出过剩的货币供给，又能以顺差的形式注入外来的货币供应以满足国内过度的货币需求。

（二）政策主张

货币分析理论认为，国际收支的不平衡反映了货币市场的存量不均衡，作为一种货币供给的自动调节机制，国际收支逆差或顺差实际上就是货币市场存量短期调整的一部分，政策手段只是暂时发挥作用。

在固定汇率制下，即使货币当局不采取任何措施，货币市场的不平衡也是不可能长期存在的，它可以通过货币供给的自动调节机制自行消除，即货币供给通过国际储备的增减来适应货币需求。假设当局实行扩张性货币政策，进口支出随之增加，国际收支出现逆差，本币面临贬值压力。为防止贬值，当局必须干预外汇市场，卖出外汇，买进本币，降低国际储备，进而降低货币供给，国际收支也由此改善。由货币存量增加引起的国际收支逆差仅仅是一种暂时的自身纠正的现象。

在浮动汇率制下，货币当局无须对外汇市场进行干预，汇率的变化可以消除国际收支的失衡。如果一国采取扩张性货币政策，导致一国货币供给超过货币需求，国际收支出现逆差，于是逆差国货币贬值，货币贬值又引起国内物价水平的上涨，导致货币需求增加，直至与货币供给相平衡。在货币市场趋于平衡的过程中，国际收支逆差逐渐缩小，直至消失。

因此，国际收支不平衡只是暂时的，市场调节机制能够自发地使国际收支恢复平衡。国内信贷政策是调节国际收支最直接和最有效的手段。贬值、进口限额、关税、外汇管制等措施，只有当它们的作用是提高货币需求，尤其是提高国内价格水平时，才能改善国际收支，而且这种影响只是暂时的，从长期来看，它们并非是有效的调节国际收支的手段。

（三）对货币分析理论的评价

货币分析理论的研究对象为整体国际收支，既包括经常项目，又涉及资本项目，强调国际收支分析中的货币因素，研究货币供求关系对国际收支的决定作用，从而丰富和发展了国际收支理论。

但是货币分析理论也存在一些不足，主要表现在该理论过分强调货币因素而忽视实际因素。实际上，国际收支失衡也可能源于实际因素，特别是结构性失衡。另外，货币分析理论提倡的放任自由政策或市场调节机制也过于消极，特别不适用于发展中国家。此外，该理论片面强调长期均衡，忽视了短期和中期分析。

关键概念

自主性交易　调节性交易　周期性不平衡　货币性不平衡　结构性不平衡
马歇尔—勒纳条件　J 曲线效应

复习思考

一、单项选择题

1. 通常判断一国国际收支是否平衡，主要看其（　　）是否平衡

A. 经常项目　B. 资本和金融项目　C. 自主性交易　D. 调节性交易

2. 在经济繁荣时期，由于国内需求旺盛，进出口业务会发生相应的变动，则国际收支可能出现（　　）

A. 顺差　B. 逆差　C. 平衡　D. 不确定

二、多项选择题

1. 国际收支出现顺差时应采取的调节政策有（　　）

A. 扩张性的财政政策　B. 紧缩性的货币政策

C. 鼓励出口的信用政策　D. 降低关税

E. 增加非关税壁垒

2. 调节一国国际收支逆差的手段有（　　）

A. 提高利率　B. 减少国民收入　C. 货币法定贬值　D. 货币法定升值

三、思考题

1. 一国货币贬值一定能改善该国的国际收支吗？为什么？

2. 简述国际收支不平衡的类型。

3. 以国际收支出现逆差为例，说明国际收支失衡的自动调节机制和调节政策如何发挥作用。

4. 试比较弹性分析理论、吸收分析理论和货币分析理论。

5. 根据国家外汇管理局各年公布的中国国际收支平衡表，对我国国际收支情况进行简要分析。

实训案例

2018 年中国国际收支报告

2018 年，全球经济继续扩张但增长势头放缓，国际金融市场波动有所加大。中国经济运行总体平稳，人民币对美元汇率双向波动，在全球货币中表现相对稳健。

2018 年，中国国际收支保持基本平衡。经常账户保持在合理的顺差区间，全年顺差 491 亿美元，与 GDP 之比为 0.4%。其中，货物和服务贸易合计顺差 1 029 亿美元，与 GDP 之比为 0.8%，贸易收支更加平衡。第二季度起经常账户恢复顺差，第二季度至第四季度顺差逐季增加，分别为 53 亿美元、233 亿美元和 546 亿美元。非储备性质的金融账户保持顺差，全年顺差 1 306 亿美元。直接投资顺差 1 070 亿美元，仍是较稳定的顺差来源；证券投资顺差 1 067 亿美元，创历史新高，主要体现了资本市场进一步开放的效果；其他投资逆差 770 亿美元，在双向波动中保持基本稳定。总体来看，以中长期

投资和资产配置为目的的资本流入仍占主导，中国对外投资保持理性。2018 年，交易形成的外汇储备资产小幅增长、基本稳定，说明中国国际收支继续呈现自主平衡格局。2018 年末，中国对外金融资产和负债较 2017 年末分别增长 2.5%和 2.9%，对外净资产 2.13 万亿美元，增长 1.4%。

2019 年，中国将继续推动经济高质量发展和全方位对外开放，有助于夯实国际收支平稳运行的基础。预计中国国际收支将延续经常账户基本平衡、跨境资本流动总体稳定的发展格局。下一步，外汇管理部门将坚持稳中求进工作总基调，深化外汇管理改革，推动金融市场双向开放，服务国家全面开放新格局；同时，坚持底线思维，防范跨境资本流动风险，保障外汇储备安全、流动、保值增值，维护国家经济金融安全。

资料来源：国家外汇管理局《2018 年中国国际收支报告》。

实训项目：根据《2018 年中国国际收支报告》，结合实际情况对中国的国际收支情况进行分析。

第三章 国际储备

引 言

为弥补国际收支逆差和维持汇率稳定，各国都需要保持一定数量的国际储备，以保证充足的国际清偿力。如果一个国家的国际储备规模过低，不能满足其对外贸易及对外经济往来的需要，而且该国又不能及时地以可接受的成本从国外获取所需资金，势必会降低该国对外贸易和对外经济往来的水平，轻者会引起国家支付危机，重者则可能导致国内经济失衡，使经济无法正常运行。另一方面，过多的国际储备虽然可以使一国平衡国际收支和稳定汇率的能力增强，但其持有储备的机会成本却增加了。因为，国际储备也是财富和购买力的代表，如果它不是作为储备资产保存起来，而是作为生产资源用于生产活动，则可以加速经济发展，增加国民收入。另外，国际储备尤其是外汇储备数量的多少，与本国货币的投放量有着密切的关系，外汇储备很大，意味着基础货币投放量很大，因而会加大流通中的货币量，从而引发通货膨胀，影响经济的发展。所以，一国的国际储备不能太少，也不能过多，最好维持在一个合理的水平上，这一合理的国际储备水平被称为国际储备的适度规模。国际储备除了应具有适度规模外，在储备资产结构方面，如何配置储备资产也会直接影响储备资产的安全性。

中国的国际储备，特别是外汇储备持续迅猛增长。2000 年，中国外汇储备额仅有 1 656 亿美元；2014 年年底，中国外汇储备余额已达 3.84 万亿美元峰值；近几年一直保持 3.1 万亿美元水平。中国的 GDP 仅占全球的 8% 左右，但外汇储备却占到全球外汇储备总额的 30% 左右。如果用美元指数来衡量，考虑到美元已贬值 40%，我们不得不重视中国国际储备的安全问题。

学习目标

国际储备是衡量一国综合实力的重要指标，对于调节国际收支、稳定汇率和货币流通，保证一国的对外支付能力与资信水平，有着极为重要的作用。通过本章的学习，学生应重点掌握国际储备的基本含义、作用和构成以及国际储备的管理。

第一节 国际储备概述

一、国际储备的含义

国际储备（International Reserves）又称官方储备，是一国货币当局能随时用来干预外汇市场，支付国际收支差额的各种形式的流动资产的总称。国际储备是一国货币当局所持有的一切可用于平衡国际收支和维持本币汇率稳定的资产。一国（地区）国际储备资产的多少及国际储备管理效率的高低不仅影响一国（地区）调节国际收支和维持汇率稳定的能力，而且对其内部经济均衡也将产生重要影响，进而影响到其在国际金融领域中的地位。

国际储备资产必须具有以下四个特征。

（1）公认性。国际储备资产应该是各国事实上能够普遍承认和接受的资产，即能在外汇市场上自由兑换或在政府间清算差额时能被普遍接受。

（2）流动性。国际储备资产必须具有充分的流动性。流动性是指国际储备资产转变为现金的能力。国际储备应能在各种资产形式之间自由兑换，以便能随时用于弥补国际收支逆差或用于干预外汇市场。

（3）可得性。储备资产归政府所有并能自由支配使用，即政府可随时、方便地获取储备资产。

（4）官方持有性。国际储备资产必须是掌握在该国货币当局手中的资产，非官方金融机构、私人企业以及私人持有的黄金和外汇不能算作国际储备资产。

二、国际储备与国际清偿力

国际清偿力（International Liquidity）即一国为本国国际收支赤字融通资金的能力，或一国无须采取任何影响本国经济正常运行的调节性措施而能平衡其国际收支和维持其汇率稳定的能力。国际清偿力的构成包括自有储备和借入储备。

自有储备指一国所拥有，并可独自使用的储备资产，又称官方储备或国际储备，主要包括黄金储备、外汇储备、在国际货币基金组织的储备头寸以及特别提款权（SDRs）。

借入储备指借贷资金，一般只能在贷款者所规定的条件下获得，主要包括备用信贷、互惠信贷和本国商业银行体系的对外短期可兑换资产等。其中，备用信贷是成员在国际收支发生困难或预计要发生困难时，同国际货币基金组织签订的一种备用借款协议。协议内容通常包括可借用款项的额度、使用期限、利率、分阶段使用的规定、币种等。协议一经签订后，成员在需要时便可按协议规定的方法提用，无须再办理新的手续。凡按规定可随时使用但未使用的部分，计入借入储备。备用信贷协议中规定的借款额度有时并未被完全使用，有的成员与国际货币基金组织签订了协议后，甚至根本不会去使用该笔额度。但备用信贷协议的签订对外汇市场投机者和交易者具有一种心理上的暗示，它一方面表明政府干预外汇市场的能力增强了，另一方面又表明政府干预外汇市场的决心。所以，有时协议签订本身就能起到调节国际收支的作用。互惠信贷协议是指两个国家签订的使用对方货币的协议。在这种协议下，当其中一国发生国际收支困难时，便可按协议规定的条件（通常包括最高限额和最长使用期限），自动地使用对方的货币，然后在规定的期限内偿还。需注意的是，互惠信贷协议是双边的，而不是多边的。本国商业银行体系的对外短期可兑换资产，尤其是在离岸金融市场或欧洲货币市场上的资产，虽然其所有权不属于政府，也未被政府借入，但是这些资产流动性强，对政策的反应也十分灵敏，一国货币当局可通过

“新闻效应”“道义劝说”等方式，诱导并改变这部分资产的流向和流量，间接地影响外汇市场的供求和汇率的变化，从而增强货币当局的国际清偿力。

由此可见，在国际清偿力的构成中，借入储备规模的大小取决于货币当局的公信力，而自有储备是货币当局实际拥有的一切可用于平衡国际收支和维持本币汇率稳定的资产，即国际储备。考察一国的国际储备可以判断该国对外金融实力和短期对外支付能力；考察一国的国际清偿力则用于判断该国的国际经济地位、金融资信和长期支付能力。在一些文献中，有时国际清偿力又被称为广义的国际储备，自有储备则被称为狭义的国际储备或官方储备。

三、国际储备的作用

为保持对外支付能力，各国均持有一定数量的国际储备。具体而言，作为一国经济实力重要标志之一的国际储备主要具有以下作用。

（一）弥补国际收支逆差，平衡国际收支

这是一国持有一定量的国际储备的首要原因。当一国国际收支出现短期的、临时性的困难时，利用国际储备弥补逆差，使国内经济避免因采取调节措施而受到冲击。一国政府运用其国际储备建立外汇平准基金作为缓冲体，通过中央银行在外汇市场买卖外汇，来消除国际收支不平衡所形成的外汇供求缺口，缓冲国际收支不平衡引起的外汇供求矛盾，从而调节国际收支。这是一种弥补性政策，通过它来平衡一次性或季节性的国际收支不平衡，既简便易行，又可避免汇率波动，不对国内经济正常运行形成冲击。即使国际收支出现长期性、巨额逆差，货币当局不可避免地要采取支出增减或支出转换型措施时，借助于国际储备的缓冲作用，也可以为政府赢得宝贵的时间，以便选择适当的时机，有步骤地进行调节，避免过快调节可能给国内经济带来的影响。需要注意的是，一国的国际储备是有限的，因此其调节国际收支的能力也是有限的，要从根本上解决一国的国际收支失衡问题，需要调整其国内经济政策，动用国际储备只是一种辅助措施。

（二）维持本国货币汇率的稳定

国际储备是一国用以干预外汇市场，维持汇率稳定的重要手段。当一国货币汇率出现波动时，尤其是由于投机性因素导致本币汇率波动时，一国货币当局便可动用国际储备来缓和汇率的波动或改变汇率波动的方向。例如，当本币汇率大幅度下跌时，货币当局可在外汇市场上大量抛售外汇，买入本币，促使本币汇率上升；反之，便可在外汇市场上抛售本币，购入外汇，促使本市汇率下跌。但是，由于外汇干预是试图改变外汇市场上本、外币的供求关系来调整汇率变化，无法从根本上改变汇率的决定因素，因此，即使一国有足够多的国际储备，其外汇干预也只能在短期内有效，甚至会因为其他因素而弱化短期干预效果。所以，国际储备的这一作用也是有限的。

（三）维护对外借款信用，增强本国资信

国际储备是一国对外信誉、偿债能力的重要标志，也是向外借款、还本付息的基础和信誉保证，一国拥有的国际储备资产状况是国际金融机构和国际银团提供贷款时评估

其国家风险的指标之一。充足的国际储备，有利于一国在国际金融市场融资，获得国外资金流入，促进国内经济发展。一国拥有充足的国际储备不仅可以保证对外支付的需要，还可以提高国家信用的级别，有利于本国通过各种渠道借入国际资金和顺利及时地安排债务的偿还。

（四）应付突发事件引起的紧急国际支付

一国可能出现地震、洪水、干旱等自然灾害，致使其生产力遭到较大破坏，需要大量进口；也可能出现政治动荡，引起资本大量外逃；尤其是，目前国际金融市场竞争加剧、风险增大，其他国家出现的经济、金融危机很容易传导至本国，这时也需要外汇储备来冲销外来冲击的不利影响。

第二节 国际储备的构成和来源

一、国际储备资产的构成

国际货币体系决定了国际储备体系的特点。不同的历史时期，国际储备资产的构成也有所不同。布雷顿森林体系确立了以美元为中心的黄金—美元储备体系；牙买加体系下，美元仍然是主要国际储备货币，但由于浮动汇率制取代了固定汇率制，美元汇率极不稳定，世界各国为减轻持有单一货币外汇资产的风险，逐步开始分散持有几种相对稳定的货币作为其外汇储备，国际储备体系也呈现出储备货币多元化的特征。目前，根据国际货币基金组织的表述，一国的国际储备资产包括黄金储备、外汇储备、本国在国际货币基金组织的储备份额和本国持有的特别提款权。

（一）黄金储备

黄金储备（Gold Reserves）是货币当局以金融资产形式持有的货币性黄金。黄金具有保值和不受超国家干预的特点，是最早最重要的储备资产。在国际金本位制时期，国际储备资产的90%以上是黄金。在布雷顿森林体系时期，黄金占国际储备总额的比例在50%以上。随着布雷顿森林体系的瓦解，黄金在世界总储备中的比重明显下降，但黄金在国际货币体系中仍具有重要影响，各国均保持一定数量的黄金储备。

黄金作为储备资产的作用明显减弱，一方面是受自然条件的限制，作为国际储备资产的黄金数量已不能满足日益发展的国际贸易和国际投资的需要；另一方面是国际货币基金组织认为应降低黄金在货币体系中的作用，1976年的《牙买加协议》废除了国际货币体系的黄金条款，黄金开始非货币化。黄金同国际货币制度和各国的货币脱钩，退出国际货币体系，也不准用于政府间的国际收支差额清算。此外，黄金作为国际储备资产有自身的局限性。黄金本身不能生息，其保管和运输费用高，同时黄金不能直接作为流通手段和支付手段使用，需先将黄金换成外汇后才能对外支付。尽管如此，大多数国家仍然持有一定数量的黄金，并把它作为一项国际储备，如表3-1所示。

表 3-1 国际储备结构表 单位：亿 SDRs

年份	国际储备总额	黄金储备		外汇储备		储备头寸		SDRs	
总额/占比									
1950	484	334	69.0%	133	27.5%	17	3.5%	—	—
1970	931	370	39.7%	453	48.7%	97	10.4%	31	3.3%
2000	15 892	373	2.3%	14 861	93.5%	17	0.1%	215	1.4%
2001	17 442	369	2.1%	16 309	93.5%	569	3.3%	215	1.2%
2002	18 935	365	1.9%	17 712	93.5%	661	3.5%	215	1.1%
2003	21 582	359	1.7%	20 358	94.3%	665	3.1%	215	1.0%
2004	25 251	353	1.4%	24 136	95.6%	558	2.2%	215	0.9%
2005	31 060	346	1.1%	30 226	97.3%	286	0.9%	215	0.7%
2006	35 610	342	1.0%	34 907	98.0%	175	0.5%	215	0.6%
2007	43 124	337	0.8%	42 431	98.4%	137	0.3%	215	0.5%
2008	48 454	337	0.7%	47 698	98.4%	251	0.5%	214	0.4%
2009	54 794	343	0.6%	52 085	95.1%	403	0.7%	2 040	3.7%
2010	62 930	347	0.6%	60 163	95.6%	450	0.7%	2 040	3.2%
2011	69 776	351	0.5%	66 467	95.3%	983	1.4%	2 040	2.9%
2012	74 576	356	0.5%	71 246	95.5%	1 032	1.4%	2 041	2.7%
2013	79 153	358	0.5%	75 863	95.8%	975	1.2%	2 041	2.6%
2014	83 164	360	0.4%	79 995	96.2%	817	1.0%	2 041	2.5%
2015	81 772	368	0.5%	78 768	96.3%	635	0.8%	2 041	2.5%
2016	82 543	374	0.5%	79 662	96.5%	791	1.0%	2 042	2.5%
2017	83 027	379	0.5%	80 236	96.6%	679	0.8%	2 042	2.5%

注：黄金按每盎司 35SDRs 计算。

资料来源：根据国际货币基金组织《国际金融统计 2019》整理。

（二）外汇储备

外汇储备（Foreign Exchange Reserves）是一国货币当局持有的国外可兑换货币的存款和其他流动金融资产，是一国国际储备的最主要部分。国际货币基金组织对外汇储备的解释是：外汇储备是货币当局以银行存款、财政部库存、长短期政府债券等形式所持有的，在国际收支逆差时可以使用的债权。外汇储备是当今国际储备的主体，主要表现在：一是外汇储备在国际储备中所占比重最高；二是外汇储备的使用频率最高，规模最大。

充当外汇储备的货币称为储备货币，储备货币必须满足以下条件：（1）能自由兑换成其他货币；（2）在国际货币体系中具有重要地位，是国际贸易和国际投资的主要计价和结算工具；(3) 其购买力必须具有稳定性。储备货币发行国必须向国际市场提供适当数量的货币，以满足国际交易的需要，但是又要注意保持货币价值的稳定。

储备货币随着国际货币体系的发展而演变。在国际金本位制度下，英国作为当时全球最大的国际贸易和国际金融中心，英镑是主要的国际储备货币。在20世纪40年代后期到70年代初的布雷顿森林体系下，美元与黄金直接挂钩，其他国家货币与美元挂钩，使美元成为各国国际储备货币的主体。20世纪60年代末至70年代初，随着美元货币危机的爆发，美国宣布停止美元兑换黄金，布雷顿森林体系瓦解，美元不断贬值，德国马克、日元、瑞士法郎等货币则因本国经济实力的增强和货币国际化进程加速，而进入国际储备货币行列，国际储备货币种类由单一货币逐步发展为多样化货币，但是在各种储备货币中，美元仍占主要地位（见表3-2）。

表3-2　官方外汇储备货币构成　单位：%

年份	美元	欧元	日元	英镑	瑞士法郎	其他货币
2000	71.13	18.29	6.1	2.75	0.27	1.49
2001	71.52	19.18	5.0	2.70	0.28	1.28
2002	67.08	23.79	4.4	2.81	0.41	1.55
2003	65.93	25.16	3.9	2.77	0.23	1.97
2004	65.95	24.80	3.8	3.37	0.17	1.88
2005	66.94	24.05	3.6	4.22	0.15	1.72
2006	65.48	25.09	3.1	4.38	0.17	1.80
2007	64.13	26.27	2.9	4.68	0.16	1.84
2008	64.20	26.42	3.1	4.05	0.13	2.07
2009	62.03	27.66	2.9	4.25	0.12	3.05
2010	61.83	26.07	3.7	3.93	0.13	4.44
2011	62.33	24.70	3.6	3.84	0.08	5.44
2012	61.49	24.07	4.09	4.04	0.21	3.21
2013	61.27	24.21	3.82	3.99	0.27	2.80
2014	66.78	19.73	2.55	4.51	0.07	2.86
2015	65.75	19.14	3.75	4.72	0.27	2.83
2016	65.36	19.14	3.96	4.34	0.17	2.34
2017	62.72	20.16	4.90	4.53	0.18	2.44
2018	61.74	20.67	5.20	4.42	0.14	2.48

注：国际货币基金组织（IMF）数据分为两个部分。第一部分为IMF各成员央行公开宣布的已分配外汇储备（Allocated Foreign Exchange Reserves），第二种为未分配外汇储备（Unallocated Reserves），后者为包括非IMF成员所持有的外汇储备以及没有对外公布的外汇储备。本数据统计的比例按照已分配外汇储备总额进行计算。

资料来源：根据IMF公布的COFER数据整理。

（三）在国际货币基金组织的储备头寸

国际货币基金组织犹如一个股份制性质的储蓄互助会，任何成员在加入时都必须缴纳一定的资金作为入股基金，称为份额（Quota）。按国际货币基金组织的规定，成员的份额必须足额认缴，其中25%以特别提款权或可兑换货币（如美元、欧元、日元、英镑）缴纳，成员在需要使用资金时，可以无条件地自由提用这部分资金；其余（75%）用本币缴纳，成员有权以本币抵押的形式申请提用可兑换货币。

储备头寸也称普通提款权，当成员发生国际收支困难时，可以自由提取使用。根据国际货币基金组织的规定，一国的储备头寸具有储备资产的性质，由储备档头寸（Reserve Tranche Position）和债权头寸（Creditor Position）两部分构成。储备档头寸是指成员的份额与国际货币基金组织对该成员货币的持有量之间的差额；债权头寸的发生以国际货币基金组织使用该成员货币进行贷款为前提条件。国际货币基金组织对某一成员的贷款是通过向其提供另一成员的货币来实现的，这样做的结果是：获得贷款的成员形成了对国际货币基金组织的债务，而提供货币的成员则形成了对国际货币基金组织的债权，贷款货币的使用额就构成提供货币的成员的债权头寸。

（四）特别提款权

特别提款权（Special Drawing Rights，SDRs）是国际货币基金组织为补充国际储备资产而创设并分配给成员的一种在基金组织的账面资产。成员可以用特别提款权向基金组织换取可兑换货币进行国际支付，或直接用于偿还对基金组织或其他成员政府的官方债务。作为一种使用资金的权利，特别提款权成为储备资产的一部分。

特别提款权是国际货币基金组织为了解决国际储备不足的问题，经过长期的谈判后，于1969年在基金组织第24届年会上创设的新的国际储备资产，并于1970年按成员认缴份额的比例进行分配。成员对分配到的特别提款权可无条件动用，当成员发生国际收支困难时，可动用特别提款权来弥补国际收支逆差。

1. 特别提款权的特点

（1）特别提款权是一种没有物质基础的账面资产或记账单位。特别提款权虽被称为“纸黄金”，但并不像黄金那样具有实际价值，也不像纸币那样以一国的政治、经济实力为后盾，它完全是一种以数字表示的记账单位，由国际货币基金组织将分配给成员的特别提款权数额记录在成员的特别提款权账户上，然后通过划账进行使用。

（2）特别提款权是一种人为创设的资产。特别提款权不通过贸易或非贸易往来活动，而是由国际货币基金组织按成员份额比例无偿分配给成员，完全是国际货币基金组织人为创设出来的一种国际储备资产。作为取得特别提款权的条件，成员必须承担两项义务：支付利息；在需要的时候，按照国际货币基金组织规定的原则，接受特别提款权并兑换出相应的货币。一般情况下，只有在国际收支和储备总额方面实力特别强的成员才有可能承担第二项义务。不过，如果成员已持有的特别提款权超过其累计分配净额的

300%，该成员便不能再被指定以现金兑入特别提款权。

（3）特别提款权有特定的用途，不像其他储备资产，它的使用范围有着严格的限制，只能用于成员政府与国际货币基金组织以及15个特定的国际机构之间，任何私人企业不得持有和使用，而且不能用于贸易与非贸易往来。

2. 特别提款权的定值

1969年初创时特别提款权以黄金作为定值基础。1特别提款权等于1/35盎司黄金，与1971年贬值前的美元等值，即1特别提款权等于1美元。随着20世纪70年代初美元的大幅贬值以及浮动汇率制度的实行，国际货币基金组织决定自1974年7月1日起，特别提款权改用16种货币定值；1981年1月1日起，特别提款权采用美元、德国马克、日元、法国法郎、英镑5种货币加权平均定值，5种货币的权重以各国对外贸易在5国总贸易额中的比重作为权重，每5年调整一次。从2006年1月1日起，采用美元、欧元、日元、英镑4种货币定值，权重分别是44%、34%、11%、11%。2016年10月1日，人民币正式加入特别提款权的货币篮子，因此特别提款权采用美元、欧元、人民币、日元、英镑5种货币定值，权重分别是41.73%、30.93%、10.92%、8.33%、8.09%。

3. 特别提款权的分配

特别提款权的分配包括普遍分配和特别一次性分配。普遍分配是以补充现有储备资产的长期全球需要为基础。特别提款权进行了三次普遍分配，第一次是1970—1972年，发行了93.148亿特别提款权，按会员国所摊付的基金份额的比例进行分配，份额越大，分配得越多。这次工业国共分得69.97亿特别提款权，占总额的74.05%。其中，美国分得最多，为22.94亿特别提款权，占总额的24.63%。这种分配方法使急需资金的发展中国家分得最少，而发达国家则分得大部分。特别提款权的第二次分配是1979—1981年的121.182亿特别提款权。为了减轻金融危机影响，缓解全球金融体系的流动性紧张，2009年进行了1 612亿特别提款权的第三次分配。国际货币基金组织同时于2009年向那些在1981年之后加入国际货币基金组织的国家进行了数额为215亿特别提款权的特别一次性分配，旨在让所有成员国能在公平基础上参与特别提款权体系。至此特别提款权分配累计总额达2 040亿特别提款权。

二、国际储备资产的来源

国际储备的来源可从世界角度和国家角度两方面来分析。

（一）从世界角度分析国际储备来源

从世界角度看，国际储备主要有以下几种来源。

1. 黄金生产

黄金生产是增加黄金储备的最终来源，但受自然资源的限制，黄金的产量有限，一直跟不上世界经济的增长，加之黄金的消费量（如工业、首饰需求等）与日俱增，导致黄金储备总量不增反降。世界黄金储备总量从1970年的10.58亿盎司降到2002年3

月的 9.41 亿盎司，32 年间减少了 1.17 亿盎司。表 3-3 给出了世界十大官方黄金储备的相关信息。

表 3-3　　世界十大官方黄金储备国（组织）一览表

排名	国家（组织）	黄金储备/吨	占外汇储备份额/%
1	美国	8 133.5	77.9
2	德国	3 366.5	74.0
3	国际货币基金组织	2 814.0	--
4	意大利	2 451.8	69.3
5	法国	2 436.0	63.6
6	俄罗斯	2 279.2	20.6
7	中国	1 948.3	3.1
8	瑞士	1 040.0	6.2
9	日本	765.2	2.9
10	印度	635.0	7.0

资料来源：根据世界黄金协会（World Gold Council）资料整理（数据截至 2020 年 3 月）。

2. 储备货币发行国的货币输出

这是形成外汇储备的来源，只有储备发行国向外进行货币输出，才可能形成其他国家的外汇储备。综观“二战”后国际货币的发展史可见，世界储备的主要来源已经变为储备货币发行国通过国际收支逆差输出货币。储备货币发行国输出的货币一部分进入各国官方手中成为外汇储备资产，另一部分进入国外银行成为它们对储备货币发行国的债权。储备货币发行国通过国际收支逆差大量输出货币，一方面取得了在国际金融领域中的支配地位，获取了巨额的铸币税收入；另一方面也为国际社会提供了国际流通手段和储备资产，促进了世界经济的发展。

3. 国际货币基金组织创设的特别提款权

自 1970 年国际货币基金组织第一次分配特别提款权以来，特别提款权便成为世界储备资产的来源之一，尽管其分配数量、使用范围有限，但因其价值稳定，且仅由国际货币基金组织按成员所缴纳的份额进行分配，故成为世界储备资产的一项重要来源。

（二）从一国角度分析国际储备来源

对一个国家而言，国际储备资产的来源渠道主要有以下几种。

1. 国际收支顺差

国际收支顺差是一国国际储备最主要和最直接的来源。在汇率不变的情况下，国际收支顺差（逆差）意味着该国国际储备存量的增加（减少）。在国际收支平衡表中，假定误差和遗漏项为零，则国际储备的变动额=经常项目差额+资本金融项目差额。其中，经常项目顺差，特别是贸易项目顺差起着重要作用，因为贸易项目主要是自主性交易，其顺差相对于资本金融账户顺差更为稳定。金融账户则可能是调节性交易形成的，会因资本外逃、外资撤资而减少盈余，带有借入储备的性质。

2. 中央银行干预外汇市场时购进的可兑换货币

在有管理的浮动汇率制度下，各国对外汇市场汇率走势都会进行一定程度的干预。在本币汇率有升值压力时，中央银行会在外汇市场上抛售本币，购进外汇，以保持市场汇率稳定，购进的外汇则成为官方外汇储备的一部分。反之，在本币有贬值压力时，中央银行抛售外汇，买进本币，外汇储备会因此减少。

3. 中央银行持有黄金量的增加

一国中央银行可以从国内和国际黄金市场购进黄金来增加货币性黄金的储备量。对于储备货币发行国而言，在国际黄金市场上收购黄金可以增加其国际储备量。但对于非储备货币发行国来说，由于其货币不被国际间普遍接受，所以在国际黄金市场上收购黄金必须动用外汇储备。因此，对于非储备货币发行国来说，在国际黄金市场上收购黄金仅仅改变了国际储备的结构，而国际储备的总量并未改变。

4. 国际货币基金组织分配的特别提款权

特别提款权是国际货币基金组织无偿分配给成员使用的记账单位，是各成员国际储备的来源之一。由于特别提款权是由当今世界上 4 种主要货币加权平均定值的，因而其内在价值一直比较稳定，但其分配数量有限。而且特别提款权的分配与成员缴纳的份额有关，份额越多，成员分配的特别提款权便越多，发达成员和发展中成员分配不平衡，因此不是成员的主要储备来源。

5. 政府或中央银行的对外借款

上述来源渠道形成的国际储备构成了一国的自有储备，除此之外，一国政府或中央银行还可以在国际金融市场上筹措资金作为借入储备。主要的借款方式包括国际货币基金组织的备用信贷、借款总安排、借款新安排和互换货币安排。

备用信贷（Stand-By Credit）是成员在国际支付可能发生困难时，与国际货币基金组织签订的备用借款协议，协议一旦签订，成员在需要时便可按协议规定使用资金。

借款总安排（General Arrangements to Borrow，GAB）是由国际货币基金组织与十国集团（现在有 22 个国家）于 1962 年联合设立的一种短期信贷资金，由十国集团管理。鉴于成员在国际收支出现严重支付困难时，有可能耗尽其在国际货币基金组织的资金，因此，借款国可以向国际货币基金组织和十国集团同时申请，经十国集团多于 2/3 的国家和国际货币基金组织同意，由国际货币基金组织向有关国家借入，再转贷给借款国，贷款期限为 3~5 年。

借款新安排（New Arrangements to Borrow，NAB）是 1997 年由 25 个国家和地区共同向国际货币基金组织提供 340 亿 SDRs 而建立的短中期信贷资金，以补充国际货币基金组织的份额资金，稳定国际货币体系。

互换货币安排（Swap Arrangements）是成员之间签订的进行双边互借备用信贷的一种协议。协议方中央银行相互开设对方货币的账户，规定相互可以动用对方货币的额度，在需要对方货币时，可用本币换取对方货币，用于干预外汇市场，稳定汇率。

第三节　国际储备的管理

国际储备管理是指政府或货币当局根据一定时期内的国际收支状况和经济发展的要求，对国际储备的规模、结构及储备资产的运用等进行计划、调整、控制，以实现储备资产规模适度化、结构最优化、使用高效化的整个过程，是国民经济管理的一个十分重要的组成部分。在四种国际储备资产中，储备头寸和特别提款权不是货币当局能够控制和主动调整的资产，因此国际储备管理的主要对象是黄金储备和外汇储备，其中外汇储备作为国际储备的主体，成为国际储备管理的中心。国际储备管理涉及很多方面，但其重点在于两个方面：一是国际储备的规模管理，货币当局权衡持有国际储备的利弊，确定最适度的国际储备规模；二是根据保值、增值及国际支付的需要，对国际储备的结构进行调整。后者包括对黄金储备和外汇储备的结构做出计划，根据汇率和利率走势重新安排外汇储备的币种结构，根据本国对外支付和干预外汇市场的需要，将外汇储备合理投放于不同的资产形式，以保持外汇储备资产的安全性、流动性和盈利性。

一、国际储备的规模管理

实际上，国际储备的规模管理主要就是合理确定和保持国际储备的适度规模。为弥补国际收支逆差和维持汇率稳定，各国都需要保持一定数量的国际储备，以保证充足的国际清偿力。但一国的国际储备是否越多越好呢？如果不是，那么一国应该拥有多少储备方为合适呢？

（一）影响国际储备规模的基本因素

一般而言，影响一国国际储备规模的主要因素包括以下几个方面。

（1）对外贸易和经济开放程度。一国经济开放程度越高，对外贸易的规模越大，则该国经济发展受国际市场的影响越大。国际商品市场的供求变化、价格波动等，直接影响该国的对外贸易规模和贸易差额。国际市场进口商品价格上涨、出口商品价格下跌都可能造成该国发生贸易赤字，保持一定量的国际储备可以缓解贸易赤字对国内经济发展的不利影响。

（2）国际收支差额及其变动程度。国际收支差额反映了资金的双向运动及对国际储备的实际需求。但对单个国家而言，其每年的差额都不一样，时大时小，时而顺差，时而逆差，即一国的国际收支差额具有一定的波动性。波动幅度越大，对国际储备的需求就越大；反之，波动幅度越小，对国际储备的需求就越少。一般可用经济统计的方法来求得或预测一段时期中的平均波动幅度，以此作为确定储备需求的参考。

（3）汇率制度。国际储备的作用之一就是干预汇率。如果一国采取的是固定汇率制，并且政府不愿意经常性地改变汇率水平，那么就要相应持有较多的储备，以应付国际收支可能产生的突发性巨额逆差或外汇市场上突然发生的大规模投机；反之，一个实行浮动汇率制的国家，其储备的保有量就可以相对较低。与此相关的还有外汇管制情况，实行严厉外汇管制的国家，储备保有量可相对较低；反之，则较高。

（4）利用国际金融市场融资的能力。一国的国际储备可以是自有储备，也可以通过借款方式借入储备。因此，一国在国际金融市场的融资能力越强，持有的自有储备可以越少；反之，则需相应增加国际储备。一般而言，主要发达国家在国际金融市场上的融资能力较强，部分储备货币发行国还可以通过增加对外负债来弥补国际收支逆差，其持有的国际储备相应就较少。

（5）金融市场开放程度。一国金融市场对外开放程度越高，外汇管制越少，应对国际游资冲击的国际储备就应越多。在国际资本流动异常活跃的今天，国际游资对一国外汇市场的冲击越来越大，保持足够的国际储备干预汇市，抵消国际游资的负面影响，有利于维护本国金融市场的稳定。相反，实行严格外汇管制的国家，国际储备持有量可相对低一些。

（6）持有国际储备的机会成本。一国政府的国际储备，往往以存款的形式存放在外国银行。若动用国际储备进口物资所带来的国民经济增长和投资收益率高于国外存款的利息收益率，其差额就构成持有国际储备的机会成本。如果因持有国际储备导致国内货币供应量增加，物价上升，这也构成持有国际储备的一种成本。因此，持有国际储备的机会成本越高，则国际储备的保有意愿就越低。

（二）适度国际储备规模的确定

外汇储备过多或者不足，都会对一国经济产生不良影响。适度的外汇储备规模应该能保证：正常的国际支付的完成；满足调节短期国际收支平衡的需要；干预外汇市场，维持汇率稳定；持有外汇储备的机会成本最小。一国持有多少外汇储备才算适度，用什么方法测算，已成为国内外学者广泛研究的对象，主要测算方法有以下几种。

1. 比例分析法

比例分析法是根据国际储备需求与某种经济活动变量之间的关系来计算最适度国际储备水平的一种方法。

（1）国际储备/进口额的比例（R/M）。由于进口所需的外汇是一国对外支付的最主要部分，所以进口额可在一定程度上反映一国日常必备的对外支付手段量。这是最常用的一个比例，最早由美国著名国际金融专家特里芬（R. Triffin）提出。特里芬通过对 62 个国家和地区的历史数据进行研究后得出结论：一国的国际储备对进口额的比例一般以 40% 为适度；低于 30% 就需要采取调节措施，如外汇管制措施；最低不能小于 20%。这就是著名的“特里芬法则”。这一方法简单易行，至今仍是各国判定国际储备适度标准的重要指标。国际货币基金组织和世界银行把能够支付三个月进口额的储备水平视为发展中国家的理想水平。目前一般认为，20%～50% 适用于世界大多数国家。发达国家因融资能力强，可用本币支付债务，这一比例低于发展中国家。

（2）国际储备/外债余额的比例（R/D）。20 世纪 60—70 年代，随着世界经济的迅速发展以及金融创新的不断深入，资本往来已成为国际间经济活动的主要形式，国际资本流动规模迅速增长。因此，在国际资本流动规模较小、进出口贸易是国际经济往来主要活动的背景下产生的特里芬法则显现了局限性。一国持有的国际储备是其支付外债本息的保证，所以国际储备量与一国的对外债务规模应有一定的比例关系。特别是 20 世纪 80 年代国际债务危机的爆发更证明了这一点。根据有关学者对各国数据实证分析的结论，目前一般认为，一国的国际储备与对外债务余额的比例保持在 40% 比较合适。该指标反映了一国的对外清偿能力和债务信用。

2. 成本—收益分析法

成本—收益分析法来源于 20 世纪 60 年代末西方微观经济学的厂商理论，主要代表人物有海勒（H. R. Heller）和阿格沃尔（J. P. Agarwal）。微观经济学理论认为，当生产某种商品的边际成本等于其所获得的边际收益时，厂商将获得最大利润。经济学家们假设政府同其他经济单位一样，在对不同的行为做出选择时，以利润最大化为目标，并将其决策集中在边际成本和边际收益的比较上。

（1）持有国际储备的收益。当一国出现国际收支逆差时，若持有较多的国际储备，既可以用于弥补国际收支逆差，也可以利用国际储备为政策调节选择适当的时机；反之，一国的国际储备较少，不能满足弥补国际收支逆差的需要，货币当局将不得不以较高的成本在国际金融市场上融资，或者采用各种国际收支调节政策，削减进口，降低国内需求，从而引起国民收入水平的下降，失业率上升，这就是政策调节所付出的成本。可见，持有国际储备的收益表现为融资成本和调节成本的节约。一般来说，国际储备持有额越多，弥补国际收支逆差的能力就越强，国际储备的收益也就越多。与此同时，随着国际储备持有量的增加，弥补国际收支逆差的边际效用将下降，从而导致国际储备的边际收益递减。图 3-1 中的 *MB* 线为国际储备的边际收益线，它的斜率为负，反映国际储备的边际收益递减规律。

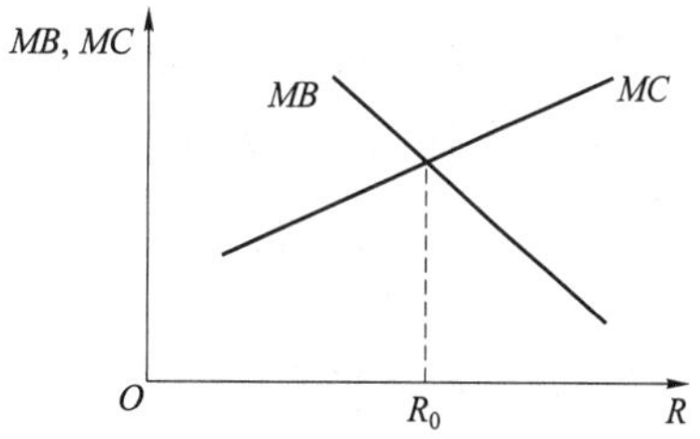

图 3-1　成本—收益分析法

（2）持有国际储备的成本。一国国际储备也并非越多越好，持有国际储备需要支付一定的代价，持有国际储备的成本表现为一国资本收益率与其国际储备资产的收益率之差。持有的国际储备越多，持有国际储备的成本越高，而且其边际成本还会随国际储备的增加而增加。图 3-1 中 *MC* 线为国际储备的边际成本线，它的斜率为正，反映了持有国际储备的边际成本递增的趋势。

（3）适度国际储备量。如图 3-1 所示，当持有国际储备的边际收益大于边际成本，即 $MB>MC$ 时，扩大国际储备持有量有利；反之，当持有国际储备的边际收益小于边际成本，即 $MB<MC$ 时，减少国际储备持有量有利；只有当持有国际储备的边际收益等于边际成本，即 $MB=MC$ 时，才会达到国际储备量的均衡点。因此，一国适度的国际储备水平应该是持有国际储备的边际收益等于边际成本时的国际储备水平 R_0。

3. 区间分析法

在对一国国际储备适度规模的分析中，上述方法都是抽象地分析出影响一国国际储备的最主要因素，试图寻找一个确定的适度国际储备量，然而在实践中，这些分析方法可能会遇到诸多困难。

首先，影响一国国际储备适度规模的因素很多，我们不可能把所有因素都考虑进去，当模型外的因素发生变化时，一国的适度国际储备量也会随之变化。即便是已经引入模型中的因素，也并非是一成不变的，其变化也会对一国的适度国际储备量产生影响。其次，在实际操作中，试图使一国的国际储备持有量维持在一个确定的适度国际储备水平也很困难，极易发生调整过度或调整不足的情况。最后，从国际储备来源角度看，在当今国际储备体系中，由于国际储备的多样化，使得对国际储备的供给也会出现波动，从而对一国的适度国际储备量产生巨大影响。因此，无论是从理论上还是从实践上看，试图寻找一个适度国际储备量的目标区间便成为人们的理想选择。

所谓适度国际储备的目标区间，是指以适度国际储备量为中心，确定一个目标区间，使一国国际储备持有额以较小幅度围绕适度国际储备水平上下波动。目标区间的下限是一国经常储备量，即保证一国最低限度进口的对外支付所必需的国际储备资产数额；上限是一国保险储备量，它既能满足一国可能出现国际收支逆差时的对外支付需要，又能保证国内经济增长所需要的实际资源投入，而且不会引起通货膨胀。只要一国的国际储备持有额保持在这个目标区间范围内，就可以认为该国的国际储备是适度的。因此，区间分析法为金融当局更加灵活地管理国际储备提供了更多的可能性与现实性。

二、国际储备的结构管理

国际储备的结构管理就是合理安排各种储备资产的构成，主要解决的问题是在国际储备总额既定的条件下，如何实现国际储备资产结构上的最优化。

（一）国际储备结构管理的原则

国际储备资产结构管理的基本原则是安全性、流动性、盈利性。

1. 安全性原则

所谓安全性是指国际储备不遭受风险损失，这是国际储备管理的重要原则。实现国际储备的安全性管理，一方面，存放地点要选择政治经济形势稳定、外汇管理相对宽松的国家和信誉好的大银行；另一方面，作为国际储备的资产，其内在价值必须具有相当的稳定性，不能频繁波动，以致发生风险损失，影响支付质量。

2. 流动性原则

流动性原则是指国际储备资产能够投资且能随时变现，在国际市场可灵活调拨，用于对外支付。国际储备本质上是一种能够随时用于对外支付的准备金，因而要求国际储备必须具有较高的流动性。如果一国的国际储备用于投资获利时，其投资资产不能在需要时迅速转换成现汇用于对外支付，势必会影响该国的对外清偿力。

3. 盈利性原则

盈利性原则是指通过运营部分国际储备资产获取一定的收益。对国际储备资产的管理应在安全性和流动性得到保证的前提下，尽可能增加国际储备资产的收益，提高储备持有国的支付能力。

一般来说，安全性、流动性高的储备资产，盈利性通常较差，而盈利性高的储备资产，其安全性、流动性又偏低。因此，在国际储备结构管理中，必须正确处理好安全性、流动性和盈利性三者之间的关系，以实现三者的最佳组合。

（二）国际储备结构管理的内容

国际储备资产由黄金储备、外汇储备、在国际货币基金组织的储备头寸以及特别提款权构成，其中储备头寸以及特别提款权由国际货币基金组织根据成员所缴纳的份额决定，一国难以主动改变，而且这两项资产在一国储备总量中所占的比重较小，所以一国货币当局能够完全自由掌握和支配的就是黄金储备和外汇储备。因此，国际储备结构管理的主要内容是对黄金储备和外汇储备的管理，具体包括下面三个层次的内容。

1. 黄金储备与外汇储备的结构管理

黄金具有较好的安全性，牙买加体系下黄金非货币化之后，黄金不能直接用于国际支付，不能生息，又需要较高的仓储费，因此自 20 世纪 70 年代以来，黄金在各国国际储备资产中的比重呈下降趋势。外汇储备因其具有较高的流动性与盈利性，在各国国际储备资产中所占的比重则越来越大（见表 3-4）。

表 3-4　　2017 年世界主要国家黄金、外汇储备一览表　　单位：百万 SDRs

国家	总储备资产	黄金储备		外汇储备	
美国	87 974	9 153	10.40%	30 022	34.13%
英国	97 197	350	0.36%	84 570	87.01%
德国	45 476	3 797	8.30%	26 287	57.80%
法国	41 207	2 741	0.65%	26 503	64.32%
日本	866 119	861	0.10%	844 449	97.50%
俄罗斯	252 105	2 070	0.82%	243 310	96.51%
中国	2 220 177	2 074	0.09%	2 204 813	9.23%
印度	274 022	628	0.23%	270 413	11.89%

注：黄金按每盎司 35SDRs 计算。

资料来源：根据国际货币基金组织《国际金融统计 2019》整理。

2. 外汇储备的比重管理

由于外汇储备在各国国际储备资产中占的比重最大，所以国际储备结构管理的重点实际上是外汇储备结构管理，即根据软硬通货的变化，调整各种储备货币的占比。如预测美元汇率下浮，欧元汇率上浮，就可以减少美元储备，增加欧元储备。现实中，一国外汇储备币种结构的安排不仅要考虑汇率变化，还需要兼顾其他方面的需要：一是本国贸易和金融对外支付所需的币种；二是外债还本付息所需的币种；三是干预本国外汇市场所需的币种；四是通过比较不同储备货币名义利率与汇率变动率来选择收益率较高的储备货币。目前世界各国总体上实行以美元为主，欧元、英镑、日元等货币为辅的多元化储备结构。

3. 外汇储备的资产结构管理

保持储备的目的之一是用于预计支付，这就要求储备资产具有充分的流动性。因此，根据对外支付的需要，将外汇储备投资于具有不同流动性、盈利性的资产，使外汇储备资产组合能够兼顾流动性与盈利性。一般而言，一国外汇储备资产可按照流动性的高低，分为三个层次进行管理。

一级储备，流动性高，盈利性低，包括在国外银行的活期存款、3个月内的短期存款、外币商业票据、外国短期政府债券等。这是流动性最强的储备资产，能够随时变现用于对外支付，这部分资产必须足以满足一国经常性或临时性对外支付的需要，但这类储备资产的收益性较差。

二级储备，包括期限在5年以内的各种有价证券，主要投资于中期国债等金融工具上。二级储备的流动性较弱，但盈利性高于一级储备，主要作为补充性流动资产，用于发生临时性或突发性事件时的对外支付保证。

三级储备，主要是外汇储备中用于长期投资的部分，包括各种长期有价证券。三级储备资产到期时可转化为一级储备，但到期之前的变现能力较差，如果提前动用会蒙受收益甚至资产上的损失。三级储备具有较高的收益性，从而可以在一定程度上弥补一级储备的收益性不足。一般国际收支顺差国会保持较大比例的三级储备。

关键概念

国际储备　国际清偿力　外汇储备　特别提款权　一级储备　二级储备　三级储备

复习思考

一、单项选择题

1. 特别提款权是（　　）创造的储备资产

A. 世界银行　　B. 本国中央银行

C. 国际货币基金组织　　D. 国际金融公司

2. 一个国家的对外经济开放程度越高，则对国际储备的需要（　　）

A. 越大　　B. 越小　　C. 无变化　　D. 不确定

3. 一个国家的对外贸易条件越好、对外融资能力越强，则国际储备可以（　　）

A. 适当减少　　B. 适当增加　　C. 保持不变　　D. 不确定

4. 一般认为，一国的国际储备量大约相当于该国（　　）的进口付汇额为宜

A. 三个月　　B. 五个月　　C. 六个月　　D. 两个月

5. 国际储备最主要的来源是（　　）

A. 央行在国内收购黄金　　B. 经常项目顺差

C. 资本项目顺差　　D. 特别提款权

6. 长期有价证券属于（　　）

A. 一级储备　　B. 二级储备　　C. 三级储备　　D. 四级储备

二、多项选择题

1. 可划入一国国际储备的有（　　）

A. 外汇储备　　B. 一国在IMF的头寸

C. 特别提款权　　D. 黄金储备

E. 商业银行的国际储备资产

2. SDRs 具有如下职能（　　）

A. 价值尺度　B. 支付手段　C. 贮藏手段　D. 流通手段

3. 国际储备的作用有（　　）

A. 平衡财政收支　B. 充当干预资产，维持货币汇率

C. 平衡国际收支　D. 增加对外投资，提高国内消费

E. 作为备用的国际支付手段　F. 降低金融风险

4. 国际储备资产的币种管理中，应考虑的主要因素有（　　）

A. 币值稳定性　B. 货币盈利性　C. 使用方便性　D. 国际政治因素

5. 潜在的清偿能力具体包括（　　）

A. 对外借债能力　B. 商业银行持有的外汇

C. 普通提款权　D. 外国人持有逆差国货币的意愿

E. 利率提高对鼓励资金内流的影响程度

6. 选择储备货币的币种时，应考虑的因素是（　　）

A. 外债还本付息的币种　B. 对外贸易所需币种

C. 汇率政策和干预市场的需要　D. 国际金融市场

E. 国内通货情况

7. 外汇储备过多的负面影响可能有（　　）

A. 本币升值　B. 通货膨胀　C. 外汇闲置　D. 外币升值

E. 通货紧缩

三、思考题

1. 如何确定适度的国际储备水平？

2. 影响国际储备需求数量的主要因素有哪些？

3. 如何进行国际储备规模管理和国际储备结构管理？

4. 国际储备的来源有哪些？

5. 根据拓展阅读的资料分析我国目前外汇储备管理中的主要问题及改进对策。

实训案例

中国的国际储备

2006 年中国外汇储备跃居全球第一，使中国国际储备问题备受关注。如何确立适度的国际储备规模，加强对国际储备资产的营运管理，已经成为中国宏观经济管理和外汇管理体制改革的重要课题。

一、中国的国际储备构成与特点

自 1980 年恢复在国际货币基金组织的合法席位后，与其他会员国一样，中国国际储备资产同样是由黄金储备、外汇储备、特别提款权和储备头寸四个部分组成的（见表 1）。

表 1　　中国国际储备结构表　　单位：百万 SDRs

年份	国际储备总额	黄金储备		外汇储备		储备头寸		SDRs	
2000	129 600	444.5	0.34%	127 080	98.06%	1 462.33	1.13%	612.71	0.47%
2001	172 124	563.5	0.33%	168 823	98.08%	2 060.54	1.20%	676.82	0.39%
2002	214 815	675.15	0.31%	210 668	98.07%	2 738.22	1.27%	734.19	0.34%
2003	275 345	675.15	0.25%	271 372	98.56%	2 555.95	0.93%	741.33	0.27%
2004	396 358	675.15	0.17%	392 742	%	2 138.08	0.54%	803.01	0.20%
2005	575 454	675.15	0.12%	572 930	99.56%	973.02	0.17%	875.38	0.15%
2006	710 920	675.15	0.09%	708 817	99.70%	718.50	0.10%	710	0.10%
2007	969 055	675.15	0.07%	967 093	99.80%	531.81	0.05%	754.39	0.08%
2008	1 266 206	675.15	0.05%	1 263 434	99.78%	1 318.41	0.10%	778.59	0.06%
2009	1 542 335	1 186.15	0.08%	1 530 374	99.22%	2 795.06	0.18%	7 979.64	0.52%
2010	1 859 770	1 186	0.06%	1 848 885	99.41%	1 683.59	0.09%	8 015.75	0.43%
2011	2 087 326	1 186	0.06%	2 072 045	99.27%	6 373.44	0.31%	7 722.15	0.27%
2012	2 168 586	1 186	0.05%	2 154 692	99.36%	5 318.99	0.25%	7 388.76	0.20%
2013	2 494 399	1 186	0.05%	2 481 373	99.48%	4 584.11	0.18%	7 255.35	0.15%
2014	2 664 867	1 186	0.04%	2 652 534	99.54%	3 931.18	0.15%	7 215.95	0.10%
2015	2 416 013	1 983	0.08%	2 403 327	99.47%	3 281.64	0.14%	7 421.57	0.08%
2016	2 255 817	2 073	0.09%	2 239 418	99.27%	7 138.82	0.32%	7 186.74	0.06%
2017	2 220 177	2 074	0.09%	2 204 813	99.31%	5 580.24	0.25%	7 710.60	0.52%

注：黄金按每盎司 35SDRs 计算。

资料来源：根据国际货币基金组织《国际金融统计 2018》整理。

总体而言，中国国际储备具有以下特点。

（1）黄金储备数量保持多年稳定，近年有所增加。中国 1981 年正式对外公布国家黄金外汇储备，其中在国家黄金库存中划出 1 267 万盎司黄金作为国际储备中黄金储备部分，一直维持这一水平不变至 2000 年。2001 年和 2002 年两次增持后稳定在 1 929 万盎司，一直到 2009 年再次增加到 3 389 万盎司。但是随着中国国际储备外汇储备量的大幅增加，总量不断提高的黄金储备在国际储备中所占的比例却呈下降趋势。2006 年后，黄金储备所占比例不到 0.1%。

（2）储备头寸和特别提款权占比较低。储备头寸和特别提款权的多少取决于中国在国际货币基金组织所缴纳的份额。一方面是因为中国分配的份额较低；另一方面是因为外汇储备量的显著增加，储备头寸和特别提款权在中国国际储备中所占的比例较低。两者之和在 1999—2003 年占比为 1%～2%，2005—2008 年平均占比 0.3%。2009 年国际货币基金组织为了向全球经济注入流动性，分别进行了特别提款权的普遍分配和特殊分配，共计 1 827 亿 SDRs，经过此次分配，中国在国际货币基金组织的份额上升到第六位。2012 年二十国集团（G20）财长和央行行长会议在韩国庆州闭幕。各国就国际货币基金组织的份额改革问题达成共识，会议商定在 2012 年前向包括新兴国家在内代表性不足的国家转移 6% 以上的份额，而至此中国所占份额将从第六位升至第三位，超越德国、法国和英国，仅位列美国和日本之后。

（3）外汇储备增长迅速。从表 1 中我们可以看到外汇储备是中国国际储备的主要部分，在中国国际储备资产中的比重一直在 97% 以上，进入 2004 年甚至达到了 99%。从总量上看，外汇储备增长迅速（见图 1），2014 年底达到 3. 84 万亿美元的历史峰值，这一规模约为德国的经济总量，中国的外汇储备规模目前已居世界首位。

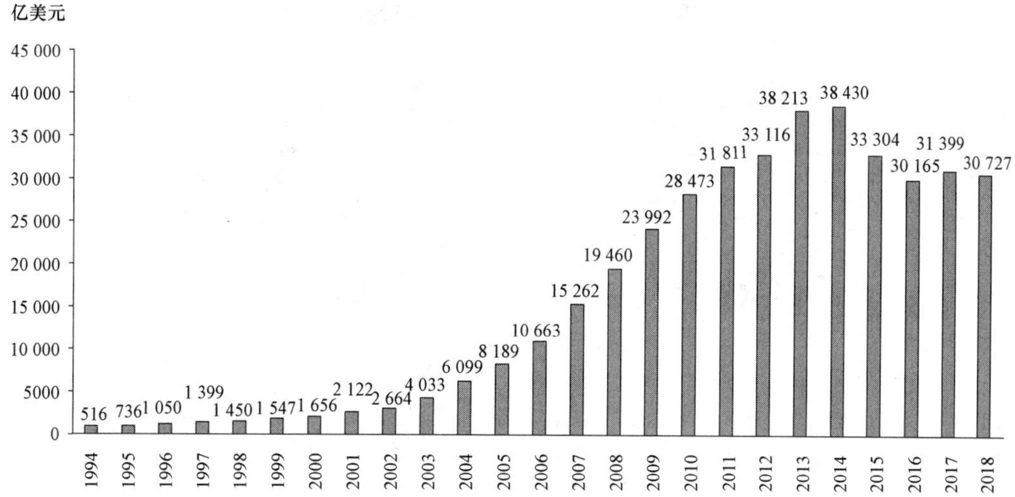

图 1　1994 年以来中国外汇储备规模

二、中国外汇储备经营管理

中国外汇储备以实现资产“安全、流动、保值增值”为经营管理原则，以“规范化、专业化、国际化”为经营管理发展方向。

（一）积极做好流动性管理

妥善应对复杂严峻的国际经济金融形势，统筹流动性安排，有效保障外汇储备规模的总体稳定，维护国际收支平衡稳定。

（二）全面提升投资运营能力

持续优化货币和资产结构，根据市场变化及时调整资产配置及投资策略，把握市场机会。提高自主研究水平，提升全领域投资能力，深化全面风险管理，加强运营能力建设，强化信息系统支持和综合服务能力，全力保障外汇储备资产的安全、流动和保值增值。

面对复杂多变的国际金融市场，外汇储备实施分散化投资，实现了稳定收益，2005—2014 年年平均收益率为 3. 68%（见图 2）。2014 年，中国国家外汇管理局被国际期刊《亚洲投资者》评为“最佳央行投资者”和“最佳中国投资者”。外汇储备货币结构日益分散（见图3），比全球平均水平更为多元。

图2 外汇储备平均收益率

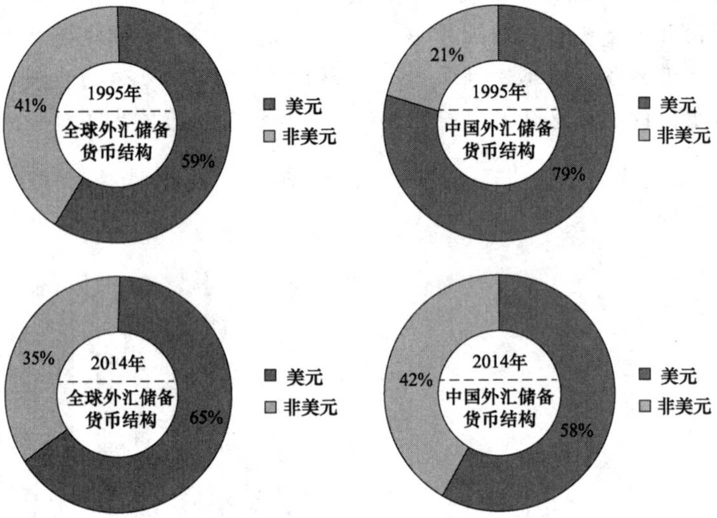

图3 外汇储备货币结构

中国已成为世界第一大黄金生产国，同时也是黄金消费大国。截至2018年末，中国黄金储备规模达到1 852吨（见图4），位居全球第六。

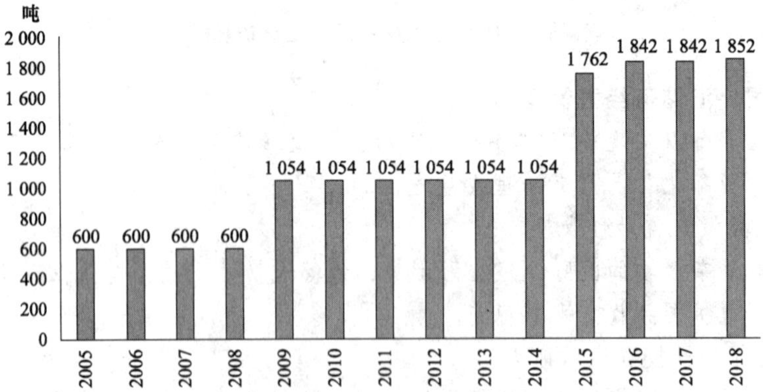

图4 2005年以来中国黄金储备规模

（三）坚持市场原则拓展多元化运用

始终将风险防范放在首位，运用好股权、债权、基金等多种形式，培育新的业务条线投资能力，探索创新与国际多边开发机构的合作模式，深化履行出资人职责，继续提升专业化水平，更好推动实体经济高质量发展。

近年来，外汇储备不断拓展多元化运用，出资设立了丝路基金等若干海外投资基金，通过市场化方式运作，广泛开展各领域的跨境投资。在跨境并购市场中，国内外已有不少基金深耕多年，形成了若干较为成熟的投资模式。海外投资基金可充分汲取有益市场经验，更有效地促进企业跨境并购、服务实体经济。丝路基金等机构自设立以来，已在资源开发、基础设施、工业制造等多个领域开展并购投资，在促进企业跨境并购中起到了积极作用。放眼全球市场，海外投资基金仍处于初创阶段，需不断积累国际化经验，逐步探索和创新投融资方式。

实训项目：根据上述资料分析中国国际储备情况，你认为中国的储备资产配置是否合理？有何建议？

第二篇

外汇与汇率

第四章　外汇与汇率概述

引　言

世界200多个国家和地区中，绝大多数都有自己的货币。通常情况下，一国货币不能在另一国流通。由于各国所使用的货币不同，国际上又没有统一的世界货币，当需要清偿由国际经济交易引起的对外债权债务时，人们便需要把本国货币兑换成外国货币，或把外国货币兑换成本国货币，由此产生外汇交易。可以说，外汇和汇率的产生是商品流通和商品经济发展的必然结果。

早在中世纪，古罗马帝国的统治区域横跨欧洲、亚洲、非洲，那时商品在国际之间的流通就已开始。随着商品交易的日益频繁，货币交易需求增加，携带金银货币不方便，于是各国商贾之间开始使用简单的商业汇票作为国际支付工具，它是现代国际支付的雏形。产业革命后，资本主义生产迅速发展，世界市场初步形成，国际贸易规模日益扩大，传统的金银货币作为支付手段已经不能适应国际贸易的需要。于是，商业票据兑换以及为其服务的银行业随之产生，一些信用凭证、信用工具逐步成为货币的替代品，在国际贸易中成为支付工具，外汇的概念内容和实质开始形成。

外汇交易必然涉及汇率，因为各种货币相遇，必然要涉及交换比价的问题。汇率是一个非常重要的变量，它受宏观、微观经济中许多因素的影响；反过来，汇率的变动也会影响微观主体的行为，并通过各种传导机制对一国的宏观经济产生影响。所以，对外汇和汇率的研究是国际金融研究的重要基础性问题之一。

学习目标

通过本章的学习，学生应掌握外汇与汇率的基本概念、汇率的分类和标价方法、决定和影响汇率的因素，并了解汇率变动对经济的影响，为以后学习外汇交易、汇率决定理论打下基础。

第一节　外汇的基础知识

外汇是国际金融学的基本概念之一，掌握外汇概念的内涵和外延，有助于更好地进行外汇交易，分析国际收支往来。

一、外汇的概念

外汇具有双重概念，即外汇的概念有动态和静态之分。

（一）动态的外汇概念

动态的外汇是“国际汇兑”（Foreign Exchange）这一名词的简称。国际汇兑的“汇”是指货币在各国间的异地移动，“兑”是把一个国家的货币兑换成另外一个国家的货币。因此国际汇兑就是将一个国家的货币兑换成另外一个国家的货币，并转移至另外一个国家以清偿债权债务关系的一种国际金融活动。

一般而言，世界各国都有其本国流通的货币，根据各国的法律，这些货币在本国具有强制流通的性质。一旦这些货币跨越了国境，便失去了自由流通的属性。然而，世界上的货币收付活动并不局限于一国境内，国际间发生的贸易和非贸易的经济往来和交流都会引起货币收支的产生和债权债务关系的变化。这些跨越国境的结算行为与一国国内的收付款截然不同，参与者必须通过银行把本国货币兑换成外国货币或把外国货币兑换成本国货币，以国际间通用的支付手段来完成货币收支以及债权债务的清偿。这种国家间货币相互兑换转移的金融活动就是国际汇兑，简称外汇。

（二）静态的外汇概念

静态的外汇概念是从动态的国际汇兑行为中衍生而来的，它是外汇的物质存在形态，是国际间为清偿债权债务关系进行的汇兑活动所凭借的手段和工具，或者说是用于国际汇兑活动的支付手段和工具。我们通常所说的外汇就是静态的外汇。静态的外汇概念又分为狭义和广义两个层次。

（1）狭义的外汇。狭义的外汇就是我们通常所说的外汇，它是指以外币表示的可以用于国际结算的支付手段。依据狭义的外汇定义，外汇必须具备三个基本特征：① 外汇是以外币计值或表示的资产；② 外汇必须充分可自由兑换；③ 外汇必须具有普遍接受性。

虽然狭义的外汇要求外汇必须以外币表示，但并非所有的以外币表示的资产都是外汇，作为外汇的外币资产必须可以用于国际收支清算。当外国货币（现钞）、外币有价证券、黄金等资产不能直接用于国际结算的时候，它们便不属于外汇，如收藏展示使用的外币现钞。因此，不能把外汇简单地理解为外国货币，也不能把外国货币统统理解为外汇。只有在国外银行的存款，以及索取这些存款的外币票据和外币凭证（如汇票、支票、本票和电汇凭证）等才是外汇。国外银行存款是狭义外汇的主体。

（2）广义的外汇。广义的外汇一般用于外汇管理政策中对外汇的界定。国际货币基金组织对此的定义：外汇是货币行政当局（中央银行、货币管理机构、外汇平准基金及财政部）以银行存款、财政部库券、长短期政府证券等形式保有的在国际收支逆差时可以使用的债权。其中，包括中央银行之间及政府间协议而发行的在市场上不流通的债券，而不论它是以债务国货币还是债权国货币表示。根据这一定义，外汇具体包括：① 可以自由兑换的外国货币，包括纸币、铸币等；② 以外币表示的长短期有价证券，即政府公债、国库券、公司债券、金融债券、股票、息票等；③ 外币支付凭证，即银行存款凭证、商业汇票、银行汇票、银行支票、银行支付委托书、邮政储蓄凭证等；④ 特别提款权、欧元；⑤ 其他外汇资产。

我国于 1996 年 1 月颁布并于 2008 年 8 月修订通过的《中华人民共和国外汇管理条

例》第三条的规定，外汇是指下列以外币表示的可以用作国际清偿的支付手段和资产：① 外币现钞，包括纸币、铸币；② 外币支付凭证或者支付工具，包括票据、银行存款凭证、银行卡等；③ 外币有价证券，包括债券、股票等；④ 特别提款权；⑤ 其他外汇资产。

可见，广义的外汇概念比狭义的宽泛，狭义外汇强调以外币表示的支付手段和资产，广义外汇除此以外，还包括依据政府间协议而发生的以本币表示的债权。

二、外汇的分类

(1) 根据外汇是否可以自由兑换，外汇分为自由外汇和记账外汇。

① 自由外汇是指无须外汇管理当局批准，可以自由兑换成其他国家货币或用于对第三国支付的外汇。换句话说，凡在国际经济领域可自由兑换、自由流动、自由转让的外币或外币支付手段，均称为自由外汇。例如，美元、英镑、日元、欧元、瑞士法郎等货币以及以这些货币表示的支票、汇票、股票、公债等都是自由外汇。由于许多国家基本上取消或放松外汇管制，因此目前世界上有50余种货币是自由兑换货币，持有它们可自由兑换成其他国家货币或向第三方进行支付，因而成为国际上普遍接受的支付手段。

② 记账外汇又称为协定外汇或双边外汇，是指在两国政府间签订的支付协定项目中使用的外汇，不经货币发行国批准，不准自由兑换成他国货币，也不能对第三国进行支付。记账外汇只能根据协定在两国间使用，协定规定双方计价结算的货币可以是甲国货币、乙国货币或第三国货币；通过双方银行开立专门账户记载，年度终了时发生的顺差或逆差，通过友好协商解决，或转入下一年度，或用自由外汇或货物清偿。记账外汇的特点是：它只能记载在双方银行的账户上，用于两国间的支付，既不能兑换成他国货币，也不能拨给第三方使用。一些彼此友好的国家以及第三世界国家之间为了节省双方的自由外汇，常采用记账外汇的方式进行进出口贸易。例如，历史上原来隶属于华沙条约组织的东欧国家之间的进出口贸易，曾经采用部分或全部记账外汇的方式来办理清算。

(2) 根据外汇的来源和用途不同，外汇分为贸易外汇和非贸易外汇。

① 贸易外汇是指进出口贸易所收付的外汇，包括货物货款及相关的从属费用，如运费、保险费、宣传费、推销费用等。由于国际经济交往的主要内容就是国际贸易，贸易外汇是一个国家外汇的主要来源与用途。

② 非贸易外汇是指除进出口贸易和资本输出、输入以外的其他各方面所收付的外汇，包括服务外汇、旅游外汇、侨汇、捐赠外汇和援助外汇以及投资收益汇回等。一般来说，非贸易外汇是一国外汇的次要来源与用途；也有个别国家例外，如瑞士，非贸易外汇是其外汇的主要来源与主要用途。

(3) 根据外汇买卖的交割期限，外汇分为即期外汇和远期外汇。

① 即期外汇又称现汇，是指外汇买卖成交后两个营业日以内办理交割的外汇。所谓交割是指本币所有者与外币所有者互相交换其本币的所有权和外币的所有权的行为，即外汇买卖中的实际支付。

② 远期外汇又称期汇，是指买卖双方不需即时交割，而仅仅签订一纸买卖合同，约定将来在某一时间（在成交两个营业日以后）进行交割的外汇。远期外汇，通常是由国际贸易结算中的远期付款条件引起的。买卖远期外汇的目的，主要是为了避免或减少由于汇率变动所造成的风险损失。远期外汇的交割期限从 1 个月到 1 年不等，通常是 3~6 个月。

三、外汇的作用

外汇一方面是国际经济交往的必然产物，同时它又在国际贸易中起着媒介作用，推动着国际经贸关系的进一步发展。除此之外，外汇在国际政治往来、科学文化交流等领域中也起着非常重要的纽带作用。

（1）外汇作为国际结算的计价手段和支付工具，转移国际间的购买力，使国与国之间的货币流通成为可能，方便了国际结算，促进了国际经济贸易发展和政治文化交流。国际间各种形式的经济交往形成了国际间的债权债务关系，国际间债权债务的清算需要一定的支付手段。以贵金属货币充当国际支付手段时，国际间经济交往要靠相互运送大量贵金属来进行，这给国际经济交往带来许多麻烦和不便，妨碍了国际经济交往的扩大和发展。以外汇作为国际支付手段和支付工具进行国际清偿，不仅节省了运送贵金属的费用，而且缩短了支付时间，大大方便了国际支付。另外，外汇的出现促进了国际贸易的发展。利用外汇进行国际结算，具有安全、便利、节省费用和节省时间的特点，因此加速了国际贸易的发展进程，扩大了国际贸易范围。外汇作为国际结算的支付手段，是国际间经济交流不可缺少的工具。

（2）外汇能调节资金在国际间的流动，调节国际间资金供求的不平衡，加速世界经济一体化的进程。各种外汇票据在国际贸易中的运用，使国际间的资金融通范围扩大，同时随着各国开放度不断加大，剩余资本借助外汇实现了全球范围的流动，因此外汇加快了资本流动的速度，扩大了资本流动的规模，促进了世界经济一体化进程的加快。同时，世界各国经济发展的不平衡，导致了资金余缺状况不同，存在着调节资金余缺的客观需要。一般而言，发达国家存在着资金过剩，而发展中国家则资金短缺，外汇可以加速资金在国际间的流动，有助于国际投资和资本转移，使国际资本供求关系得到调节。

（3）外汇可以充当国际储备手段。一国需要一定的国际储备，以平衡国际收支、稳定汇率、偿还对外债务、应付各种国际紧急支付的需要。在黄金充当国际支付手段时期，各国的国际储备主要是黄金。随着黄金的非货币化，外汇作为国际支付手段，在国际结算中被广泛采用，因此外汇成为各国一项十分重要的储备资产。若一国存在国际收支逆差，就可以动用外汇储备来弥补；若一国的外汇储备多，则代表该国国际清偿能力强。外汇在国际支付中的重要作用，决定着它是重要的国际储备手段。外汇在充当国际储备手段时，不像黄金那样必须存放在金库中，成为一种不能带来收益的暂时闲置资产。外汇广泛地以银行存款和以安全性好、流动性强的有价证券为存在形式，给持有国带来收益。

第二节　汇　　率

一、汇率概念及标价方法

（一）汇率的概念

汇率，亦称外汇牌价或汇价，是一国货币兑换另一国货币的比率，也可以说是用一种货币表示另外一种货币的价格。在国际汇兑中，由于世界各国货币的名称不同，币值不等，在进行货币交换时，一国货币兑其他国家货币就需要设定一个兑换比率，即汇率。如同商品都有价格一样，汇率就是外汇的价格。

国际间的经济交易所产生的债权债务关系到期要进行结算，而国际结算就是通过货币的兑换或者说是通过外汇的买卖来完成的。在国际汇兑中，不同的货币之间都可以相互表示对方的价格，因此外汇汇率也就具有双向表示的特点：既可以用本国货币来表示外国货币的价格，也可以用外国货币来表示本国货币的价格。也就是说，本国货币和外国货币均具有表示对方货币价格的功能。汇率究竟如何表示，取决于各国所采取的标价方法。

（二）汇率的标价方法

汇率的确定涉及两种货币：基准货币（Base Currency）和标价货币（Quoted Currency）。基准货币是指各种标价法下数量固定不变的货币；标价货币是指数量变化的货币。汇率的表达方式为一单位的基准货币可兑换多少单位的标价货币。根据基准货币和标价货币的不同，国际上通行的标价方法有三种：直接标价法、间接标价法和美元标价法。在直接标价法下，基准货币为外币，标价货币为本币；在间接标价法下，基准货币为本币，标价货币为外币；在美元标价法下，基准货币是美元，标价货币是其他货币。

1. 直接标价法

直接标价法（Direct Quotation），就是以一定单位的外币为标准，折算成若干单位本币的一种汇率表示方法或是用若干单位的本币表示一定单位的外币。在这一标价法下，相当于把外国货币看作是“商品”，把本国货币看作是货币，两者对比后的比值，即为外币价格，表明买卖一定单位的外币应付或应收多少单位的本币。目前世界上绝大多数国家都采用直接标价法，我国国家外汇管理局公布的外汇牌价就是采用直接标价法。

直接标价法的特点：

（1）外币的数量固定不变，折合本币的数量随着外币币值和本币币值的变化而变化。

（2）汇率的涨跌都以本币数额的变化表示。如果一定单位的外币折算成本币的数额比原来增加，则说明外汇汇率上升，本币汇率下降；反之，如果一定单位的外币折算成本币的数额比原来减少，则说明外汇汇率下降，本币汇率上升。在这种标价方法下，外汇汇率的升降与本币标价额的增减是一致的，也就是说，本币标价额的增减直接地表现了外汇汇率的涨跌。

直接标价法与商品买卖的常识相类似，以美元对人民币汇率为例，作为中国居民，我们把美元看作是商品，1 美元即为 1 单位商品，且单位不变，人民币作为货币一方，是变化的，表现出商品的价格。例如，国家外汇管理局公布的美元对人民币汇率的中间价如下：2020 年 2 月 3 日，100 美元 = 692.49 元人民币；2020 年 3 月 3 日，100 美元 = 695.16 元人民币；2020 年 3 月 9 日，100 美元 = 692.6 元人民币。2 月 3 日至 3 月 3 日，100 美元换得的人民币数额增加，所以美元汇率上升，人民币汇率下降；3 月 3 日至 3 月 9 日，100 美元换得的人民币数额减少，所以美元汇率下降，人民币汇率上升。

2. 间接标价法

间接标价法（Indirect Quotation）是以一定单位的本币为标准，折算成若干单位外币的一种汇率表示方法或是用若干单位的外币表示一定单位的本币。在这一标价法下，将本币看作是"商品"，将外币看作是"货币"，两者对比后的比值，表明买卖一定单位的本币应付或应收多少外币。目前只有少数国家采用该种标价方法①。

间接标价法的特点：

（1）本币的数量固定不变，折合外币的数量随着本币币值和外币币值的变动而变动。

（2）汇率的涨跌都以外币数额的变化来表示。如果一定单位的本币折算成外币的数量比原来增加，则说明本币汇率上升，外汇汇率下降；如果一定单位的本币折算成外币的数量比原来减少，则说明本币汇率下降，外汇汇率上升。在这种标价方法下，本币汇率的升降与外币标价额的增减是一致的，也就是说，外币标价额的增减直接地表现了本币汇率的涨跌。

直接标价法和间接标价法所表示的汇率涨跌的含义正好相反，所以在引用某种货币的汇率和说明其汇率高低升降时，必须明确采用哪种标价方法，以免混淆。

3. 美元标价法

美元标价法，是以一定单位的美元为标准来计算应兑换多少单位的其他国家货币的汇率表示方法。这是对美国以外的国家而言的，即各国均以美元为基准来衡量各国货币的价值，非美元外汇买卖时，则是根据各自对美元的比率套算出买卖双方货币的汇率。

美元标价法的目的是为了简化报价并广泛地比较各种货币的汇率，随着国际金融市场之间外汇交易量的猛增，为了便于国际间外汇交易的进行，目前各大国际金融中心已普遍使用这种标价方法②。

美元标价法的特点是美元的单位始终不变，美元对其他货币的汇率是通过其他货币量的变化体现出来的。

---

① 早期，世界上大部分国家都使用直接标价法，前英联邦国家多使用间接标价法，如英国、澳大利亚、新西兰等。

② 美元标价法与非美元标价法是国际外汇市场买卖外汇报价的习惯做法，在国际间已约定俗成，形成惯例。目前在国际金融市场上，英镑对美元、欧元对美元、澳元对美元、纽元对美元采用的是非美元报价，其他货币大都采用美元报价。

二、汇率的种类

汇率虽然被概括地定义为两种货币的兑换比率，但在不同的场合，汇率有不同的表现形式，或者说，在实际应用中，汇率可以从不同的角度去理解和划分。

（1）从制定汇率的角度来分，汇率可分为基本汇率（Basic Rate）和套算汇率（Cross Rate）。

由于外国货币种类很多，一国在制定本国货币兑换外币的汇率时，逐一地根据它们的实际价值进行对比来确定，既麻烦也没有必要。一般做法是，在众多的外国货币中选择一种货币作为关键货币，根据本国货币与这种关键货币的实际价值对比，制定出对它的汇率，称为基本汇率；其他各种外国货币与本币之间的汇率可以通过基本汇率和国际金融市场行情套算出来，这样得出的汇率就称为套算汇率或交叉汇率。

从基本汇率和套算汇率的分类可知，一国所制定的汇率是否合理在很大程度上取决于关键货币的选择合理与否，因此各国政府对关键货币的选择都非常慎重，一般来说遵循三条原则：① 必须是该国国际收支中，尤其是国际贸易中使用最多的货币；② 必须是在该国外汇储备中所占比重最大的货币；③ 必须是可以自由兑换的、在国际上可以被普遍接受的货币。第二次世界大战后，美元在国际汇兑中使用得最多，在各国外汇储备中所占比重最大，也是各国普遍接受的可以自由兑换的货币。因此，大多数国家都把美元当作关键货币，把本国货币对美元的汇率作为基本汇率。

【例 4-1】 假设 1 美元 = 6. 127 5 元人民币，1 美元 = 7. 755 8 港元，则港元对人民币的交叉汇率为 1 港元 = 6. 127 5/7. 755 8 = 0. 790 1 元人民币[①]。

（2）从银行买卖外汇的角度来分，汇率可分为买入汇率（Buying Rate）、卖出汇率（Selling Rate）、中间汇率（Middle Rate）和现钞汇率（Bank Note Rate）。

外汇是一种特殊的金融商品，需要外汇银行作为中间人来实现外汇的买卖及其他交易。银行经营外汇买卖业务时存在一定的成本，也需要赚取一定的利润，这种盈利主要体现在买入与卖出的差价上；换句话说，银行外汇卖出价高于买入价的部分是其买卖外汇的毛收益，包括手续费、保险费、利息和利润等。因此，所有经过银行交易的外汇汇率都分为买入汇率和卖出汇率两种。

① 买入汇率即买入价，是外汇银行向同业或者客户买进外汇时所使用的汇率，即银行收取外币时愿意支付的价格。因为其客户主要是出口商，所以买入汇率又称为出口汇率。

② 卖出汇率也称卖出价，是外汇银行向同业或客户卖出外汇时所使用的汇率，即银行出售外币时愿意收取的价格。因为其客户主要是进口商，所以卖出汇率又称为进口汇率。

买入汇率和卖出汇率都是站在银行（而不是客户）的角度来定的，这些价格都是外汇（而不是本币）的买卖价格。买入价和卖出价的差价代表银行承担风险的报酬，一般为 1‰～5‰。银行同业之间买卖外汇时使用的买入汇率和卖出汇率也称同业买卖汇

---

① 外汇的买卖通常采用双向报价，实际汇率的套算比较复杂。

率，实际上就是外汇市场买卖价。

汇率的标价方法不同，买入汇率和卖出汇率的确定也不相同。国际间牌价数字的标价排列总是前一数字小，后一数字大，因而在不同的标价法下，买卖价的排列顺序也就不同。直接标价法下，汇价的前一数字为买入价，后一数字为卖出价。如在日本东京外汇市场上，USD1＝JPY108.05—108.15，则买入美元的价是 USD1＝JPY108.05，卖出价是 USD1＝JPY108.15。间接标价法下，汇价的前一数字为卖出价，后一数字为买入价。如在美国纽约外汇市场上，USD1＝HKD7.733 0—7.733 5，则银行买入 7.733 5 港元需付 1 美元，卖出 7.733 0 港元收入 1 美元。

③ 中间汇率亦称外汇买卖中间价，是指买入汇率与卖出汇率的平均数。

中间汇率不含银行买卖外汇的收益，常用来衡量和预测某种货币汇率变动的幅度和趋势，是一个分析指标。各国政府规定和公布的官方汇率以及经济理论著作或报道中出现的汇率一般都是中间汇率。企业发生外币业务时，在会计记账时一般也采用中间汇率。

④ 现钞汇率又称现钞买入价，是指银行买入外币现钞时所使用的汇率，通常在对外挂牌公布汇率时另外注明。

从理论上讲，现钞买卖价同外币支付凭证、外币信用凭证等所达成的买卖价应该相同。但现实生活中，由于一般国家都存在外汇管制，不允许外国货币在本国流通，持有者需要把买入的外币现钞运送到发行国或能流通的地区去，这就需要花费一定的运费和保险费，因此银行购买外币现钞的价格要略低于购买现汇的价格，通过这种方式将这些费用转移到客户身上。一般而言，银行在收兑外币现钞时使用的汇率，稍低于其他外汇形式的买入汇率；而银行卖出外币现钞时使用的汇率则与外汇卖出价相同。表 4-1 给出了中国工商银行 2020 年 3 月 28 日的外汇牌价。

表 4-1　　中国工商银行 2020 年 3 月 28 日外汇牌价

币种	现汇买入价	现钞买入价	现汇卖出价	现钞卖出价
英镑（GBP）	880.43	855.25	886.97	886.97
港元（HKD）	91.38	90.63	91.75	91.75
美元（USD）	708.21	702.53	711.19	711.19
瑞士法郎（CHF）	742.72	721.48	748.24	748.24
新加坡元（SGD）	495.35	481.18	499.03	499.03
巴基斯坦卢比（PKR）	4.282 9	4.148 8	4.314 7	4.314 7
瑞典克朗（SEK）	71.33	69.29	71.86	71.86
丹麦克朗（DKK）	105.38	102.37	106.16	106.16
挪威克朗（NOK）	67.49	65.56	67.99	67.99
日元（JPY）	6.554 9	6.367 4	6.603 6	6.603 6
加拿大元（CAD）	505.03	490.58	508.78	508.78
澳大利亚元（AUD）	436.34	423.86	439.58	439.58
林吉特（MYR）	163.41	—	164.62	164.62

续表

币种	现汇买入价	现钞买入价	现汇卖出价	现钞卖出价
欧元（EUR）	786.45	763.96	792.29	792.29
卢布（RUB）	8.96	8.68	9.03	9.03
澳门元（MOP）	88.70	87.99	89.08	89.08
泰国铢（THB）	21.76	21.08	21.93	21.93
新西兰元（NZD）	427.36	415.14	430.53	430.53
南非兰特（ZAR）	40.10	38.15	40.40	40.40
哈萨克斯坦坚戈（KZT）	1.585 4	1.535 8	1.597 2	1.597 2
韩元（KRW）	—	0.565 3	0.586 3	0.586 3

资料来源：中国工商银行。

（3）按交易的交割时间来分，外汇可分为即期汇率（Spot Rate）和远期汇率（Forward Rate）。

① 即期汇率也称现汇汇率，是指外汇买卖成交后，买卖双方在当天或在两个营业日以内进行交割所使用的汇率。即期汇率是由交易时外汇市场的供求关系所决定的，在外汇市场上挂牌的汇率，除特别标明远期汇率以外，一般指的是即期汇率。

② 远期汇率也称期汇汇率，是指外汇买卖成交后，约定在未来某一时间办理交割手续的外汇交易所使用的汇率。远期外汇买卖是一种预约性交易，是由于外汇购买者对外汇资金需要的时间不同，以及为了避免外汇风险而引入的。一般而言，期汇的买卖差价要大于现汇的买卖差价。

（4）按管理的宽严程度不同来分，外汇可分为官方汇率（Official Rate）和市场汇率（Market Rate）。

① 官方汇率是指一国的货币金融管理机构如中央银行或外汇管理当局所公布的汇率，是外汇管制较严格的国家授权其外汇管理当局制定并公布的本国货币与其他各种货币之间的外汇牌价。官方汇率由于具有法定性质，所以又称法定汇率，它规定了凡进行外汇交易都要以官方公布的汇率为准，一般没有外汇市场。官方汇率一经制定，往往不能频繁变动，这么做虽然保证了汇率稳定，但由于汇率缺乏弹性，不能真正反映市场供求关系。

② 市场汇率是指在自由外汇市场上买卖外汇的实际汇率，它一般存在于市场机制较发达的国家和地区。市场汇率是由市场上外汇供求关系所决定的，随外汇供求关系的变化而自由波动。官方机构只能通过参与外汇市场活动来干预汇率的变化，以避免汇率出现过于频繁或大幅度的波动。

在外汇市场上，官方宣布的汇率往往只起中心汇率的作用，实际外汇交易则按市场汇率进行，市场汇率是外汇市场上自由买卖外汇的实际汇率。各国货币金融管理当局对市场汇率的波动并不是采取完全放任自流的态度，而是利用各种经济手段进行干预，使之不致偏离官方汇率太远。在外汇管制较宽松的国家，外汇交易一般按市场汇率进行；在外汇管制较严格的国家，往往会出现高于官价的黑市汇率。

（5）按是否适用于不同的外汇来源与用途划分，汇率可分为单一汇率（Single Rate）和多重汇率（Multiple Rate）。

① 单一汇率是指一国货币对某一外国货币只规定一个汇率，各种不同来源和用途的外汇收支和买卖都按这一汇率结算。

② 多重汇率是指一国货币对某一外国货币的比价因用途及交易种类的不同而规定有两种或两种以上的汇率，也叫复汇率。

一国实行多重汇率的主要目的是为了获取某些特殊的经济利益，比如鼓励出口，限制资本流入等。这种汇率安排方式在发展中国家，尤其是在较落后的发展中国家仍具有一定的普遍性，不过由于各国具体情况不同，采用的复汇率在性质上也有些差异。

比较常见的复汇率，是按外汇资金的用途和性质不同实行贸易汇率（Commercial Rate）和金融汇率（Financial Rate）并存的状态。

贸易汇率是指用于进出口贸易及其从属费用支付、结算方面的汇率。金融汇率是指用于国际资本流动、旅游和其他非贸易收支支付、结算方面的汇率。一般来说，一国实行这种复汇率制度有两个目的，一方面是为了鼓励出口，限制进口，改善贸易收支；另一方面是为了防止国际资本流动，尤其是短期投机资金移动给本国国际收支和经济发展造成冲击。

（6）按交易中支付方式的不同划分，外汇可分为电汇汇率（Telegraphic Transfer Rate，T/T Rate）、信汇汇率（Mail Transfer Rate，M/T Rate）和票汇汇率（Demand Draft Rate，D/D Rate）。

① 电汇汇率是银行以电讯方式买卖外汇时所采用的汇率。银行通过加密押的电报或电传向国外的分行或代理行发出解付指令的汇款方式称为电汇，适用于电汇的汇率就是电汇汇率。电汇具有收付迅速安全，交易费用相对较高的特点。一方面，电汇汇率要比信汇汇率、票汇汇率高；另一方面，在当前信息社会，为避免外汇汇率波动风险，国际业务基本上采用电汇结算方式，因此电汇汇率就是基础汇率，其他汇率都是依据电汇汇率计算出来的。主要外汇市场上所显示的汇率多指银行的电汇汇率。

② 信汇汇率是指银行以信函方式通知收付款时采用的汇率。信汇业务具有收付时间长、安全性低、交易费用低的特点，并且银行可以利用在途资金的时间也比较长，因此一般来说，信汇汇率相对于电汇汇率要低一些。

③ 票汇汇率是指兑换各种外汇汇票、支票或其他各种票据时所采用的汇率。由于从开立票据到最终支付之间的时间间隔较长，银行可以在这段时间内占用客户的头寸，因而票汇汇率较电汇汇率要低。票汇汇率根据票汇支付期限的不同，又可分为即期票汇汇率和远期票汇汇率。即期票汇汇率是银行买卖即期汇票的汇率，较电汇汇率低，大致同信汇汇率相当；远期票汇汇率是银行买卖远期汇票的汇率，由于远期汇票交付时间比较长，所以其汇率比即期票汇汇率还要低。

（7）按营业时间划分，汇率可分为开盘汇率（Opening Rate）和收盘汇率（Closing Rate）。

① 开盘汇率是指经营外汇业务的银行在每个营业日开始营业时进行首批外汇买卖的汇率，亦称开盘价，它一般根据前一个交易日的收盘价来确定。

② 收盘汇率是指外汇银行在每日将结束营业时买卖外汇的汇率，亦称收盘价。

（8）按买卖的对象不同划分，外汇可分为银行间汇率（Inter-Bank Rate）和商业汇率（Commercial Rate）。

① 银行间汇率也称同业汇率，是指银行与银行之间买卖外汇的汇率。由于外汇银行是外汇市场的主要参与者，银行间的外汇交易是整个外汇交易的中心，因此银行间汇率又称为市场汇率。银行间汇率由外汇市场供求关系决定，买卖差价很小。一般报纸、杂志上刊登的汇率是银行同业间电汇汇率的中间价。

② 商业汇率是指银行与客户之间买卖外汇所使用的汇率。商业汇率是根据银行同业汇率适当增（卖出价）减（买入价）而形成的，所以买卖差价要大于同业汇率。

（9）按汇率制度的不同划分，汇率可分为固定汇率（Fixed Rate）和浮动汇率（Floating Rate）。

① 固定汇率是指一国货币同另一国货币的汇率基本保持固定，汇率的波动被限制在一定幅度以内，当汇率波动超出规定的界限时，货币当局有义务对外汇市场进行干预以维持汇率稳定。固定汇率是在金本位制和布雷顿森林体系下各国货币汇率安排的主要形式。

② 浮动汇率是指一国不规定本国货币的固定比价，也没有任何汇率波动幅度的上下限规定，汇率随外汇市场的供求关系自由浮动。在这种制度下，货币当局原则上没有义务维持汇率的稳定，但往往会根据经济政策的需要，对汇率施加影响。浮动汇率是自20世纪70年代初布雷顿森林体系崩溃以来各国汇率安排的主要形式。

固定汇率和浮动汇率不是具体的汇率水平，而是两种汇率制度，本书稍后会详细介绍。

（10）按汇率是否经过价格调整划分，汇率可分为名义汇率（Nominal Exchange Rate）和实际汇率（Real Exchange Rate）。

① 名义汇率是指在社会经济生活中被直接公布和使用的表示两国货币之间比价关系的汇率，没有剔除通货膨胀因素的影响。影响名义汇率变动的因素很多，其中主要包括两国的相对价格水平、相对利率水平和贸易平衡情况。名义汇率既可能由市场决定，也可能由官方决定。

② 实际汇率是指在名义汇率的基础上剔除通货膨胀因素影响后的汇率，用来反映去除两国货币相对购买力变动的影响后，汇率变化对两国国际竞争力的实际影响。实际汇率可以表示为：

$$\text{实际汇率}=\text{名义汇率}\times\frac{\text{外国价格指数}}{\text{本国价格指数}} \tag{4.1}$$

（11）按使用的范围不同划分，汇率可分为双边汇率（Bilateral Exchange Rate）和有效汇率（Effective Exchange Rate）。

① 双边汇率是指两种货币之间的汇率，在外汇市场上用以测定另一种货币的价值，并可判断两种货币价值之间的相对变动。银行公布的外汇牌价通常都是双边汇率。

② 有效汇率是一种货币相对于其他多种货币双边汇率的加权平均数，又称汇率

指数。

一般情况下，在外汇市场上，一种货币可能对某几种货币升值，而对另外一些货币贬值，即使该种货币同时对其他货币升值（或贬值），其幅度也不一定完全一致，这样我们就很难判断该货币究竟是升值还是贬值，幅度有多大，所以我们通常采用有效汇率，即采用汇率指数来测定外汇市场上汇率的平均变动幅度。

有效汇率通常选用某个变量为权重，对一国货币与各样本国货币的汇率比值进行加权平均。在测算有效汇率指数时，研究人员往往根据自己的特殊目的来选择样本货币范围、变量指标和加权平均数的计算方法以及基期，上述变量如果不同，计算的有效汇率指数也存在差异。目前，国际货币基金组织定期公布 17 个工业发达国家的若干种有效汇率指数，包括以劳动力成本、消费价格、批发价格、贸易比重等为权数的经加权平均得出的不同类型的有效汇率指数。从 20 世纪 70 年代末起，各国开始使用有效汇率指数来观察某种货币的总体汇率波动幅度及其在国际经贸和金融领域中的地位，通常以贸易比重为权数。

有效汇率是一个非常重要的经济指标，以贸易比重为权数计算的有效汇率可以反映一国货币汇率在国际贸易中的总体竞争力和总体波动幅度，也可以用于研究货币危机的预警指标以及一个国家相对于另外一个国家居民生活水平的高低等问题。

上述计算的其实是名义有效汇率（Nominal Effective Exchange Rate），以名义有效汇率为基础，剔除通货膨胀对一国和各样本国货币购买力的影响，就可以得到实际有效汇率（Real Effective Exchange Rate）。实际有效汇率不仅考虑了一国对各样本国双边名义汇率的相对变动情况，而且还剔除了通货膨胀对货币本身价值变动的影响，能够更综合地反映本国货币的对外价值和相对购买力，以及本国商品、服务的国际竞争力。

第三节 汇率的决定与变动

各国货币之所以可以进行对比，能够形成相互之间的比价关系，原因在于它们都代表着一定的价值量，这是汇率的决定基础。在不同的货币制度下，由于各国货币价值的决定方式不同，因此汇率决定的基础也不同，这就决定了汇率变动的幅度和方式也有所不同。

一、汇率的决定

（一）金本位制度下汇率的决定

金本位制度（Gold Standard System）泛指以黄金为本位货币的货币制度，包括金币本位制（Gold Coin Standard System）、金块本位制（Gold Bullion Standard System）和金汇兑本位制（Gold Exchange Standard System）。金币本位制盛行于 19 世纪中期至 20 世纪初期，属于完全的金本位制度。后两种金本位制出现于由金铸币流通向纸币流通过渡和第二次世界大战后对黄金与货币兑换实行限制的时期，存在的时间较短，属于不完全的金本位制度。通常，金本位制度主要是指金币本位制。

1. 金币本位制下汇率的决定

在金币本位制下，用一定重量和成色的黄金铸造的金币为法定通货，金币可以自由铸造和自由熔化，金币与流通中的银行券可以自由兑换，作为一种世界货币，金币在国际结算中可以跨国境自由输出入。各国都以法律形式规定每一金铸币单位所包含的黄金重量与成色，即法定含金量（Gold Content）。两国货币的价值量之比就直接而简单地表现为它们的含金量之比，称为铸币平价（Mint Parity）。黄金是价值的化身，铸币平价是决定两国货币之间汇率的价值基础，它可以表示为：

$$1\text{单位 A 国货币}=\frac{\text{A 国货币含金量}}{\text{B 国货币含金量}}=\text{若干单位 B 国货币} \tag{4.2}$$

例如，1925—1931 年英国规定，1 英镑金币的重量为 123.274 4 格令（grains），成色为 22k（carats），即 1 英镑含 113.001 6 格令纯金（123.274 4×22/24）；美国规定 1 美元金币的重量为 25.8 格令，成色为 0.900 0，则 1 美元含 23.22 格令纯金（25.8×0.900 0）。根据含金量之比，英镑与美元的铸币平价是：113.001 6/23.22＝4.866 5，即 1 英镑的含金量是 1 美元含金量的 4.866 5 倍，或 1 英镑可兑换 4.866 5 美元。

可以看出，按照等价交换的原则，铸币平价是决定两国货币汇率的基础。

那么，由铸币平价决定的两国货币的汇率就是外汇市场上的实际汇率吗？显然不是。铸币平价是法定的，一般不会轻易变动，而实际汇率受外汇市场供求影响，经常地上下波动。当外汇供不应求时，实际市场汇率就会超过铸币平价；当外汇供过于求时，实际市场汇率就会低于铸币平价。正像商品的价格围绕价值上下波动一样，实际市场汇率也围绕铸币平价上下波动。但在典型的金币本位制度下，由于黄金可以不受限制地输入输出，不论外汇供求的力量多么强大，实际市场汇率的涨落都是有限度的，即被限制在黄金输出点和输入点之间。

黄金输出点和输入点统称黄金输送点（Gold Transport Point），是指金币本位制下，汇率涨落引起黄金输出和输入国境的界限。它由铸币平价和运送黄金费用（包装费、运费、保险费、检验费、运送期的利息等）两部分构成。铸币平价是比较稳定的，运送费用是影响黄金输送点的主要因素。以直接标价法表示，黄金输出点等于铸币平价加运送黄金费用，黄金输入点等于铸币平价减运送黄金费用。

第一次世界大战以前，在英国和美国之间运送黄金的各项费用和利息，约为所运送黄金价值的 5‰～7‰，按平均数 6‰计算，在英国和美国之间运送 1 英镑黄金的费用约为 0.03 美元。按上文所述，英镑与美元的铸币平价为 4.866 5 美元，那么对美国厂商来说，黄金输送点是：

$$\text{黄金输出点}=4.866\ 5+0.03=4.896\ 5(\text{美元})$$
$$\text{黄金输入点}=4.866\ 5-0.03=4.836\ 5(\text{美元})$$

在金币本位制下，汇率波动的规则是：汇率围绕铸币平价，根据外汇市场的供求状况，在黄金输出点与输入点之间上下波动。当汇率高于黄金输出点或低于黄金输入点时，就会引起黄金的跨国流动，从而自动地把汇率稳定在黄金输送点所规定的幅度之内（见图 4-1）。

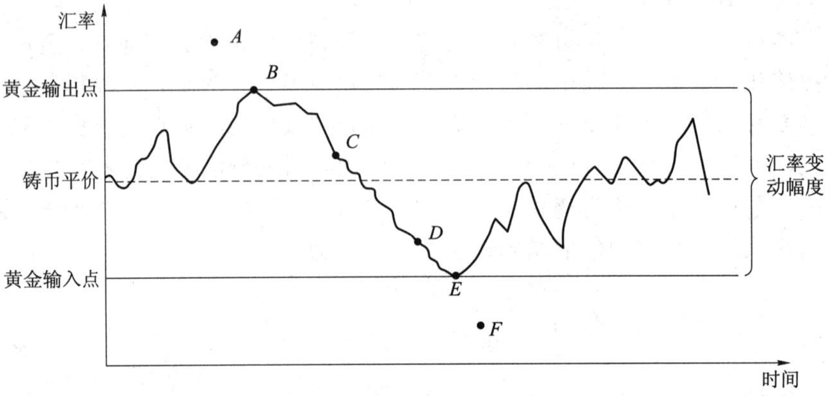

图 4-1　金本位制下汇率波动的规则

图 4-1 表示一段时期内美国外汇市场上英镑汇率波动的轨迹。如果汇率高于铸币平价，则意味着英镑的需求大于英镑的供给，这往往是由于美国对英国产生国际收支逆差所引起的。在 A 点，美国厂商情愿在国内用美元购买黄金，并把黄金运到英国偿还债务。因为输出黄金偿还 1 英镑债务的代价（铸币平价+运送费用=4.866 5+0.03=4.896 5 美元）小于在 A 点上用美元购买英镑所付出的代价。因此，汇率是不可能升至 A 点或高于黄金输出点的。在 B 点，美国厂商在国内购买黄金，并把黄金运送到英国偿还债务，或到外汇市场上购买英镑偿还债务，其偿还 1 英镑债务的代价是相同的，都是 4.896 5 美元，汇率升至 B 点是可能的。在 C 点，美国厂商会选择购买英镑偿债，因为以这种方式偿还 1 英镑债务的代价小于输出黄金的代价（4.896 5 美元）。在黄金输出点与铸币平价之间，在 C 点所做的选择都是适用的。

如果汇率低于铸币平价，则意味着英镑供给大于需求，美国对英国产生国际收支顺差。在 D 点，美国厂商愿意接受英镑，并在外汇市场上兑换成美元，因为这种选择下每 1 英镑可换取的美元多于用 1 英镑在英国购买黄金运回国内所能换取的美元（4.866 5-0.03=4.836 5 美元）。在铸币平价与黄金输入点之间，在 D 点所做的选择也都是适用的。在 E 点，美国厂商接受英镑，并在外汇市场上兑换成美元，或用英镑在英国购买黄金运回国内，每 1 英镑可换取的美元均为 4.836 5。因此，汇率是可能跌至 E 点的。在 F 点，美国厂商宁愿以英镑在英国购买黄金运回国，也不愿接受英镑，并用英镑到外汇市场上兑换美元，因为运回价值 1 英镑的黄金至少还可以换到 4.836 5 美元（4.866 5-0.03=4.836 5 美元），所以汇率是不可能跌至 F 点或低于黄金输入点的。

黄金的输出与输入使外汇市场上的供求趋于平衡，并使汇率在一定幅度内波动，这就是金币本位制下汇率波动的自发调节机制。这个自发调节机制由英国经济学家休谟（David Hume，1752）最早提出，又称为黄金—物价国际收支调节机制。

2. 金块本位制和金汇兑本位制下汇率的决定

要特别指出的是，汇率围绕铸币平价，根据外汇市场供求状况，在黄金输出点与输入点之间上下波动的规则，只能在完全的金本位制度——金币本位制下发挥稳定汇率的作用。第一次世界大战爆发后，许多国家的货币发行不受黄金储备的限制，通货膨胀严重，现钞的自由兑换和黄金的自由流动等“货币纪律”遭到破坏，金币本位制陷于崩溃，各国相继实行金块本位制或金汇兑本位制。在这两种本位制下，两国货币实际代表的含金量之比仍是决定汇率的价值基础，称为法定平价（Official Parity），实际汇率会围绕法定平价上下波动，但此时汇率波动的幅度已经不再受制于黄金输送点。在金块本位制和金汇兑本位制下，黄金的输出入已经受到严格的限制，因此黄金输送点实际上已经不复存在。在金块本位制和金汇兑本位制这两种残缺不全的金本位制度下，汇率决定的基础虽然依然是金平价，但汇率的波动幅度则由政府来规定和维护。政府一般通过设立外汇平准基金来维持本国货币汇率的稳定。当外汇汇率上升时，便出售外汇，当外汇汇率下降时，便买进外汇，通过这种方法将汇率的波动限制在允许的幅度内。显然，在金块本位制和金汇兑本位制下，汇率的自发调节机制已经不存在了。1929—1933 年世界性的经济危机期间，残缺不全的金本位制度迅速瓦解，金本位制彻底崩溃。不久，各国普遍实行了纸币流通制度。

（二）纸币本位制度下汇率的决定

纸币只是交易的媒介，本身没有价值，在与黄金脱钩的纸币本位制度下，纸币不再代表或代替黄金流通，从而使金平价（铸币平价和法定平价）不再是汇率决定的基础。从本质上讲，纸币本位制度（Paper Money Standard System）下汇率决定的基础应该是纸币所代表的实际价值，即纸币的购买力，而在现实经济生活中，汇率决定受多种因素的影响，世界各国经济学家都在探讨纸币与黄金脱钩后的汇率决定问题，从而形成了不同的汇率决定理论。我们将在第六章详细介绍这些理论。

二、汇率的变动

汇率是连接国内外市场的重要纽带，一方面，汇率的变化受制于一系列因素；另一方面，汇率的变动又会对其他经济因素产生影响。了解汇率变动对经济的影响，对于研究各国货币当局制定的汇率政策具有重要意义。

（一）汇率变动的形式

汇率变动（Fluctuations in Exchange Rates）是指货币对外价值的上下波动，表现为货币升值和货币贬值。货币升值是指一国货币对外价值的上升，或称该国货币汇率上涨；货币贬值是指一国货币对外价值的下降，或称该国货币汇率下跌。货币的升值与贬值都是一种货币相对于另一种货币而言的，其幅度可以通过变化前后的两个汇率计算出来。

直接标价法下：

$$\text{本币汇率变化的幅度}(\%) = (\text{旧汇率}/\text{新汇率} - 1) \times 100\% \qquad (4.3)$$

$$\text{外币汇率变化的幅度}(\%) = (\text{新汇率}/\text{旧汇率} - 1) \times 100\% \qquad (4.4)$$

间接标价法下：

$$\text{本币汇率变化的幅度}(\%) = (\text{新汇率}/\text{旧汇率} - 1) \times 100\% \qquad (4.5)$$

$$外币汇率变化的幅度(\%)=(旧汇率/新汇率-1)\times100\% \quad (4.6)$$

货币的升值与贬值在不同的货币制度或汇率制度下有不同的表现形式，在固定汇率制度下，政府通常是以法令形式提高或降低本国货币价值，因此称为法定升值（Revaluation）或法定贬值（Devaluation）；在浮动汇率制度下，汇率随市场供求关系的变化而变化，称为汇率上浮（Appreciation）或汇率下浮（Depreciation）。

（二）影响汇率变动的因素

在当前浮动汇率制度下，汇率的变动主要取决于外汇市场上各种货币的供求关系，而影响供求的因素是多方面的，既有货币购买力、经济发展水平、经济政策等经济因素，也有突发事件、心理预期等非经济因素。因此，研究影响汇率变动的因素，要从各个角度进行分析。

1. 影响汇率变动的长期因素

（1）国际收支。在影响汇率变动的长期因素中，国际收支，特别是国际收支中的经常项目是最重要的因素。国际收支是一国对外经济活动的综合反应，国际收支平衡表中所列的各种经济交易最终表现为一国的外汇供给和外汇需求。简单地说，国际收支平衡表统计的是一国对外经济交往中所发生的全部收入和支出。当一国的国际收支出现顺差，即收入大于支出时，外汇市场上外汇的供给就大于需求，因此本国货币汇率上升，外国货币汇率下降；反之，当一国的国际收支出现逆差，即收入小于支出时，外汇市场上外汇的供给就小于需求，因此本国货币汇率下降，外国货币汇率上升。

必须指出的是，国际收支状况并不一定会影响到汇率，这主要看国际收支失衡的性质。短期的、临时性的、小规模的国际收支失衡，可以轻易地被国际资本流动、相对利率水平、通货膨胀率、政府在外汇市场上的干预等其他因素抵消。不过，长期的、巨额的国际收支失衡，必然会导致本国货币汇率的变化。

（2）通货膨胀。国内外通货膨胀率的差异是决定一国货币汇率长期走势的主导因素。在纸币本位制度下，汇率从根本上说是由两国货币所代表的实际价值量的对比关系所决定的，而货币所代表的实际价值是由货币的购买力来体现的。纸币发行的特点决定了纸币的实际价值是不稳定的，一旦一国货币发行过多，流通中的货币量超过了商品流通过程中实际需要的货币量，就会造成通货膨胀。在一国发生通货膨胀的情况下，该国货币在国内的购买力下降，其所代表的实际价值减少，货币对内贬值。在其他条件不变的情况下，货币对内贬值，必然引起对外贬值。在两国都发生通货膨胀的情况下，汇率的变化就取决于两国通货膨胀率的对比。

需要注意的是，通货膨胀率的差异对汇率的影响需要通过其他渠道，如投资、消费、贸易往来、资本流动甚至是人们的心理预期等发生作用，是一种间接的影响过程，因此，一般需要经过一段时间才能显现出来。

（3）经济增长。经济增长对汇率的影响较为复杂。理论上说，经济增长率的变化反映一国经济实力的变化，经济增长快、经济实力强的国家可以增强外汇市场对其货币的信心，因而货币汇率有上升的可能。但实际上，由于全球经济一体化，国与国之间的联系与交往越来越紧密，各国的经济周期越来越一致，经济增长率的变化在各国是同时发生的，对汇率不会产生太大的影响，只有各国的经济增长速度明显不同，才会影响到汇率方面。

国内外经济增长率的差异对一国货币汇率的影响主要表现在以下几个方面：第一，一国经济增长率较高意味着该国收入较高，高收入引致进口较多，会引起本币贬值；第二，一国经济增长率较高也可能意味着该国劳动生产率较高，产品成本较低，这能够改善本国出口商品在国际竞争中的地应，有利于增加出口，抑制进口，会引起本币升值；第三，一国经济增长率较高又意味着一国的投资利润率较高，能够吸引外国资金流入，从而引起本币升值；第四，若较高的经济增长率伴随着较高的通货膨胀率，则资金外流又会导致本币贬值。

总的来说，较高的经济增长率会对本国货币对外升值起到有力的支持作用，并且这种影响持续的时间也较长。一般而言，一国的高经济增长率是支持本币成为国际货币市场硬通货的有利因素。当然，这和一国的产业结构以及对外贸易发展战略有着密切的关系。因此，不能单纯地以经济增长率的高低作为判断汇率长期变动的标准。

2. 影响汇率变动的短期因素

（1）资本流动。资本流动是在短期内对汇率影响最大的因素。国际资本的大量流入，会使外汇供给相对增加，外币币值相对于本币下降，从而使本币升值，外币贬值。反之，则会使本币贬值，外币升值。由于国际游资流量巨大，流动迅速，对短期汇率产生的影响不可低估。下面所述的其他因素主要都是通过影响国际资本流动而影响汇率的。

（2）利率差异。在开放经济条件下，利率对汇率的影响是通过不同国家的利率差异所引起的资本，特别是短期资本的流动发生作用的。作为金融资产的价格，利率的高低反映和影响着借贷资本和金融资产的供求。如果一国的利率水平相对于其他国家较高，就意味着本国金融资产的收益率较高，对投资者更具吸引力，这会增加外国资金流入，减少本国资金流出，本币有升值的压力；相反，如果一国的利率水平相对于其他国家较低，就意味着外国金融资产的收益率较高，对投资者更具吸引力，这会促使本国资金外流，减少外国资金流入，本币有贬值的压力。

需要注意的是，对于在国际间追逐高利润的短期资本来说，在选择投资方向时，除了要考虑利率差异以外，还要考虑汇率因素。只有在两国利率差异大于两国远即期汇率预期变动时，资金才会从利率低的国家流向利率高的国家。也就是说，利率通过资本流动影响汇率，而汇率的预期变动又会对这一资本流动产生抵消作用。这就是国际资本套利活动中的利率平价原理，可以看出，利率对汇率的影响过程是非常复杂的。

（3）经济政策。政府的经济政策包含许多方面，如货币政策、财政政策、汇率政策等，它们都会对汇率产生重要的影响。政府的货币政策主要是调控本国的货币供给量，这会影响本国的通货膨胀率，进而影响汇率；政府的财政政策可以通过税收和补贴改变贸易成本和投资成本，进而影响国际收支，也会影响到汇率。货币政策和财政政策都是作用于总需求进而作用于产出的，总需求和总产出的变化会影响进出口，进而影响汇率。如果政府调整汇率政策，则直接表现为本币的升贬值，对汇率的作用更为明显。外汇市场对这些政策变化十分敏感，因此政策变化的影响在短期内都会表现出来。

（4）政府干预。不论是在固定汇率制度下，还是在浮动汇率制度下，中央银行要么为了保持汇率稳定，要么有意识地操纵汇率以服务于某项经济目标，都会对外汇市场进行直接干预。在开放的市场经济条件下，中央银行介入外汇市场进行干预，对汇率的影响最直接，效果也最明显。通常中央银行干预外汇市场的措施有四种：直接在外汇市场上买进或卖出外汇（需要有外汇储备作为基础）；对资本流动实行管制；在国际范围内公开发表导向性言论以影响市场心理预期；与国际金融组织和有关国家合作，政策协调，联合进行干预。

中央银行对外汇供求的影响虽不能从根本上改变汇率，但在短期内确实可以对汇率产生较大影响。固定汇率制度在第二次世界大战后被维持了 25 年之久，足以显示中央银行干预的成效。特别是 20 世纪 80 年代以来，发达国家对汇率的联合干预更使得中央银行的行为成为外汇市场上影响汇率的不可忽视的力量。

（5）心理预期。心理预期是人们对事物将来发展变化的预计。这种预计对汇率的变动起着相当大的作用，预期具有自我实现的能力。影响人们心理预期的主要因素有信息、新闻和传闻。如果人们通过上述渠道产生某种货币将会升值的预期，那么他们便会在外汇市场上大量买进该种货币，以获取升值收益，这种行为本身就会推高该种货币的汇率；如果人们产生某种货币将会贬值的预期，那么市场上将会出现大量抛售该种货币的情况，从而加大了该种货币贬值的压力。由于公众预期具有投机性和分散性的特点，这会导致汇率短期波动加剧。

随着信息社会的发展和国际外汇市场电子通信设施的完善，各种信息、新闻和传闻转瞬之间就会诱发大规模的外汇资金转移，因此，心理预期对短期汇率的影响极大，在有些时候，其影响甚至远远超过其他影响因素。

（6）投机活动。当今国际金融市场上，短期游资规模巨大，四处追逐高额利润。由于浮动汇率制度的特点，这些游资在外汇市场上的投机活动也愈演愈烈。它们往往拥有雄厚的资金实力，可以在外汇市场上推波助澜，使汇率的变动远远偏离其均衡水平；或者利用市场趋势对某一货币发动攻击，攻势之强，使各国央行甚至与国际货币基金组织联手干预也难以阻挡。过度的投机活动阻碍了正常外汇交易的发展，扭曲了外汇供求关系，加剧了汇率的波动。

（7）政治与突发因素。资本具有追求安全的特性，政治及突发性因素对外汇市场的影响是直接和迅速的。国际性的政治、经济、军事等突发事件的冲击，包括政局的稳定性、政策的连续性、政府的外交政策以及战争、经济制裁和自然灾害等，会在很大程度上影响投资者的信心，进而引发大规模资本流动，对汇率产生巨大影响。政治与突发事件因其突发性及临时性，市场难以预测，很容易对市场造成冲击，一旦市场对消息做出反应并将其消化后，原有消息的影响力就会大为削弱。

上述因素均为影响汇率的主要因素，这些因素并非彼此孤立存在，而是相互交织、相互影响，它们的作用有些会相互抵消，有些则相互促进，形成一种对汇率变动的综合影响力。需要注意的是，上文所论述的各种因素的具体影响，只有在假定“其他条件都不变”的情况下才能显现出来。当然，促使汇率变动的因素还有其他方面，如政策时间的不一致性、汇率政策信誉等，这使得分析汇率变动的任务更加困难和复杂。

（三）汇率变动对经济的影响

汇率是连接国内外商品市场和金融市场的纽带。汇率与多种经济因素密切相关。这种关系不仅表现为许多经济因素的变化会导致汇率水平的变动，而且还表现在汇率的变动对其他经济因素具有不同程度、不同形式的作用或影响，使其发生相应的变化，以贬值为例，这种影响具体表现在以下几方面。

1. 汇率变动对一国对外经济的影响

（1）对贸易收支的影响。汇率的频繁变动会增加国际贸易的风险，不利于国际贸易的顺利开展。但是在一定条件下，利用汇率的变动可以改变一国的贸易收支状况。简单地说，一国货币对外贬值后，有利于本国商品的出口，不利于外国商品的进口，因而会减少贸易逆差，增加贸易顺差；而一国货币对外升值后，则有利于外国商品的进口，不利于本国商品的出口，因而会减少贸易顺差或扩大贸易逆差。

汇率变动对贸易收支的影响主要是通过进出口商品价格的变化体现的，如果一国货币贬值，可以通过以下四条渠道作用于贸易收支：① 出口商品的数量增加。如果该国货币贬值，并且出口商品的本币价格不变，则以外币表示的出口商品的价格就会下降，当出口商品需求弹性较大时，外国居民就会增加对该国出口商品的需求，这样可以使出口大幅增加。② 出口商积极性提高。若出口商品的外币价格不变，由于该国货币贬值，出口同样数量的商品，换回本国货币的数量增加，出口商的利润增加，从而刺激出口的积极性。③ 进口商品的价格提高。如果该国货币贬值，那么以本币表示的进口商品的价格上涨，从而使该国居民减少对进口商品的需求。④ 进口数量受到抑制。如果维持原有的以本币表示的国内售价不变，就只能压低进口商品的外币价格，这会招致外国出口商的反对，因此，本币对外贬值会抑制进口。

以上四条渠道或单一作用，或共同作用，使汇率的变动传导到贸易收支上来。汇率变动对贸易收支的影响在理论上和实践上都可以得到证实，但需要满足一定的条件，并在一段时间之后才能发挥作用，这就是前面介绍过的马歇尔—勒纳条件和J曲线效应。

（2）对资本流动的影响。汇率变动对一国资本流动的影响，取决于汇率变动后人们对该国货币日后走势的预期。以贬值为例，如果贬值后人们普遍产生该国货币将进一步贬值的预期，那么人们会将资金从该国转移至他国，以避免遭受更大的损失；但如果市场普遍认为贬值已使该国货币处于均衡水平，或认为贬值过度，该国货币汇率将出现反弹，那么人们会将资金从他国转移至该国以获利。

贬值对国际资本流动的影响可以从长、短期资本流动两个方面进行分析。从长期资本流动来看，贬值造成的影响比较小，因为长期资本流动注重的是投资环境总体的好坏，而贬值所造成的风险只是诸多环境因素中的一个，起不了决定作用。不过，一般而言，贬值或多或少有利于长期资本净流入的增加，这是因为在其他条件不变的情况下，贬值使外国货币购买力相对上升，有利于吸引外商到货币贬值国进行更多的投资。就短期资本而言，贬值造成的影响则比较大。短期资本流动性强，而且大都是投机资本，一国货币一旦贬值，投机者为避免损失或追逐利润，往往在外汇市场上将该国货币兑换成坚挺的外币，将资金调往国外。经验表明，在贬值后的一段时期内，短期资本流出的规模往往大于流入的规模。

汇率变化对资本流动既有流向又有流量上的影响，影响程度有多大，或者说资本流动对汇率变化的敏感性如何，还要受其他因素的制约，其中最主要的因素是一国政府的资本管制。资本管制严的国家，汇率变动对资本流动的影响较小；资本管制松的国家，汇率变动对资本流动的影响较大。除此之外，资本投资的安全性也是一个重要因素，如果一国货币贬值使资本流入有利可图，但该国国内投资安全性较差，那么资本流入也不会成为现实。

(3) 对外汇储备的影响。外汇储备是一国国际储备的主要内容，汇率变动对外汇储备的影响主要有直接和间接两条渠道。直接影响表现为，一国汇率的变动会引起外汇储备实际价值的变动。简单地说，如果储备货币的汇率上升，会增加外汇储备的折算价值；如果储备货币的汇率下跌，则会减少外汇储备的折算价值。20 世纪 70 年代以来，各国外汇储备币种逐渐多元化，有时虽然外汇市场汇率波动较大，但因储备货币中升、贬值货币的力量均等，外汇储备总值不会受到太大影响；有时虽然多种货币贬值，但占比较大的储备货币升值，外汇储备总值也能保持稳定或略有上升。国际储备多元化加上汇率变化的复杂化，使国际储备管理的难度加大，因此各国货币当局都会随时注意外汇市场行情的变化，进行相应的储备货币调整，以避免汇率波动给外汇储备带来损失。

间接影响表现为，汇率变动会引起一国贸易收支的变动，从而引起外汇储备变动。如前文所述，如果一国货币贬值，会导致该国贸易顺差，这会增加该国外汇储备；如果一国货币升值，可能会导致贸易逆差，这会减少该国外汇储备。汇率变动还可以通过资本流动来影响该国的外汇储备，这中间的影响过程就更为间接和复杂。

另外，汇率变动影响某些储备货币的地位和作用。如果一国货币不断贬值，国际收支长期恶化，那么该国货币作为储备货币的地位就会削弱，甚至丧失；相反，另外一些储备货币的地位则日益提高，其作用加强。

2. 汇率变动对一国国内经济的影响

(1) 对价格水平的影响。在货币发行量一定的情况下，本币贬值会引起国内价格水平上升，原因主要有三个方面。首先，本币贬值有利于本国商品出口，出口商品数量增加会导致国内市场供给不足，促使价格上涨；其次，本币贬值会导致进口商品以本币表示的价格上涨，进口原材料、中间品和机器设备等的价格上升，会造成国内使用这些进口投入品的商品的生产成本提高，推动这些商品的价格上升；最后，进口消费品的价格上升会直接或通过进口替代品价格的上升间接引起国内消费价格某种程度的上升。同样地，在货币发行量一定的情况下，本币升值会引起国内价格水平下降。

综上可知，汇率与价格水平之间的关系是十分密切的，而且互为因果。在纸币本位制度下，以价格指数衡量的货币购买力是决定汇率变动的长期和基本因素，而汇率变动反过来又影响价格水平。在现实经济运行中，一国如果发生通货膨胀，则必然导致本币对外贬值，而本币贬值又会对价格上涨造成压力。因此，汇率与价格水平之间的关系已成为汇率理论和汇率政策研究的一项重要内容。

(2) 对产出、就业和收入的影响。一国货币贬值后，由于“奖出限入”作用，贸易收支往往会得到改善。如果该国还存在闲置的生产要素，则该国的总产出将通过净出口增加的乘数效应得到扩张。此外，贸易收支改善后，增加的外汇积累若用于进口先进的机器设备等资本品，在存在闲置生产要素的条件下，可进一步增强该国的生产能力，从而增加总产出。

贬值会增加总产出，在国内没有达到充分就业的情况下，这种产出的增加将会创造出更多的就业机会。但通过货币贬值来提高就业水平还有一个前提，就是货币工资不变或其变动幅度小于汇率的变动幅度，否则，贬值所产生的增加就业机会的效应将会被抵消。从另一个方面看，一国货币贬值后，能够较多地吸引国外长期直接投资和间接投资，这也能增加一定的就业机会。

产出和就业的增加也会使国民收入增加，在经济进入相对过剩、国内就业压力日益加大的情况下，许多国家不时采用各种措施降低本国货币汇率，以达到增加国民收入和充分就业的目的。

（3）对资源配置的影响。一国货币贬值后，进口商品的本币价格一般会上升，进口替代品的本币价格也会上升，这样整个贸易品部门的价格相对于非贸易品部门的价格就会上升，由此会引发生产资源从非贸易部门转移到贸易部门。这样，一国的生产性资源就会更多地向贸易品部门配置，从而呈现出更为开放型的产业结构。

在发展中国家，贬值还可以提高资源配置效率。首先，贬值后，一国可以相应地取缔原来因本币定值过高而设置的进口关税、进口配额、进口许可证等保护措施，有利于促进进口替代行业提高生产效率；其次，贬值后，原先因定值过高而受到歧视性损害的农业部门（往往是发展中国家的出口部门）可获得正常发展；最后，与国外竞争的贸易品部门规模的扩大也有助于产业结构的升级和资源配置效率的提高。

3. 汇率变动对国际经济的影响

外汇市场上各种汇率频繁的、不规则的变动，不仅给各国对外贸易、国内经济造成了深刻的影响，而且也影响着国际经济往来。

（1）汇率变动影响国际贸易。如果一国实行以促进出口、改善贸易逆差为主要目的的货币贬值，必然会使其他国家货币相对升值，导致其他国家出口竞争力下降，这种“以邻为壑”① 的汇率政策或“外汇倾销”② 必然引起其他利益相关国家的反抗甚至报复。这些国家会采取针锋相对的措施，直接地或隐蔽地抵制贬值国商品的侵入，“竞争性贬值”③ 和“汇率战”由此产生。通过贬值促进本国商品出口是国际上很普遍的现象，由此造成的不同利益国家之间的分歧和矛盾也层出不穷，这加深了国际经济关系的复杂化。

---

① 以邻为壑政策（Beggar-Thy-Neighbor Policy）是指一个国家为改善自己国家的经济状况而采取的经济措施（通常为了减少失业），对其他国家经济有不利影响。一国可能会采用货币贬值、关税、进口限额或出口补贴的方法来增加出口、减少进口，以达到增加国内就业的目的。该国所得到的利益是以牺牲其他国家的利益为代价的，其他国家承担了出口减少或进口增加的后果，进而就业率处于较低水平，这些国家可能被迫采用类似的报复性措施。

② 外汇倾销（Foreign Exchange Dumping）是指一国政府利用本国货币对外贬值的手段来达到提高出口商品的价格竞争力和扩大出口的目的。这是向外倾销商品和争夺国外市场的一种特殊手段。外汇倾销必须具备以下条件才能起到扩大出口的作用：货币对外贬值的幅度要大于国内价格上涨的程度，其他国家不同时实行同等程度的货币贬值、不同时采取另外的报复性措施。

③ 竞争性贬值（Competitive Devaluation）是指如果一国采取货币贬值的方式来促进出口、限制进口，那么其他国家可能也会跟着采取同样的做法来提高其出口产品的竞争力，结果就出现“竞争性贬值”这一恶果。

（2）汇率变动促使国际储备货币多元化。汇率是否稳定、坚挺，是选择国际储备货币的主要标准。由于某些储备货币国家的国际收支恶化，通货不断贬值，其储备货币的地位就会受到威胁，甚至丧失储备货币的资格。如第二次世界大战后，英国金融实力的衰退致使英镑不断贬值，英镑在国际支付中的使用量随之锐减，其作为储备货币的地位大大削弱。与此同时，某些货币在国际结算领域中的作用则日渐增强，如 20 世纪 80 年代德国马克和日元的崛起，促进了国际储备货币多元化局面的形成。

（3）汇率变动加剧国际金融市场的动荡。汇率的波动使投机成为外汇市场上的不稳定因素，外汇投机的发展，造成国际金融市场的动荡与混乱。如 1993 年夏，欧洲汇率机制危机产生的原因就是外汇投机。

（4）汇率变动促进国际金融创新。汇率波动在加剧金融市场动荡的同时，也加速了国际金融创新的过程。期货、期权、货币互换等国际金融新业务的出现，国际金融市场机制的不断创新，都是市场规避汇率风险的产物。

总之，汇率变动对经济的影响是多层次、多维度的。上述分析都只涉及理论上的一般传导关系。由于不同国家、不同时期的经济条件各不相同，汇率变动对经济的影响也有差别，而且在很多时候，由于各种因素的综合作用，汇率变动对经济的影响可能并不是确定的。

4. 制约汇率发挥作用的条件

（1）一国对外开放的程度。一国对外开放程度越大，其经济对国际环境的依赖性越强，进出口贸易占国内生产总值的比重越大，汇率变动对该国经济的影响程度就越大；反之，则越小。

（2）贸易商品结构。汇率变动对贸易商品结构单一的国家影响较大，因为这样的国家面临的供求弹性小；对贸易商品结构多样化的国家影响较小。

（3）与国际金融市场的联系程度。与国际金融市场联系密切的国家，其参与的外汇交易种类多，数额大，汇率变动对其经济的影响也比较大；对于较少参与国际金融市场活动的国家来说，汇率变动的影响就小很多。

（4）货币的可兑换性。一国货币若完全可自由兑换，在国际收支中的使用量就会较多，汇率变动对该国经济的影响就较大；否则，影响较小。

此外，各国对经济的干预政策、外汇管制与进口管制措施等，都会导致汇率对一国经济影响程度的差异。一国政府当局在运用汇率这一政策手段时，需要多方面考虑，权衡各种因素。

关键概念

外汇　汇率　直接标价法　间接标价法　美元标价法　基本汇率　套算汇率
买入汇率　卖出汇率　中间汇率　现钞汇率　即期汇率　远期汇率　官方汇率
市场汇率　单一汇率　多重汇率　名义汇率　实际汇率　双边汇率　有效汇率
黄金输送点

复习思考

一、单项选择题

1. 中间汇率是指（　　）

A. 开盘汇率和收盘汇率的算术平均数　B. 即期汇率和远期汇率的算术平均数

C. 官方汇率和市场汇率的算术平均数　D. 买入汇率和卖出汇率的算术平均数

2. 通常情况下，一国国际收支发生顺差时，外汇汇率就会（　　）

A. 上升　B. 下降　C. 不变　D. 不确定

3. 影响汇率变动的政策因素是（　　）

A. 通货膨胀　B. 资本流动

C. 外汇干预　D. 心理预期

4. 以整数单位的外国货币为标准，折算为若干数额的本国货币的标价法是（　　）

A. 直接标价法　B. 间接标价法　C. 美元标价法　D. 应收标价法

5. 基本汇率是指一国货币与（　　）之间的汇率

A. 美元　B. 欧元　C. 日元　D. 关键货币

6. 外汇买卖成交后，在未来约定的某一天进行交割所采用的汇率是（　　）

A. 浮动汇率　B. 远期汇率　C. 市场汇率　D. 买入汇率

7. 黄金输送点是（　　）

A. 输送黄金的地点　B. 汇率上下波动的界限

C. 黄金市场　D. 黄金价格

二、多项选择题

1. 若其他条件不变，一国货币贬值的影响是（　　）

A. 有利于增加进口　B. 有利于增加出口

C. 有利于抑制进口　D. 有利于抑制出口

E. 有利于降低国内物价水平

2. 在间接标价法下，外币数额减少，表示（　　）

A. 本币币值不变　B. 本币贬值　C. 外汇汇率上涨　D. 本币汇率上涨

E. 外汇汇率下降

3. 汇率变动会影响一国的（　　）

A. 国际收支　B. 通货膨胀　C. 工资收入　D. 旅游收入

E. 外汇储备

三、思考题

1. 说明常见的汇率种类有哪些?

2. 影响汇率变动的因素有哪些?

3. 简述一国货币贬值对该国经济的影响。

实训案例

汇率综合实训

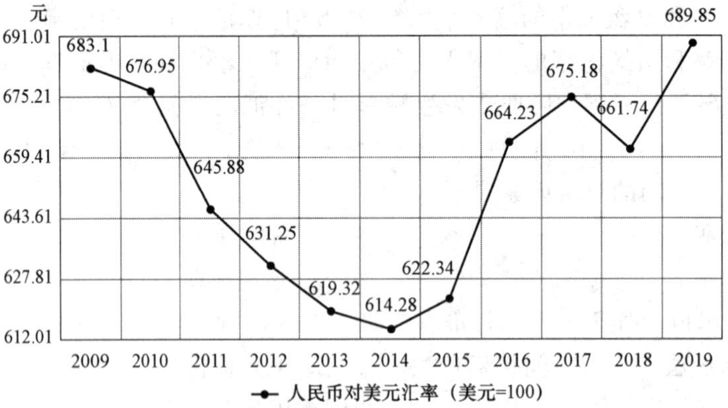

图 1 近 10 年人民币对美元汇率走势图

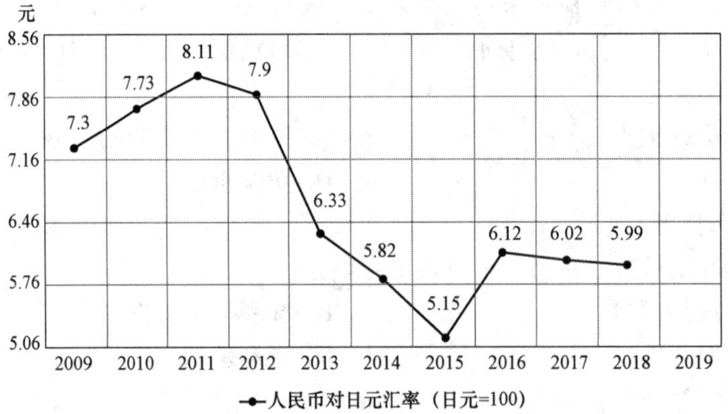

图 2 近 10 年人民币对日元汇率走势图

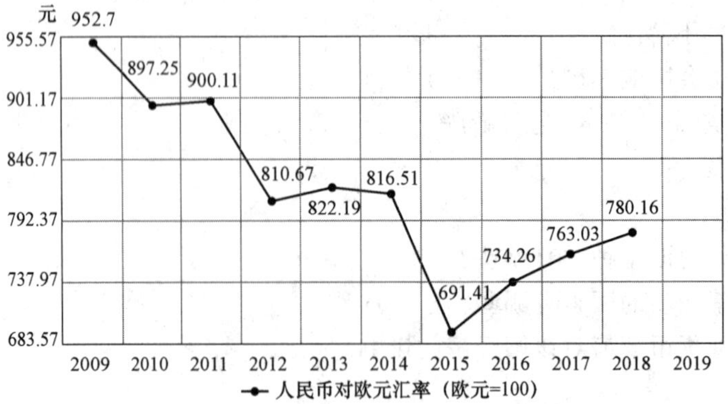

图 3 近 10 年人民币对欧元汇率走势图

资料来源：国家统计局。

实训项目：自行查阅资料，绘制汇率走势图，依据所学理论，分析影响人民币汇率走势的因素有哪些？分析人民币汇率变化对中国和其他国家之间的经济有哪些影响？

第五章　外汇市场与外汇交易

引　言

国际间经济往来的发展必然伴随着货币清偿和支付数量的增长，从而促进了外汇交易的发展。20 世纪 70 年代以来，随着国际金融市场业务创新的不断发展，外汇交易方式越来越丰富，除传统的即期外汇交易、远期外汇交易、掉期交易外，交易者还可采用外汇期货交易、外汇期权交易等方式进行外汇买卖。

根据国际清算银行（BIS）2019 年 4 月发布的《外汇与衍生工具市场活动》3 年期调查报告，全球外汇日均交易量在过去三年内从三年前的 5.1 万亿美元增长到 6.6 万亿美元，其中外汇衍生品交易增长，特别是外汇掉期超过了现货交易。从交易形式上来看，与 2016 年相比，即期交易虽有所增长，但相较于其他交易形式明显增速放缓，占比从 2016 年的 33% 降至 30%，掉期交易成为外汇交易市场的主要交易方式，占外汇交易市场成交量的 49%。从全球各地外汇交易的情况来看，英国、美国、中国香港、新加坡、日本的外汇交易量占世界的 79%，其中，英国和中国香港的贸易活动的增长超过全球平均水平。中国的交易增长显著，成为第八大外汇交易中心。从币种上来看，美元依然是当仁不让的全球第一，占全球外汇交易份额的 88% 左右，其次是欧元、日元、英镑、澳元、加元、瑞士法郎。新兴市场经济体货币的全球份额上升了四个百分点，其中，人民币交易量没有明显增长，仍是排名第八，其中 95% 都是人民币兑美元的交易。

学习目标

通过本章的学习，学生应了解外汇市场的构成、功能以及运作机制；掌握各种外汇交易方式的概念和作用，重点掌握远期汇率的报价方法及其计算，领会远期汇率与利率的关系；掌握汇率折算方法及其在进出口业务中的应用。

第一节　外汇市场

一、外汇市场的含义和功能

外汇市场（Foreign Exchange Market）是指从事外汇买卖的交易场所或交易网络，是国际金融市场的重要组成部分。与普通商品买卖不同，外汇买卖实际上是货币兑换行为，即把一国货币兑换成另一国货币。

外汇市场是世界上最大的交易市场，全球外汇交易额远远超过贸易额。由于全球各金融中心的地理位置不同，因时差关系，世界上主要的外汇市场此开彼关，使得外汇交易可以在全球范围内 24 个小时连续不间断地进行（见图 5-1）。伦敦和纽约拥有世界上最大的两个外汇市场，在所有外汇市场中起主导地位。外汇市场上交易最为活跃的币种有美元、欧元、日元、英镑。

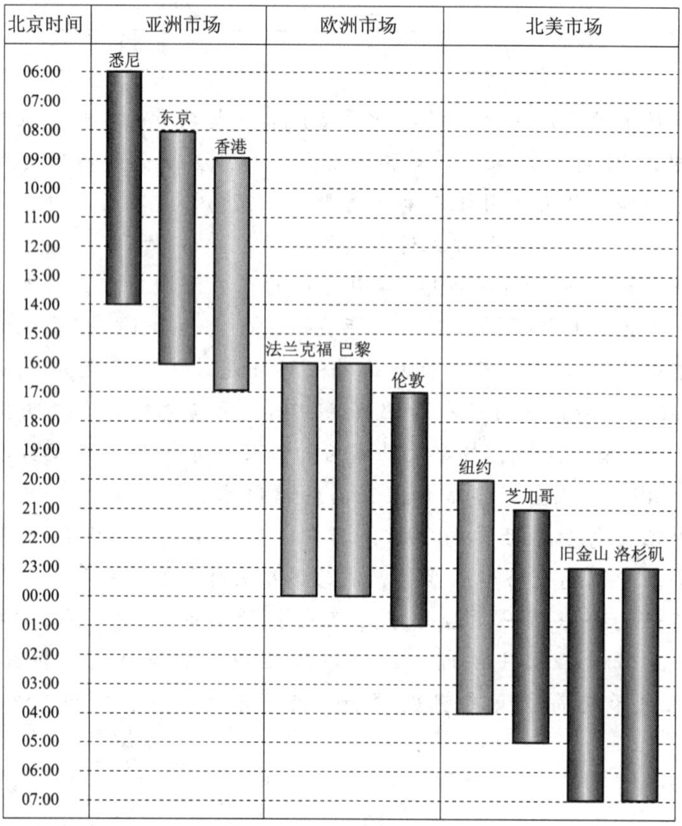

图 5-1 全球主要外汇市场

外汇市场的主要功能有以下几点。

（1）外汇买卖的场所。如同其他商品市场一样，外汇市场为外汇这一特殊商品提供了一个集中交易的场所。外汇市场有助于外汇交易的双方寻找交易对象，发现交易价格，节约交易成本，提高交易效率。

（2）调节外汇的供求。外汇市场不仅为外汇买卖双方提供了交易场所，而且外汇市场上汇率的变化对外汇的供求起着调节作用。任何外汇供求的失衡都会引起外汇价格（汇率）的相应变动，而价格的变动又反过来影响外汇供求的变动，进而使外汇供求的失衡得以调节。

（3）保值与投机的场所。外汇市场为试图规避外汇风险的交易者提供保值功能。交易者可以在外汇市场上从事套期保值、掉期等外汇交易以规避外汇风险。同样，外汇市场也为那些希望从汇率波动中获取收益的投机活动提供了可能。

二、外汇市场的参与主体

（一）外汇银行

在外汇交易过程中，外汇银行充当着重要角色。许多外汇银行拥有遍布全球的机构网络，承担着绝大部分的跨国资金调拨、借贷以及国际收支结算等多种任务，因而它们在外汇交易中发挥着核心作用。在外汇市场上，外汇银行的交易主要包括两个方面：一是受客户委托从事外汇买卖，主要获取代理佣金或交易手续费；二是通过自己的账户直接进行外汇交易，以调整自己的外汇头寸，其目的是减少外汇头寸可能遭受的风险，以及获得买卖外汇的差价收入。外汇银行是外汇市场上最重要的参与者，外汇银行的外汇交易额占外汇交易的绝大部分，是决定外汇市场供求的主要力量。

（二）中央银行

各国中央银行也是外汇市场的重要参与者，它代表政府对外汇市场进行干预。一方面，中央银行以外汇市场管理者的身份，通过制定法律、法规和政策措施，对外汇市场进行监督、控制和引导，保证外汇市场上的交易有序进行；另一方面，中央银行直接参与外汇市场交易，主要是根据国家货币政策的需要主动买进或卖出外汇。中央银行参与外汇买卖活动，实际上充当了外汇市场的最后交易者，即因汇率不能充分调整（即达不到均衡汇率的水平）而导致的外汇超额供给或需求都由中央银行购进或出售，进而维持外汇市场的稳定。

（三）外汇经纪人

外汇经纪人是指为外汇交易双方介绍交易以获取佣金的中间商，外汇经纪人的主要任务是利用其掌握的外汇市场各种行情和与银行的密切关系，向外汇买卖双方提供信息，以促进外汇交易的顺利进行。外汇经纪人一般有三类：（1）一般经纪人，即既充当外汇交易中介又亲自参与外汇买卖以赚取利润者；（2）跑街经纪人，即本身不参加外汇买卖而只充当中介赚取佣金的经纪人；（3）经纪公司，指那些资本实力较为雄厚、既充当商业银行之间外汇买卖的中介又从事外汇买卖业务的公司。

（四）非银行客户及个人

非银行客户及个人主要指因从事国际贸易、投资及其他国际经济活动而出售或购买外汇的非银行客户及个人。他们有的是为了实施某项经济交易而买卖外汇，如经营进出口业务的国际贸易商、到外国投资的跨国公司、发行国际债券或筹借外币贷款的国内企业等；有的是赚取风险利润的外汇投机者。除此之外，还有其他零星的外汇供求者，如国际旅游者、留学生、汇出或收入侨汇者等。

三、外汇市场的交易层次

（一）银行与客户之间的外汇交易

银行与客户之间的外汇交易是指由外汇银行与客户之间的外汇交易而形成的市场，

又称零售外汇市场。银行一方面从客户手中买入外汇，另一方面又将外汇卖给客户，从而成为外汇需求者和外汇供给者的中介。

在外汇市场中，凡是与外汇银行有外汇交易关系的公司和私人都是外汇银行的客户，包括进出口商、投资者、投机者，以及其他一些与贸易收支无关的外汇供求者（如留学生、旅游者、侨居者等）。客户在外汇市场中的作用仅次于外汇银行，他们往往出于各种目的而向外汇银行买卖外汇。根据交易目的的不同可将客户市场上的客户分为三类：第一类是交易型客户，他们一般是为了满足贸易、投资等实际交易的需要而买卖外汇，通常是在外汇市场上将通过各种渠道获得的外汇收入卖给外汇银行以换取本币，或者在外汇市场上用本币向外汇银行购买外汇，用以进行对外支付，主要包括进出口商、国际投资者、旅游者等；第二类是保值型客户，他们主要是为了降低汇率波动对外汇资产或负债造成的损失而向外汇银行买卖外汇；第三类是投机型客户，他们向外汇银行买卖外汇，既不是为了满足实际贸易、投资等的需要，也不是为了保值的需要，而是为了获取汇率变动带来的差价利润。

（二）银行同业间的外汇交易

银行同业市场是指外汇银行与外汇银行之间进行外汇交易而形成的市场。外汇银行是外汇市场的主要参与者，它们之间的外汇交易主要是为了弥补与客户交易所产生的买卖差额，因为在与客户的外汇交易中，银行难免会在营业日内出现外汇头寸的“多头”（Long Position，即外汇买入额超过卖出额）或“空头”（Short Position，即外汇卖出额超过买入额）。为了避免外汇汇率变动的风险，银行需要及时调整外汇头寸。借助同业间的外汇交易，银行可以及时调拨外汇头寸，以轧平外汇头寸，即抛出多头、补进空头。除了调整头寸的需要外，银行出于套利、套汇、投机等目的，也会进行同业间的外汇交易。由于银行同业间的交易规模比较大，所以银行同业市场也被称为“批发外汇市场”。

银行同业间的外汇买卖差价一般要低于银行与客户之间的买卖差价，原因在于银行之间的交易金额都比较大，通常每笔都在 100 万美元以上，多者超过 1 000 万美元，所以尽管买卖差价较小，但是银行仍可以通过“薄利多销”获取可观的收入。在外汇市场的交易中，银行同业间的外汇交易通常要占外汇交易总额的 90% 左右。正因如此，银行同业市场基本集中了外汇市场的供求流量，从而决定着外汇汇率的高低。

（三）外汇银行与中央银行间的外汇交易

中央银行也是外汇市场的重要参与者，但其参与外汇市场交易的目的不同于外汇银行及其客户。中央银行参与外汇交易主要是为了干预外汇市场，以保持本币汇率的相对稳定，维护外汇市场的正常运行。当本币汇率过高时，中央银行通过向外汇银行购进外汇，以增加市场对外汇的需求量，从而促使外汇汇率上升、本币汇率下跌；反之，当本币汇率大幅度下跌时，中央银行则通过出售外汇，促使外汇汇率下跌、本币汇率上升。此外，中央银行出于管理外汇储备的需要，也常常要通过外汇银行进行外汇买卖，以调整储备货币的结构。

中央银行实际上也是外汇市场的领导者，因为它们经常要对外汇市场进行干预，所以要时常进入市场买卖外汇，并且在汇率波动剧烈时，要大量买进或卖出外汇，以影响汇率的走势。所以在一定的条件下，中央银行对外汇市场的影响甚至超过了外汇银行。

第二节 传统的外汇交易形式

所谓传统型外汇交易形式，是指20世纪70年代以前外汇市场上普遍采用的外汇交易形式。为了区别于70年代以后出现的一些新的外汇交易方式，故称为传统型外汇交易方式。传统型外汇交易方式主要有即期外汇交易、远期外汇交易、掉期交易、套汇交易和套利交易。

一、即期外汇交易

(一) 即期外汇交易的概念

即期外汇交易（Spot Exchange Transaction），又称现汇交易，是指外汇买卖双方以当天外汇市场价格成交后，在当天或两个营业日内进行交割的外汇交易方式。成交汇率称为即期汇率（Spot Rate）。

与即期交易相关的若干概念：

(1) 交割，是指交易双方进行货币的清算。交割通常表现为交易双方分别按照对方的要求将卖出的货币转划进买方指定的银行账户。双方实现货币收付的那一天叫作交割日，亦称为起息日（Value Date）。

进行即期外汇交易并不意味着立即进行交割，只要在成交后的两个营业日内完成外汇的交割就属于即期交易。这实际上意味着即期外汇交易的交割有三种情况："T+0"交割（Value Today），即外汇买卖双方在成交的当天进行交割；"T+1"交割（Value Tomorrow），即外汇买卖双方在成交后的第一个营业日进行交割；"T+2"交割（Value Spot），即外汇买卖双方在成交后的第二个营业日进行交割。目前，世界上一些主要的外汇市场基本都采用"T+2"交割。

(2) 营业日，是指两个清算国的银行均开门营业的日子，以保证交易双方同时完成货币的收付，避免其中任何一方承担信用风险或利息损失。若其中任何一国遇到节假日，交割日按节假日天数顺延。

即期外汇交易尽管是在两个营业日内进行交割，但对于交易者来说仍存在外汇风险，因为交割银行所处时区的不同会导致交割时间出现差异。例如，香港的银行与伦敦的银行之间进行的即期外汇交易，虽然交割日都在同一天，但伦敦银行可以比香港银行至少晚8个小时划转交易货币。这也就意味着当香港银行在交割日划转出所售货币后，可能因伦敦银行破产而无法收进所购货币。

(3) 基本点，简称点，是表示汇率的基本单位。一般情况下，一个基本点为万分之一货币单位，相当于小数点后的第四个单位数，即0.000 1。极少数货币因为数字较大，基本点有所不同。以日元为例，日元的价格变动的基本点为0.01单位。如欧元/美元即期汇率是1.106 8，而美元/日元即期汇率则为108.29。

（二）即期外汇交易的基本程序

即期外汇交易一般成交金额较大，且交易时间很短，交易各方一般要按照一定的程序进行。

（1）询价。当一家银行的外汇交易部门接到客户的委托，要求代为买卖外汇，或银行自身要调整外汇头寸而买卖外汇时，交易员首先要通过电话或电传向其他银行进行询价，询价时通常要自报家门，询问有关货币的即期汇率的买入价、卖出价。询问的内容简洁、完整，包括币种、金额（有时还包括交割日）。此外，询价时不要透露出自己是想买进还是想卖出，否则对方会抬价或压价。

（2）报价。当一家银行的外汇交易部门接到询价时，一般要求做出回答，即报价。报价是外汇交易的关键环节，因为报价合理与否关系到外汇买卖能否成交。报价时银行要同时报出买价和卖价，并且通常只报出交易汇率的最后两位数，例如，美元对瑞士法郎汇率为 0.929 3/0.929 4，银行只需报“93/94”。报价时必须遵守“一言为定”原则，只要询价方愿意按报价进行交易，报价行就要承担按此报价成交的责任，不得反悔或变更。

（3）成交。当报价行报出买卖价后，询价方要立即做出答复，是买进还是卖出，以及买或卖的货币金额。若不满意报价，询价方可回答“Thanks nothing”，表示谢绝交易，此时报价便对双方无效。

（4）确认。报价行做出交易承诺时，通常回答“Ok，done”。之后，交易双方还应将买卖的货币、汇率、金额、起息日期以及结算方法等交易细节再相互确认一遍。

（5）结算。这是即期外汇交易的最后一个环节，即在双方交易员将交易的文字记录交给交易后台后，由后者根据交易要求指示其代理行将卖出的货币划入对方指定的银行账户。银行间的收付款即各种货币的结算是利用 SWIFT 系统，通过交易双方的代理行或分行进行，最终以有关交易货币的银行存款的增减或划拨为标志。

（三）即期外汇交易的报价

报价是外汇即期交易的关键环节，外汇银行在报价时应遵循一定的惯例。

（1）采用美元标价法。所有在外汇市场上交易的货币，除有特别说明的以外，都以美元作为标准来报价。当交易员向某行询问日元以及瑞士法郎的汇价时，银行报出的是美元对日元和美元对瑞士法郎的汇价，若要知道日元对瑞士法郎的汇价，一般是通过美元进行套算。

（2）采用双向报价，即同时报出买价和卖价。报价排列是“前小后大”，直接标价法下的顺序是买入价/卖出价，间接标价法下的顺序是卖出价/买入价。

（3）通过电话、电传等报价时，报价银行一般只报汇率的最后两位数字。汇率的标价通常为 5 位有效数字，由于外汇交易人员对各种货币对美元的汇率很清楚，银行间报价时，只报最后两位数字。比如，英镑对美元的汇率为 GBP1 = USD1.522 4—1.523 4，交易员只报 24/34 即可。

二、远期外汇交易

（一）远期外汇交易概述

远期外汇交易（Forward Exchange Transaction），也称期汇交易，是指外汇买卖双方先签订合同，约定买卖外汇的币种、数额、汇率和将来交割的日期，但是在成交后并不实际进行交付，而是到规定的交割日期，再按合同办理交割。

关于远期外汇交易的概念应注意以下几点。

（1）在远期外汇交易中，交易双方必须订立远期合约。远期合约要详细载明买卖双方的姓名、商号、币种、金额、汇价、远期期限及交割日等。合约一经签订，双方必须按期履行，不能任意违约。若有一方在交割期以前要求取消合约，遭受损失的一方可向取消合约方索取赔偿金。

（2）远期期限。远期外汇交易的期限有长有短，常见的有 1 个月、2 个月、3 个月、6 个月和 1 年，最常见的是 3 个月期限的远期外汇交易。以上期限的交易称为标准期限交易，标准期限以外的远期交易日期则称为不规则日期。个别远期交易期限可达 1 年以上，称为超远期。

（3）交割日的确定。远期外汇交易中交割日的确定主要有两种情况：一是固定交割日，即交易双方成交时约定交割日期，一般是按成交日期加相应月数确定交割日。例如，7 月 15 日的一笔 3 个月期的远期外汇交易，其交割日期应为 10 月 15 日。但若遇交割日为交割银行休假日，则向后顺延至下一个营业日；如果交割日在月底且正好是交割银行的休假日，则交割日提前一天。二是非固定交割日，亦称为择期外汇交易。即买卖双方可以在约定期限内的任何一个营业日办理交割。如上例，签约日为 7 月 15 日，则交割日可以是 7 月 18 日至 10 月 15 日期间的任何一个营业日。

（二）远期汇率的报价

在远期外汇交易中使用的汇率是远期汇率（Forward Rate）。远期汇率以即期汇率为基础，受两种相关货币的利率差异影响。即期汇率与远期汇率之间必然存在着差额，称为远期差价或远期汇水，包括升水、贴水和平价三种情况。

远期汇率的报价可以采用下面两种方法。

1. 直接标明远期汇率

即直接报出远期汇率的具体数字，采用这种方法的国家有日本、瑞士等少数国家。如东京外汇市场上美元对日元 1 个月的远期汇率为 97.91/98.91。

2. 差价报价

外汇银行只公布即期汇率而不直接公布远期汇率，远期汇率是在即期汇率的基础上，通过远期汇率与即期汇率的差价来表示。

差价报价法可以直接用升水、贴水表示，即报出升贴水数，然后在即期汇率上加减升贴水数得出远期汇率。英国、德国、美国和法国等国采用这种方法。

由于汇率的标价方法不同，计算远期汇率的方法也不同。

直接标价法：

远期汇率=即期汇率+升水 (5.1)

远期汇率=即期汇率-贴水 (5.2)

间接标价法：

远期汇率=即期汇率-升水 (5.3)

远期汇率=即期汇率+贴水 (5.4)

例如，某日在伦敦外汇市场上美元的即期汇率为 GBP1=USD1.514 7—1.516 7，3 个月远期美元升水 0.35—0.32 美分，则 3 个月远期美元汇率等于即期汇率减去升水数，即：

即期汇率		1.514 7—1.516 7
美元升水	-	0.003 5—0.003 2
远期汇率	=	1.511 2—1.513 5

另一种差价报价法，是用“点数”来表示。外汇银行在报价时，只报出远期汇率升、贴水的点数，而且并不说明是升水还是贴水。所报出的点数有两栏数字，分别代表买入价与卖出价变动的点数。

例如，某日中国外汇市场报价：USD/CAD

即期汇率：	1.032 4—1.034 0
1 个月远期：	10—15
3 个月远期：	35—25
6 个月远期：	55—40

此时，在计算远期汇率时，首先要判断升贴水。当买价变动小于卖价变动时，即为升水；当买价变动大于卖价变动时，即为贴水。其次，不同标价法下买卖价格位置不同。直接标价法下，前面是买价，后面是卖价；间接标价法下，前面是卖价，后面是买价。经过归纳，我们可以得出计算远期汇率的一个规则：不管是什么标价法，如果远期汇率点数顺序是前小后大，就用加法；如果是前大后小，就用减法，即“前小后大往上加，前大后小往下减”。

根据这一计算规则，可得出上例中的美元远期汇率：

即期汇率：	1.032 4—1.034 0
1 个月远期：	1.033 4—1.035 5
3 个月远期：	1.028 9—1.031 5
6 个月远期：	1.026 9—1.030 0

（三）远期外汇交易的应用

1. 出口商出口收汇保值

出口商发出出口货物后，往往要在一段时间后才能收到对方用外币支付的出口货款。如果日后收到货款时，该种外币出现贬值，那么出口商就会遭受损失。为避免这一风险，出口商在出口货物时，可通过做一笔卖出远期外汇的交易，对其出口收益进行保值。

【例 5-1】 某年 7 月末，国内某出口商与美国某公司签订了一笔价值为 100 万美元的出口合同，约定 1 个月后收款。由于预期人民币兑美元会继续升值，该出口商将面临汇率风险。问：① 该出口商如何运用远期交易避险？② 当天中国银行报价如下：即期汇率 USD/CNY 为 6.128 9—6.129 0，1 个月远期差价为 25/15。该出口商的成交价为多少？③ 若 1 个月后人民币兑美元即期汇率升到 6.120 0，该出口商通过远期交易避免了多少损失？

解： ① 该出口商可通过出售 1 个月远期美元（100 万美元）来规避美元汇率下跌的风险。

② 该出口商的成交价为 1 美元＝6.126 4（＝6.128 9－0.002 5）元人民币。

③ 尽管 1 个月后出口商收到 100 万美元时，美元对人民币即期汇率跌至 6.120 0，但由于该出口商已远期结汇，仍可以按远期价格 6.126 4 卖出 100 万美元，收入 6 126 400 元人民币，避免损失 6 400（＝6 126 400－1 000 000×6.120 0）元人民币。

2. 进口商付汇保值

进口商从国外进口商品，往往需要用外币支付货款，而且通常要等收到进口货物后才支付款项。这样就使进口商面临着外汇风险，一旦付款日外币的市场即期汇率出现上升，那么进口商购买一定量的外汇就需支付更多的本币。为避免这一风险，进口商可通过做一笔买进期汇的远期交易，以固定进口成本。

【例 5-2】 某港商从美国进口了一批设备，需在 2 个月后支付 5 000 000 美元。为避免 2 个月后美元汇率上升而增加进口成本，该港商决定买进 2 个月的 5 000 000 美元远期外汇合约。假设签约时，美元/港元的即期汇率为 7.775 0/60，2 个月的远期差价为 15/25。如果付款日市场即期汇率为 7.788 0/90，那么港商不做远期交易会受到什么影响（不考虑交易费用）？

解： 港商买进 2 个月的 5 000 000 美元远期外汇合约，预期支付：

$$5\ 000\ 000\times(7.776\ 0+0.002\ 5)=38\ 892\ 500(\text{港元})$$

港商在付款日买进 5 000 000 美元现汇需支付：

$$5\ 000\ 000\times7.789\ 0=38\ 945\ 000(\text{港元})$$

港商若不做远期交易将多支付 52 500 港元。

3. 投机性远期外汇交易

投机性远期外汇交易是投机者基于预期未来某一时点市场上的即期汇率与目前市场上的远期汇率不一致而进行的远期外汇交易。利用远期外汇交易进行投机有“买空”和“卖空”两种基本形式。

买空（Buy Long）的投机是基于外汇即期汇率将要上升的预期。如果远期合约到期时，市场即期汇率果然上升，则合约持有者可以用约定价格交割远期合约，然后将外汇转到现汇市场上以高于买入价的价格卖出，获取利差。该收益扣除用于买空的一些交易费用，便是投机利润。当然，若市场汇率的变动与投机者的预期相反，投机者则会遭受损失。

【例 5-3】 假设某日东京外汇市场上美元/日元的 6 个月远期汇率为 98.10/20。某投机商预期半年后美元/日元的即期汇率将为 99.50/60。若预期准确，在不考虑其他费用的情况下，该投机商买入 6 个月的 1 000 000 美元远期外汇合约，可获多少投机利润？

解： 投机商买入 6 个月的 1 000 000 美元远期外汇合约，预期支付：

$$1\ 000\ 000 \times 98.20 = 98\ 200\ 000(\text{日元})$$

投机商半年后在即期市场上卖出 1 000 000 美元现汇可收进：

$$1\ 000\ 000 \times 99.50 = 99\ 500\ 000(\text{日元})$$

投机获利：

$$99\ 500\ 000 - 98\ 200\ 000 = 1\ 300\ 000(\text{日元})$$

同理，卖空（Sell Short）是投机者基于对外汇即期汇率将会下跌的预期而在市场上卖出远期外汇的一种投机活动。若到交割日市场即期汇率低于远期合约协定的汇率，投机者便可在现汇市场上买进即期外汇来交割远期合约，从而获取投机利润。

（四）远期汇率的决定

在远期外汇交易中，外汇银行报出远期汇率升、贴水的依据是什么呢？假定美元的年利率为 5%，而在德国，欧元的存款利率为 2%，两国利差为 3 个百分点。如果客户用美元向银行购买 3 个月远期欧元，银行便按照即期汇率用美元买入欧元，将欧元存放于银行以备 3 个月后交割。这样，银行就要放弃美元的高利息，显然银行不愿意承担这部分损失，这部分损失将反映在欧元的汇价上，从而将损失转嫁给客户。因此，远期欧元就要比即期欧元贵，即远期欧元升水。

由此我们可以得出这样一个结论：两种货币的利差是决定其远期汇率的基础，利率高的货币，其远期汇率会贴水；利率低的货币，其远期汇率会升水。根据利率平价理论，我们可以用以下简化公式进行计算：

$$\text{升水(或贴水)数字} = \text{即期汇率} \times \text{两种货币的利差} \times \frac{\text{月数}}{12} \tag{5.5}$$

在正常情况下，两种货币的利率差是决定货币升、贴水及升、贴水数值大小的主要因素，但不是唯一因素。国际政治经济形势、货币国的经济政策、中央银行对外汇市场的干预措施等都会不同程度地影响货币的远期汇率。

三、套汇交易

所谓套汇交易（Arbitrage Transaction），是指利用不同外汇市场在同一时刻的汇率差异，在汇率低的市场大量买进，同时在汇率高的市场卖出，通过贱买贵卖赚取利润的外汇业务。

套汇的种类有地点套汇、时间套汇和利息套汇三种。时间套汇就是后文将要讲到的掉期交易；利息套汇又叫套利。通常所说的套汇指的是地点套汇（Space Arbitrage），即利用不同外汇市场上的汇率差异进行的外汇买卖。这里我们提到的套汇都是地点套汇，地点套汇的形式主要有直接套汇和间接套汇两种。

（一）直接套汇

直接套汇（Direct Arbitrage），又叫两角套汇或两地套汇，是指利用某种货币在位于两个不同地点的外汇市场上在同一时间所存在的汇率差异，对同一种货币进行低买高卖，从中赚取差价收益。

【例 5-4】 在某一时刻，纽约外汇市场和东京外汇市场上，美元对日元的汇率如下：

纽约　　USD/JPY = 99.56—99.80

东京　　USD/JPY = 100.00—100.20

可见，美元在纽约市场上比在东京市场上便宜，投资者此时可利用如下操作套汇获利：

在纽约市场上按照 USD/JPY = 99.80 的价格，以 99.80 日元买入 1 美元；同时在东京市场上按照 USD/JPY = 100.00 卖出 1 美元，获得 100.00 日元。这样在不考虑交易费用的情况下每 1 美元可以得到 20 个点的日元差价收益。若投资者以 100 万美元套汇，则可获利 20 万日元。

上述套汇活动可以一直进行下去，直到美元与日元两地汇差消失或两地汇率趋同。当然，套汇业务要花费电传费用、佣金等成本，因此套汇利润必须大于套汇费用，否则，套汇无利可图。

（二）间接套汇

间接套汇（Indirect Arbitrage）又称三角套汇，是指套汇人利用三个不同地点的外汇市场在同一时间的汇率差异，同时在三地市场上贱买贵卖进行的套汇。

进行间接套汇首先要判断三地市场上是否存在套汇机会，一般来说我们假定在一个市场上投入 1 单位货币，经过市场中介，收入的货币不等于 1 单位，就说明三个市场的汇率存在差异。因此简单的判别方法是：将各个外汇市场上的汇率都转换成直接标价法，然后将各个市场的汇率进行连乘。若结果等于 1，说明没有套汇获利机会；如果结果大于 1，表明可以套汇，而且连乘算式的买卖顺序即为套汇顺序；若结果小于 1，仍然可以套汇，只是不能以连乘算式的买卖顺序作为套汇顺序，而是应反方向进行套汇。

【例 5-5】 在某日的同一时间，法兰克福、伦敦、纽约三地外汇市场的现汇行情如下：

法兰克福　　1 英镑 = 1.151 0—1.153 0 欧元

纽　　约　　1 欧元 = 1.351 3—1.353 0 美元

伦　　敦　　1 英镑 = 1.511 7—1.513 0 美元

套汇过程如下：

（1）换成直接标价法。

法兰克福　　1 英镑 = 1.151 0—1.153 0 欧元

纽　　约　　1 欧元 = 1.351 3—1.323 0 美元

伦　　敦　　1 美元 = 1/1.513 0—1/1.511 7 英镑

(2) 假设以欧元作为套汇货币，先在法兰克福市场卖出英镑收进欧元，然后在纽约市场卖出欧元换回美元，最后在伦敦市场卖出美元换回英镑，这样连乘算式为：

$$1.151\ 0\times1.351\ 3\times(1/1.513\ 0)=1.028\ 0>1$$

因此存在套利机会，且方向正确。

(3) 套汇过程。

法兰克福　　卖出 1 万英镑，收入 11 510 欧元

纽　　约　　卖出 11 510 欧元，收入 15 553.463（= 11 510×1.351 3）美元

伦　　敦　　卖出 15 553.463 美元，收入 10 279.881（= 15 553.463/1.513 0）英镑

因此，本次套汇过程可获利 279.881 英镑。

如果上例中连乘算式的结果小于 1，表明先在法兰克福市场卖出英镑有误，应该先在伦敦市场卖出英镑，且仍可获利。

四、套利交易

所谓套利（Interest Arbitrage），又称利息套汇，是指投资者根据两国市场短期利率的差异，将资金从利率较低的国家调往利率较高的国家，以赚取利差收益的一种行为。由于在套利活动中往往涉及货币交易，因此将其视为因转移资金而派生出来的一种外汇交易。

根据是否对套利交易所涉及的汇率风险进行抵补，套利可分为非抵补套利和抵补套利。

（一）非抵补套利

非抵补套利（Uncovered Interest Arbitrage）是指投资者单纯根据两国市场利率的差异，将资金从低利率货币转向高利率货币，而不同时进行反方向交易轧平头寸。

【例 5-6】 假设 4 月初美国的 3 个月期国库券利率为 2%，而英国 3 个月期国库券利率为 6%，英镑与美元的即期汇率为 1 英镑 = 1.50 美元。为谋取利差收益，某投资者欲将 150 万美元转到英国投资半年。如果 3 个月后汇率没有发生变动，该投资者的套利情况如何？

(1) 如果没有套利，该投资者在美国购买 3 个月期国库券，3 个月后到期本利和为：$150\times(1+2\%\times1/4)=150.75$（万美元）。

(2) 4 月初将 150 万美元换成英镑：$150/1.5=100$（万英镑）。

将 100 万英镑在英国购买国库券，3 个月后到期本利和为：$100\times(1+6\%\times1/4)=101.5$（万英镑）。

将英镑投资本利和换回美元，投资者可得 152.25 万美元；其中，15 000 美元为套利所得。

但是，该例中的套利活动并未考虑汇率变动风险，所以对该投资者而言，其套利收益是不确定的，如果半年后英镑汇率出现下跌，那么套利收益就会受损。因此，

投资者在进行套利时往往需要结合一些外汇交易手段，以避免外汇风险，这就是抵补套利。

（二）抵补套利

抵补套利（Covered Interest Arbitrage）是指投资者在将资金从低利率国调往高利率国的同时，在外汇市场上卖出远期高利率货币，以规避套利中的汇率风险。

【例 5-7】 承上例，若 3 个月后英镑/美元的即期汇率跌为 1 英镑 = 1.45 美元，则该投资者半年后收回的 101.5 万英镑只能兑换到 147.175 万美元，套利出现损失。这时应考虑采用抵补套利。假设 4 月初英镑/美元 3 个月的远期汇率为 1 英镑 = 1.49 美元，则该投资者可利用远期交易进行如下抵补套利：

（1）4 月初将 150 万美元换成英镑：150/1.5 = 100（万英镑）

将 100 万英镑在英国购买国库券，3 个月后到期本利和为：100×(1+6%×1/4)=101.5(万英镑)。

（2）同时将预计得到的本利和 101.5 万英镑在远期外汇市场上卖出可得：

$$101.5\times1.49=151.235(\text{万美元})$$

（3）3 个月后，投资者可得 151.235 万美元，避免了汇率大幅下跌的风险，套利可获收益：151.235-150.75 = 0.485（万美元）。

需要指出的是，一旦投资者以远期方式卖出英镑，无论 3 个月后英镑/美元的即期汇率是上涨还是下跌，都不改变其抵补套利的结果。因此抵补型套利，实际上是投资者利用远期外汇买卖来防范未来可能发生的货币兑换损失抵消甚至超过利差收益。因此，套利活动的可行性实际上取决于两国利率差异和货币兑换的即期汇率与远期汇率差异这两个因素的比较。如果前者大于后者，则套利可以进行；若前者小于后者，则套利不可行；若两者相等，则套利没有必要。

但是根据利率平价理论，外汇的远期差价是由两国利率的差异决定的，高利率国的货币远期必然贴水，低利率国的货币必然升水。在套汇过程中，一方面，在外汇市场上，套汇者会大量买进某种货币的现汇，同时大量出售该种货币的期汇，因而使该货币的即期汇率提高、远期汇率降低，从而扩大即期汇率同远期汇率的差异；另一方面，在货币市场上，短期资金不断从利率低的国家流向利率高的国家，也会缩小两国的利率差异。这两方面作用的结果，会使两个差额之间的差距逐渐缩小，直至相等。此时，套汇活动停止，外汇市场和货币市场也处于均衡。

五、外汇掉期交易

外汇掉期交易（Foreign Exchange Swaps）从广义上讲应属于套汇的一种，也叫时间套汇，是指同时买入或卖出同种货币、同等数额而期限不同的外汇，以避免汇率风险或套取汇率、利率差额收益的外汇交易。

（一）外汇掉期交易的类型

按照掉期交易的买卖对象，掉期交易可以分为纯粹的掉期和制造的掉期两种类型。纯粹的掉期是指两笔期限不同的交易是同时与同一个对手进行的；制造的掉期是指两笔期限不同的交易是与不同对手分别进行的。

按照外汇掉期交易的交割期限，外汇掉期交易可以划分为：

（1）即期对远期的掉期，是指买进或卖出某种即期外汇的同时，卖出或买进同种货币的远期外汇。这是掉期交易中最常见的形式，国际投资者投资保值、进出口商远期交易的展期、外汇银行筹措外汇资金都可以利用这种方式。

（2）即期对即期的掉期，是指买进或卖出某种即期货币的同时，卖出或买进同种货币的即期外汇。根据交割日期的不同，即期对即期的掉期又可以分为今日对明日掉期、明日对后日掉期以及即期对次日掉期。这类掉期主要用于外汇银行之间的交易，目的在于避免同业拆借过程中存在的汇率风险。

（3）远期对远期的掉期，是指买进或卖出货币金额相同，但方向相反、交割期限不同的两笔远期交易。可以是买进或卖出较短期限的远期，同时卖出或买进较长期限的远期；也可以是买进或卖出较长期限的远期，同时卖出或买进较短期限的远期。这种掉期可以利用有利的汇率机会，并且能够从汇率的变动中获取好处。

（二）外汇掉期交易的应用

1. 套期保值

套期保值适用于进出口商存在不同期限、数额相当的外汇应收款和应付款的情况。

【例 5-8】 中国香港某公司进口一批货物，根据合同 1 个月后需支付货款 10 万美元；该公司同时将这批货物转口外销，预计 3 个月后收回以美元计价的货款。香港外汇市场汇率如下：

1 个月 USD/HKD 汇率：7.756 0—7.758 0

3 个月 USD/HKD 汇率：7.752 0—7.754 0

该公司做以下掉期操作：

（1）买进 1 个月远期美元 10 万，支付 77.58 万港元。

（2）卖出 3 个月远期美元 10 万，收取 77.52 万港元。

（3）付出掉期成本 $77.58-77.52=0.06$（万港元）。此后无论美元汇率如何波动，该公司均不会面临外汇风险。

2. 使远期外汇交易展期或提前到期

例如，我国某外贸公司 3 个月后有一笔 100 万欧元的出口收入，为规避欧元下跌风险，该公司卖出了 3 个月的远期欧元。但是 3 个月后，欧洲进口商表示无法按期付款，希望延期 1 个月付款，造成我国外贸公司与银行签订的远期合同无法履行。此时，该外贸公司可做如下操作：

（1）买进即期欧元 100 万，了结到期的 3 个月远期合同。

（2）卖出 1 个月远期欧元 100 万，防范 1 个月后应收货款的外汇风险。

这样，该公司通过掉期交易对远期欧元合同进行了展期，达到了保值的目的。在此过程中，该公司要付出的掉期成本就是即期汇率与 1 个月远期汇率之间的差额。

3. 轧平银行外汇头寸

例如，某银行收盘时，外汇头寸出现了以下情况：3 个月远期美元超卖 100 万元，

6个月远期美元超买100万；同时，3个月远期日元超买9 830万，6个月远期日元超卖9 840万。当时市场汇率如下：

3个月远期：USD/JPY　　98.00—98.30

6个月远期：USD/JPY　　98.40—98.70

若银行对空头和多头分别进行抛补，需安排多笔交易，成本较高。此时可以采用掉期交易，以日元换美元，操作如下：

（1）买进3个月远期美元100万，同时卖出3个月远期日元9 830万（汇率为98.30）。

（2）卖出6个月远期美元100万，同时买入6个月远期日元9 840万（汇率为98.50）。

这样，除了弥补6个月远期日元空头，还可收益10万日元。通过掉期交易，使美元和日元头寸达到平衡。

第三节　衍生外汇交易

衍生外汇交易是衍生金融交易的一种。衍生金融交易是指以利率、外汇、股票为基础衍生出来的金融交易。20世纪70年代，随着浮动汇率制度的实行，外汇交易者面临的汇率风险越来越大。为了更有效地规避汇率风险，外汇市场相继出现了一些新的交易方式，如外汇期货交易、外汇期权交易等。起初，衍生外汇交易只是作为一种防范金融风险的手段，但20世纪90年代之后，衍生外汇交易已逐渐成为众多金融机构表外业务中重要的获利来源。

一、外汇期货交易

（一）外汇期货交易的概念

外汇期货交易（Foreign Exchange Future Transaction）是指在固定场所（期货交易所）进行标准化的外汇期货合约买卖的一种外汇交易方式。

外汇期货属于一种金融期货，它起源于商品期货交易。20世纪70年代后，国际汇率制度逐渐由固定汇率制转向浮动汇率制，导致汇率风险剧增，为了有效防范汇率频繁波动带来的风险，在传统远期外汇交易的基础上产生了以商品期货形式来做外汇交易的外汇期货交易。

外汇期货交易最早出现在美国芝加哥商业交易所（Chicago Mercantile Exchange，CME）。1972年5月16日，CME建立国际货币市场（International Monetary Market，IMM），其主要目的就是将商品期货的交易经验运用于外汇交易，即开办外汇期货交易。继IMM之后，1982年9月，伦敦国际金融期货交易所（London International Financial Future Exchange，LIFFE）宣告成立，并开始经营英镑、德国马克、瑞士法郎和日元四种货币的期货交易。此后，加拿大、荷兰、澳大利亚、新西兰等国也相继建立外汇期货交易所，经营外汇期货，从而使外汇期货交易在国际上得到迅速发展。

（二）标准化的外汇期货合约

与远期外汇交易相似，外汇期货交易也是在将来某一时期按照约定价格买卖一定数量外汇的交易活动，但与远期外汇交易不同的是，外汇期货交易是通过买卖标准化的期货合约来进行的外汇买卖。外汇期货合约的标准化主要体现在：

1. 交易币种

各外汇交易所分别规定有特定的外汇期货交易币种，如 IMM 主要经营的外汇期货币种包括英镑、欧元、日元、瑞士法郎、加拿大元、澳元、瑞典克朗、新西兰元、捷克克朗、挪威克朗、匈牙利福林、波兰兹罗提、巴西雷亚尔、韩国韩元、印度卢比、人民币等。

2. 合约面额

各期货交易所都对外汇期货合约的面额作了特别规定，各种货币的交易量必须是合约面额的整数倍。如 IMM 对合约面额有如下规定：

GBP/USD 期货合约的面额是 62 500 英镑；

AUD/USD 期货合约的面额是 100 000 澳元；

EUR/USD 期货合约的面额是 125 000 欧元；

CAD/USD 期货合约的面额是 100 000 加元；

……

3. 交割月份及日期

交割月份是指期货交易所规定的期货合约的到期月份。大多数期货交易所一般都以 3 月、6 月、9 月、12 月作为交割月份。

交割日期是指进行期货合约实际交割的日期，即具体为交割月份的某一天。如 IMM 规定交割日为交割月的第三周的星期三。如果在合约到期前（一般为交割日的前两个营业日），交易者未做对冲交易（即进行反向交易），那么就必须在交割日履行期货合约，进行现货交割。

4. 价格波动

在外汇期货交易中，每种货币的期货合约都规定有价格变动的最低限度和日价格波动的最高限度。价格变动的最低限度是指进行外汇期货合约买卖时，合约价格每次变化的最低数额，如 IMM 规定英镑合约价格变动的最低限度为 1 个基本点，即 0.000 1 美元，这就意味着每张英镑合约的每次报价必须高于或低于上次报价 6.25（= 62 500 × 0.000 1）美元。日价格波动的最高限度是指一个营业日内期货合约价格波动的最高幅度，一旦期货合约价格波动达到或超过这一限度，交易自动停止。

（三）外汇期货交易与远期外汇交易的区别

外汇期货交易是在远期外汇交易的基础上发展而来的，但它与远期外汇交易又有着诸多区别。这些区别主要有：

1. 交易场所与方式

外汇期货交易是在有形市场即在固定的期货交易所内进行的，并由场内经纪人采用竞价方式竞价成交；而远期外汇交易一般是在无形市场上进行，不涉及固定的交易场所，基本是在外汇银行、外汇经纪人和客户之间通过电话、电传等通信网络来进行，由买卖双方经过询价和报价来确定成交价格。

2. 市场参与者

外汇期货交易的参与者可以是任何按规定缴存了保证金的公司、机构以及个人，不受资格限制；而远期外汇交易虽无资格限制，但实际上多限于一些信誉良好、与银行有密切往来关系的大厂商，广大的个人投资者和中小企业则难以参加交易。

3. 交易合约

正如前文所述，外汇期货交易合约是标准化的；远期外汇交易合约却是非标准化的，交易币种、交易金额、交割日期均由买卖双方自由议定，而且没有价格波动的限制。

4. 保证金

外汇期货交易采用保证金制度，参加外汇期货交易的客户必须按规定事先缴存一定数量的初始保证金，如果在交易中因亏损而使保证金账户上的余额低于维持保证金，客户还必须追缴保证金；远期外汇交易一般不收取保证金，但要求客户有极高的信誉。

5. 结算制度

外汇期货交易采用每日结算制度，每天营业结束后，由清算机构根据清算价格对当日尚未平仓的合约进行结算，并据此对有关当事人的保证金账户进行调整；远期外汇交易一般要到交割日才由买卖双方进行结算。

6. 合约的交割

外汇期货交易的双方虽有履约的义务，但绝大多数交易者都是在期货合约到期前通过做一笔反向交易而终止实物交割义务；远期外汇交易的参加者则基本上要在合约到期后履行交割义务，完成实物的交割。

7. 信用风险

外汇期货交易因采用保证金制度和日结算制度，且有清算机构的介入，所以一般不存在信用风险；远期外汇交易多半是仅凭信用而达成，这就存在交易双方可能违约的风险。

8. 管理方式

外汇期货交易受到政府较为严格的管制，各国一般都有专门的期货管理部门对期货交易进行管理；远期外汇交易在很大程度上实行自我管理，一般仅受合同法和税法的制约。

（四）外汇期货交易的实际应用

1. 套期保值

所谓套期保值，是指利用期货交易来降低或减少现货市场价格波动风险的一种经济活动。利用外汇期货交易进行套期保值，主要是基于外汇期货价格与现汇价格变动方向一致的特点，通过在外汇期货市场和现汇市场的反向买卖，以达到对所持有的外汇债权或外汇债务进行保值的目的。外汇期货套期保值分为空头套期保值和多头套期保值两种类型。

（1）空头套期保值（Short Hedge）。空头套期保值是在外汇期货市场上先卖出某种货币的外汇期货，然后买进平仓，以冲抵汇率下跌给所持有的外汇债权带来的风险。

【例 5-9】假设 8 月 10 日美国某公司出口了一批商品，3 个月后可收到 800 000 澳元。为防止 3 个月后澳元贬值，公司决定利用 AUD/USD 期货（每份合约 100 000 澳元）进行套期保值。套期保值的操作如表 5-1 所示。

表 5-1　外汇期货的空头套期保值

现汇市场	外汇期货市场
8 月 10 日 预收 800 000 澳元 汇率：1 美元 = 1.120 0 澳元 折合美元：800 000÷1.120 0 = 714 285.71（美元）	8 月 10 日 卖出 8 份 12 月澳元期货合约 汇率：1 澳元 = 0.896 0 美元 价值：100 000×8×0.896 0 = 716 800（美元）
11 月 10 日 卖出 800 000 澳元 汇率：1 美元 = 1.123 0 澳元 折合美元：800 000÷1.123 0 = 712 377.56（美元）	11 月 10 日 买进 8 份 12 月澳元期货合约 汇率：1 澳元 = 0.890 0 美元 价值：100 000×8×0.890 0 = 712 000（美元）
亏损 712 377.56−714 285.71 = −1 908.15（美元）	盈利：716 800−712 000 = 4 800（美元）

从表 5-1 中可以看出，由于 3 个月后澳元贬值，使该公司少收入 1 908.15 美元，但在期货市场上实现盈利 4 800 美元。当然如果 3 个月后澳元汇率上升，该公司在期货市场上受损，但在现汇市场上可以多收美元，得到弥补。

（2）多头套期保值（Long Hedge）。多头套期保值是在期货市场上先买进某种货币的外汇期货，然后卖出平仓，以抵消现汇汇率上升给外汇债务带来的风险。

【例 5-10】假设 6 月初美国某公司从英国进口了一批价值 250 000 英镑的货物，3 个月后支付货款。为防止因英镑汇率上升而增加进口成本，公司准备通过英镑期货（每份合约 62 500 英镑）交易进行套期保值。具体操作如表 5-2 所示。

表 5-2　外汇期货的多头套期保值

现汇市场	外汇期货市场
6 月初 汇率：1 英镑 = 1.530 0 美元 250 000 英镑折合 382 500 美元	6 月初 买进：4 份 9 月英镑期货合约 汇率：1 英镑 = 1.532 0 美元 价值：62 500×4×1.532 0 = 383 000（美元）
9 月初 买进：250 000 英镑 汇率：1 英镑 = 1.550 0 美元 支付：387 500 美元	9 月初 卖出：4 份 9 月英镑期货合约 汇率：1 英镑 = 1.555 0 美元 价值：62 500×4×1.555 0 = 388 750（美元）
损失：382 500−387 500 = −5 000（美元）	盈利：388 750−383 000 = 5 750（美元）

从例 5-10 中可以看出，尽管因英镑汇率上升使公司 3 个月后在现汇市场买进

250 000 英镑多支付了 5 000 美元，但因在期货市场上做了多头套期保值而盈利 5 750 美元，从而抵消了现汇市场上的损失。同样的道理，如果 3 个月后英镑汇率出现下跌，那么该公司在期货市场上的亏损可用现汇市场上的风险收益来抵消。

2. 投机

与套期保值者不同的是，投机者没有实际持有外币债权或债务，而是纯粹根据自己对外汇期货行情变动的预测，进行对冲来赚取差价利润。如果预测汇率上涨而买入外汇期货合约，则是多头（买空）；如果预测汇率下跌而卖出外汇期货合约，则是空头（卖空）。如果行情与所预测方向相反，则该投机者将遭受损失。

【例 5-11】 假设 8 月初某投机者预测 1 个月后瑞士法郎对美元的汇率将上升，于是买进 10 份 9 月瑞士法郎期货（每份合约金额为 125 000 瑞士法郎），支付保证金 15 000 美元，成交价格为 1 瑞士法郎 = 0.783 6 美元。假如 1 个月后瑞士法郎对美元的汇率果然上升，该投机者以 1 瑞士法郎 = 0.796 2 美元抛出 10 份瑞士法郎期货，可获多少投机利润?

解： 8 月初投机者买进 10 份 9 月瑞士法郎期货，总价值：

$$125\ 000\times10\times0.783\ 6=979\ 500\text{（美元）}$$

9 月初投机者抛出 10 份 9 月瑞士法郎期货，总价值：

$$125\ 000\times10\times0.796\ 2=995\ 250\text{（美元）}$$

投机利润：995 250−979 500 = 15 750（美元）

二、外汇期权交易

（一）外汇期权交易的概念

期权（Option）的英语意思是“选择权”，是由买方选择买或卖一种标的物的权利。所谓外汇期权交易（Foreign Exchange Option Transaction），是指期权合约买方在支付一定费用后，可以获得在约定时间内决定是否按规定的价格买卖约定数量的某种货币的权利或放弃这种权利的一种交易。

在外汇期权交易中，交易双方实际上是就“选择权”进行交易，买方为获得“选择权”要向卖方支付一定的费用，这种费用通常称为期权费（Premium）。在买进“选择权”后，买方就有权决定是否按合约规定的价格买卖外汇。当外汇市场行情对现汇交易不利时，买方就执行期权合约，即按约定价格向期权卖方买进或卖出某种外汇；当外汇市场行情有利于现汇交易时，买方有权放弃期权合约，即不向期权卖方买进或卖出某种外汇，而是到市场上按更有利的价格买进或卖出外汇，仅损失期权费。

（二）外汇期权的种类

1. 按行使期权的有效时间不同划分为欧式期权和美式期权

欧式期权（European Option）是买方只能在合约到期日才能执行的期权。由于这种期权在欧洲国家比较流行，故称为欧式期权。.

美式期权（American Option）是期权买方在合约到期日之前的任何一个营业日都可

以执行的期权。

2. 按外汇交易的买卖权划分为看涨期权和看跌期权

看涨期权（Call Option）又称买权，它是期权买方支付期权费后，可在约定的期限按协定价格买进约定数量的某种外汇的期权。通常是在预测外汇汇率将上升时，为避免外汇债务遭受风险而购买看涨期权。如果日后外汇汇率上升，看涨期权持有人便可行使期权，以低于市场汇率的协定价格向期权卖方买进约定数量的外汇；如果日后外汇汇率下跌，看涨期权持有人则可放弃期权合约，损失的只是预先支付的期权费。

看跌期权（Put Option）又称卖权，它是期权买方支付期权费后，可在约定的期限按协定价格卖出约定数量的某种外汇的期权。通常是在预测外汇汇率将下跌时，为避免外汇债权遭受损失而购买看跌期权。如果日后外汇汇率下跌，看跌期权持有人便可行使期权，即以高于市场汇率的协定价格向期权卖方卖出约定数量的外汇；如果日后外汇汇率上升，看跌期权持有人则可放弃期权合约，损失的只是预先支付的期权费。

（三）外汇期权的应用

1. 买入看涨期权

通常是负有外汇债务的进口商和借款者为避免外汇汇率上升的风险，通过买入外汇看涨期权，可以达到保值的目的。在看涨期权有效期内，如果市场即期汇率高于或等于期权的协定价格，就执行期权；如果市场即期汇率低于期权的协定价格，就放弃期权。

【例 5-12】假设 3 月初美国某公司预计 3 个月后要支付 100 000 瑞士法郎的进口货款，为防范瑞士法郎汇率大幅度上升的风险，便买进 4 份 6 月瑞士法郎欧式看涨期权。已知：6 月瑞士法郎欧式看涨期权协定价格为 1 瑞士法郎＝0. 960 0 美元，期权费为 1 瑞士法郎＝0. 02 美元。假设 3 个月后市场即期汇率可能出现：① 1 美元＝1. 015 0 瑞士法郎；② 1 美元＝1. 050 0 瑞士法郎。分别计算两种情况下该公司需支付的美元总额。

解：① 在 6 月，1 美元＝1. 015 0 瑞士法郎的情况下，瑞士法郎汇率高于期权的协定价格，公司可执行期权，按 1 瑞士法郎＝0. 960 0 美元的协定价格买进 100 000 瑞士法郎：

支付美元：100 000×0. 960 0＝96 000（美元）

支付期权费：100 000×0. 02＝2 000（美元）

支付美元总额：96 000+2 000＝98 000（美元）

② 在 1 美元＝1. 050 0 瑞士法郎的情况下，瑞士法郎汇率低于期权的协定价格，公司可放弃期权，转而从现汇市场上买进 100 000 瑞士法郎：

支付美元：100 000÷1. 050 0＝95 238（美元）

损失期权费：100 000×0. 02＝2 000（美元）

支付美元总额：95 238+2 000＝97 238（美元）

2. 买入看跌期权

买进看跌期权的目的是套期保值者或投资者为了避免未来汇率下跌的风险，或者希望从未来汇率的下跌中获利，以付出一定数额的期权费为代价，获得以固定价格卖出某种货币的权利。

【例 5-13】某交易员预测英镑兑美元的汇率将下跌，因此买入 1 份 2 个月后到期的英镑看跌期权（欧式），金额为1万英镑，协定价格为：GBP/USD＝1.545 0，期权费为每英镑0.02美元。假设2个月后市场即期汇率为GBP/USD＝1.510 0，问该投资者收益如何？

解： ① 2个月后，交易员在即期市场上以GBP/USD＝1.510 0买入1万英镑：

支付美元：10 000×1.510 0＝15 100（美元）

② 同时以GBP/USD＝1.545 0的价格行使期权，卖出即期市场上买入的1万英镑：

收入美元：10 000×1.545 0＝15 450（美元）

支付期权费：10 000×0.02＝200（美元）

③ 收入15 450美元，共支付15 300美元，因此获利150美元。

关键概念

远期外汇交易　外汇期货交易　外汇期权交易　欧式期权　美式期权

复习思考

一、单项选择题

1. 英镑的年利率为27%，美元的年利率为9%，假如一家美国公司投资英镑1年，为符合利率平价理论，英镑应相对美元（　　）

A. 升值18%　　B. 贬值18%　　C. 贬值15%　　D. 升值15%

2. 进行套汇活动时，应（　　）

A. 在汇率低的市场买进外汇　　B. 在汇率低的市场卖出外汇

C. 在汇率高的市场买进外汇　　D. 在汇率高的市场卖出外汇

E. 必须同时在汇率低的市场买进和在汇率高的市场卖出外汇

3. 报价银行报出的外汇价格一般为几位有效数字（　　）

A. 2　　B. 3　　C. 4　　D. 5

4. 英镑对美元的远期汇率为贴水时，通常表明（　　）

A. 英镑对美元的即期汇率将会下跌　　B. 远期英镑的价值低于美元的价值

C. 英镑的利率低于美元的利率　　D. 英镑的利率高于美元的利率

5. 外汇升水是指（　　）

A. 即期外汇高于远期外汇　　B. 远期外汇高于即期外汇

C. 即期外汇将升值　　D. 远期外汇将贬值

二、多项选择题

1. 在其他条件不变的情况下，远期汇率与利率的关系是（　　）

A. 利率高的货币，其远期汇率会升水

B. 利率高的货币，其远期汇率会贴水

C. 利率低的货币，其远期汇率会升水

D. 利率低的货币，其远期汇率会贴水

2. 掉期交易的特点是（　　）

A. 同时买进和卖出　　B. 买卖的货币相同，数量相等
C. 交割日期相同　　D. 交割日期不同
E. 必须有标准化合约

3. 如果投机者预测外汇汇率上涨，先买进期汇，等到汇率上涨后再卖出现汇的投机活动称为（　　）

A. 做多头　　B. 做空头　　C. 买空　　D. 卖空
E. 套期保值

4. 在不抛补套利的情况下，投资者要承受下列风险（　　）

A. 低利率货币升值的风险　　B. 高利率货币升值的风险
C. 低利率货币贬值的风险　　D. 高利率货币贬值的风险

5. 外汇期货合约的标准化主要体现在以下几个方面（　　）

A. 交易币种　　B. 合约面额　　C. 交割月份　　D. 交割日期
E. 价格波动

6. 一家日本银行在外汇市场上报出的即期汇率为：USD1 = JPY121.40/60，HKD1 = JPY15.60/70。若其客户想要卖出美元，买入港元，则应遵循的价格是（　　）

A. USD1 = HKD7.782 0　　B. USD1 = HKD7.794 9
C. USD1 = HKD7.732 5　　D. HKD1 = USD0.129 3

7. 如果一个投机者认为欧元对美元的汇价在年底将会上升，他会（　　）

A. 买进 12 月交割的欧元远期外汇　　B. 卖出 12 月交割的欧元远期外汇
C. 买进 12 月交割的美元远期外汇　　D. 卖出 12 月交割的美元远期外汇

三、思考题

1. 外汇期货交易与远期外汇交易有何区别？
2. 外汇期权的种类有哪些？
3. 阐述远期汇率与利率的关系。

四、计算题

1. 如果纽约市场年利率为 8%，伦敦市场年利率为 6%，即期汇率为：
GBP1 = USD1.534 0—1.536 0，3 个月汇水为 30—50 点，求：

（1）3 个月的远期汇率，并说明汇水情况。

（2）若一投资者拥有 10 万英镑，他应投放在哪个市场上更为有利？说明投资过程及获利情况。

（3）若投资者采用掉期交易来规避风险，应如何操作？

2. 某日香港外汇市场　USD1 = HKD7.747 4
伦敦外汇市场　GBP1 = HKD14.439 5
纽约外汇市场　GBP1 = USD1.872 6

请判断是否存在套汇机会。如有，单位套汇利润如何？

3. 某日伦敦市场　1GBP = JPY195.59/79
纽约市场　1GBP = USD1.618 0/96
东京市场　1USD = JPY119.63/65

（1）用 100 美元如何进行套汇？

（2）用 100 英镑如何进行套汇？

4. 一名美国商人从德国进口汽车，约定 3 个月后支付 250 万欧元。为防止欧元升值带来的不利影响，他进行了买入套期保值，每份期货合约金额为 125 000 欧元，买卖 20 份合约。汇率情况如下：

现汇市场	外汇期货市场
3 月 1 日即期汇率：1 美元 = 1.191 7 欧元	3 月 1 日期货汇率：1 美元 = 1.189 6 欧元
6 月 1 日即期汇率：1 美元 = 1.102 3 欧元	6 月 1 日期货汇率：1 美元 = 1.098 7 欧元

试问：（1）买入套期保值又称为什么？

（2）分析该美国商人的操作过程及损益情况。

实训案例

CME 外汇期货合约

英镑/美元期货（BP）

合约规格		
合约单位	62 500 英镑	
可交易月份	3 月开始每季（3 月、6 月、9 月、12 月）	
结算程序	实物交割	
可计算部位	10 000 口	
合约代码	CME Globex 电子市场：6B 公开喊价：BP AON 合约代码：LP	
最小跳动点	英镑每一跳动点 $0.0001（$6.25/口）	
交易时间	公开喊价	美中时间 7:20—14:00
	Globex（ETH）	周日：美中时间 17:00—隔日 16:00 周一至周五：美中时间 17:00—隔日 16:00，周五除外，周五16:00关闭
	CME ClearPort	周日至周五 17:00—16:15；每天于美中时间 16:15 休息 45 分钟

续表

最后交易日/时间	时间：美中时间9:16 日期：合约月份的第三个星期三之前第二个营业日（通常是周一）
交易规则	合约需符合CME规范
大宗交易	是
最小大宗交易规模	100口
EFP	是

澳元/美元期货（AD）

<table>
<tr><td colspan="3">合约规格</td></tr>
<tr><td>合约规模</td><td colspan="2">100 000澳元</td></tr>
<tr><td>合约月份</td><td colspan="2">3月开始每季（3月、6月、9月、12月）</td></tr>
<tr><td>结算程序</td><td colspan="2">实物交割</td></tr>
<tr><td>持仓限制</td><td colspan="2">6 000口</td></tr>
<tr><td>合约代码</td><td colspan="2">CME Globex电子市场：6A
公开喊价：AD
AON代码：LA</td></tr>
<tr><td>最小价格增幅</td><td colspan="2">$0.0001/1澳元增幅（$10.00/口）
$0.00005/1澳元增幅（$5.00/口）——适用于交易大厅交易、电子盘交易以及AON系统交易执行澳元/美元期货内部利差</td></tr>
<tr><td rowspan="3">交易时间</td><td>公开喊价</td><td>美中时间7:20—14:00</td></tr>
<tr><td>Globex（ETH）</td><td>周日：美中时间17:00—隔日16:00
周一至周五：美中时间17:00—隔日16:00，周五除外，周五16:00关闭</td></tr>
<tr><td>CME ClearPort</td><td>周日至周五17:00—16:15；每天于美中时间16:15休息45分钟</td></tr>
<tr><td>最后交易日/时间</td><td colspan="2">时间：美中时间9:16
日期：合约月份的第三个星期三之前第二个营业日（通常是周一）</td></tr>
<tr><td>交易规则</td><td colspan="2">合约需符合CME规范</td></tr>
<tr><td>大宗交易</td><td colspan="2">是</td></tr>
<tr><td>最小大宗交易规模</td><td colspan="2">100口</td></tr>
<tr><td>EFP</td><td colspan="2">是</td></tr>
</table>

资料来源：CME网站。

实训项目：了解主要外汇交易品种的交易细则，通过软件进行模拟交易。

第六章　汇率决定理论

引　言

汇率制度不同，决定汇率的基础也不一样。在金币本位制度下，汇率决定的基础是铸币平价，实际汇率因供求关系的变化围绕铸币平价上下波动，其波动幅度受黄金输送点的限制。第一次世界大战后，金本位制瓦解，各国大量发行纸币，原有的铸币平价理论的基础不复存在。在纸币本位制度下，如何确定各国货币之间的汇率成为众多经济学家研究的重要内容。

汇率决定理论是国际金融理论的核心内容之一，主要分析汇率受什么因素决定和影响。汇率决定理论随经济形势和经济学、金融学理论的发展而发展，为一国货币当局制定汇率政策提供理论依据。主要的汇率决定理论有购买力平价理论、利率平价理论、国际收支理论、资产市场理论等。资产市场理论又分为货币分析法与资产组合平衡分析法。货币分析法又分为弹性价格模型和黏性价格模型。

学习目标

通过本章的学习，学生应掌握购买力平价理论、利率平价理论和国际收支理论的基本内容，熟悉资产市场理论对汇率决定的解释，了解汇率决定理论的最新发展。

第一节　购买力平价理论

购买力平价理论（Theory of Purchasing Power Parity，PPP），是第一次世界大战后诸多汇率决定理论中最有影响力的理论之一。它最早可以追溯到 16 世纪西班牙萨拉曼卡学派（Salamanca School）关于价格水平和货币购买力的论述。1802 年，英国经济学家桑顿（H.Thornton）最早提出了购买力平价的思想，并成为英国古典经济学家李嘉图经济学理论的组成部分。真正对购买力平价理论建立模型并加以实证分析，做出清晰而系统阐述的是瑞典经济学家古斯塔夫·卡塞尔（G.L.Cassel）。卡塞尔于 1916 年在英国《经济学杂志》上发表了一篇名为《外汇现状》的文章，在这篇文章里，他提出了汇率的通货膨胀理论，并利用交战国美国及瑞典的价格水平和汇率资料首次加以论证。1918 年，他在同一杂志上又发表了一篇名为《外汇反常的离差现象》的文章，进一步分析了第一次世界大战期间的汇率变动。1922 年，卡塞尔在总结前人观点的基础上，在《1914 年以后的货币与外汇》一书中完整地阐明了购买力平价学说的理论体系，后人公认卡塞尔为购买力平价理论的创立者。

一、理论分析的基本框架

购买力平价理论源于货币数量学说，即正常的汇率取决于两国货币的购买力之比，而货币购买力又取决于货币的数量。根据购买力平价理论，汇率变动的过程通常是因为通货膨胀使价格上涨，而价格上涨必然导致汇率下跌。该理论认为决定汇率涨落的基本因素是货币数量的变动。

购买力平价理论并不是以价值理论为基础的。卡塞尔提出购买力平价理论时，欧洲各国通货膨胀十分严重，纸币已经不能兑换黄金。卡塞尔抛开黄金的价值，直接讨论纸币的汇率问题。

卡塞尔认为，在不兑现的纸币制度下，一国货币汇率的下跌是由于本国货币在本国的购买力低于其他国家货币的购买力，这是其汇率下跌的根本原因。由此可以得出这样的结论：一国货币对内价值如果下降，其对外价值也必然随之降低。可是汇率的涨落并不完全取决于货币在国内市场上的购买力，因为汇率的决定具有相对性。本国货币在国内市场上的购买力虽然下降，若外国货币购买力下降程度更大，则本国货币与外国货币的比值反而上升。因此，两国货币购买力之比，即两国货币购买力的平价，是决定汇率的基础。货币购买力又与一国的价格水平紧密相关，从两国价格水平的变动就可以推导出两国货币的汇率。

二、一价定律

购买力平价理论的基础是一价定律。早在 16 世纪，西班牙人就提出了一价定律，他们研究了货币供给与价格水平的关系以及价格水平与汇率的关系。此后，其他国家也有人提出与购买力平价理论相似的观点，但是，他们的观点都缺乏系统性。

（一）国内经济中的一价定律

一价定律是指两个完全同质的商品必须具有相同的价格。如果相同的商品在不同的地方价格不同，就会存在套购机会。人们会从价格低的地方购买该商品，再运到价格高的地方去卖，直至两地的该类商品价格一致，套购活动才会停止。这就是一价定律。

如果不同地点同一商品的价格差异可以通过套购活动消除，我们就称这种商品为可贸易商品；如果不同地点同一商品的价格差异不能通过套购活动消除，我们就称这种商品为不可贸易商品。可贸易商品的移动或交易成本较低，不可贸易商品的移动或交易成本无限高。不可贸易商品主要包括不动产与个人服务项目，如房地产、理发等。一价定律不适用于不可贸易商品。以商品房为例，甲地每平方米 5 000 元，乙地每平方米 10 000 元，甲乙两地的价差很大，但商品房是不动产，不可能从甲地运到乙地，尽管两地价差很大，却没有办法通过套购活动消除。

以上分析必须建立在三个前提之上。首先，位于不同地区的同种商品是同质的，也就是不存在任何商品质量及其他方面的差别；其次，商品的价格能够灵活调整，不存在任何价格上的黏性；最后，不存在管制和交易成本。如果考虑交易成本，套购活动不能使同种可贸易商品在不同地区间的价格差异完全消失，但可使价格差异保持在较小范围内（等于交易成本）。

（二）开放经济中的一价定律

如果将考虑的范围从一国内部扩展到全世界，上面分析的某一种可贸易商品在一国内部不同地区间的价格联系，转变为在不同国家间的价格联系，套购活动也从一国内部转变为在不同国家之间进行。在开放经济的条件下，不同的国家使用不同的货币，可贸易商品在不同国家之间的价格联系必须折算成统一的货币进行分析。

假定 P 为某商品在本国以本币表示的价格，P_f 为同类商品在外国以外币表示的价格，S 为直接标价法下的汇率，则开放经济中的一价定律可以表示为：

$$P=S\cdot P_f \tag{6.1}$$

如果 $P>S\cdot P_f$，那么套购者会在外国购买该商品，然后运到本国出售，直至 $P=S\cdot P_f$；如果 $P<S\cdot P_f$，那么套购者会在本国购买该商品，然后运到外国出售，直至 $P=S\cdot P_f$。在固定汇率制度下，上述等式是通过改变商品市场供求关系成立的；在浮动汇率制度下，上述等式是通过改变外汇市场供求关系成立的。

现实生活中，同种商品在国际间的价格差异相当大，而且这种差异持续存在。这主要有两个原因。其一，各国并不是完全的开放经济，贸易壁垒始终存在，如进出口关税或非关税壁垒。其二，国际贸易的交易成本明显高于国内贸易。在进行套购活动时，除商品的买卖外，还必须进行不同货币间的买卖活动，产生了相应的外汇市场交易活动并由此产生汇率风险。所以，与一国内部情况相比，国与国之间的套购活动更加困难，套购的交易成本也更为高昂。

三、购买力平价

一价定律的应用条件非常严格，因此依据一价定律来确定两国货币的汇率不可行。经济学家们在一价定律的基础上，通过对应用条件的放松，提出了购买力平价理论。

购买力平价理论的基本思想是：本国人之所以需要外国货币，是因为外国货币在外国市场上具有对一般商品的购买力；外国人之所以需要本国货币，是因为本国货币在本国市场上具有对一般商品的购买力。因此，两国货币购买力水平的对比决定了两国货币的汇率，即汇率由购买力平价决定。由于货币的购买力等于价格水平的倒数，因此汇率与各国的价格水平具有直接的联系，汇率的变动最终取决于两国价格水平的变动。

购买力平价理论具有两种形式，即绝对购买力平价（Absolute Purchasing Power Parity）和相对购买力平价（Relative Purchasing Power Parity）。绝对购买力平价说明某一时点上汇率的决定，相对购买力平价则说明汇率的变动。

（一）绝对购买力平价

绝对购买力平价是购买力平价理论最典型的形式。其基本观点是，一国货币的价值及对它的需求是由单位货币在国内所能买到的商品和服务的量决定的，即由它的购买力决定，因此两国货币之间的汇率可以表示为两国货币的购买力之比。购买力的大小是通过价格水平体现出来的，因此，两国货币之间的汇率水平是由两国国内的价格水平之比决定的。

S 代表两国货币的汇率(直接标价法)，$\sum P$ 代表本国的一般价格水平，$\sum P_f$ 代表外国的一般价格水平，绝对购买力平价可以用公式表示为：

$$S = \frac{\sum P}{\sum P_f} \tag{6.2}$$

由上式可以看出，绝对购买力平价是根据一价定律推导出来的，但是它与一价定律有着明显的区别。首先，它以汇率为分析对象，一价定律考察的是价格；其次，绝对购买力平价涉及的是一般价格水平，而一价定律考虑的是一种商品的价格。

绝对购买力平价成立的假设前提有两个：（1）对于任何一种可贸易商品，一价定律都成立。(2) 在两国价格指数的编制中，各种可贸易商品所占的权重相等。如果两国相同商品的价格都相等，但是权数不同，那么绝对购买力平价也不能成立。

在实际应用中，绝对购买力平价应用的条件是逐渐放宽的。即使一价定律并非对所有商品都成立，绝对购买力平价所表示的价格水平与汇率之间的关系仍然成立，尤其是当购买力平价作为一种长期汇率决定理论时。这是因为，当一国的商品和服务的价格暂时比其他国家高时，对其货币和商品的需求就会下降，这将促使汇率和国内价格重新回到购买力平价所预测的长期水平上来。类似地，当出现相反的情况，即一国的商品和服务相对便宜时，会引起货币升值和价格上升。因此，购买力平价理论认为，即使一价定律不成立，其背后所隐藏的经济力量最终会使各国货币的购买力趋于一致。其次，绝对购买力平价也不要求两国完全取消贸易壁垒。只要各国对进口和出口的限制程度大致相同，绝对购买力平价仍有可能成立。在现代汇率分析中，有的学者认为，在市场机制充分发挥作用的条件下，一国的不可贸易商品与可贸易商品之间，各国不可贸易商品之间均存在种种联系，这些联系使得一价定律对于不可贸易商品也成立。

可见，绝对购买力平价是一价定律的扩展，它说明的是在某一时点上汇率的决定，汇率决定的主要因素为货币购买力或价格水平，它的应用条件没有一价定律严格。

（二）相对购买力平价

绝对购买力只有当所参照的商品篮子对各国都相同时才成立，而实际中各国计算本国价格水平所采用的一篮子商品及其权数并不相同。相对购买力平价弥补了绝对购买力平价的这一不足，它的主要观点可以简单地表述为：两国货币的汇率水平将根据两国通货膨胀率的差异而进行相应调整。下面，我们进行一下简要推导。

根据绝对购买力平价可知：

$$S_t = \frac{P_t}{P_t^f} \tag{6.3}$$

$$S_{t+1} = \frac{P_{t+1}}{P_{t+1}^f} \tag{6.4}$$

其中：

S_t 和 S_{t+1} 分别代表 t 时刻和 $t+1$ 时刻两国货币的汇率（直接标价法）；

P_t 和 P_{t+1} 分别代表 t 时刻和 $t+1$ 时刻本国的一般价格水平；

P_t^f 和 P_{t+1}^f 分别代表 t 时刻和 $t+1$ 时刻外国的一般价格水平。

下面以 π 和 π^f 分别代表本国和外国在 t 时刻到 $t+1$ 时刻之间的通货膨胀率，则根据通货膨胀率的定义可知：

$$P_{t+1}=P_t(1+\pi) \tag{6.5}$$

$$P_{t+1}^f=P_t^f(1+\pi^f) \tag{6.6}$$

把式（6.5）和式（6.6）代入到式（6.4）中，可得

$$S_{t+1}=\frac{P_{t+1}}{P_{t+1}^f}=\frac{P_t(1+\pi)}{P_t^f(1+\pi^f)}=S_t\frac{(1+\pi)}{(1+\pi^f)} \tag{6.7}$$

用 Δ 表示汇率的变化率，即

$$\Delta=\frac{S_{t+1}-S_t}{S_t} \tag{6.8}$$

将式（6.7）代入到式（6.8）中可得

$$\Delta=\frac{\pi-\pi^f}{1+\pi^f} \tag{6.9}$$

在正常情况下，各国的通货膨胀率都较小，所以式（6.9）可以近似表示为

$$\Delta\approx\pi-\pi^f \tag{6.10}$$

式（6.10）表明，两种货币汇率的变化率，大体上等于两国通货膨胀率之差。这就是相对购买力平价理论最常见的表达式。

在实际应用中，相对购买力平价理论比绝对购买力平价理论更具优越性。从数据的可获得性上看，通货膨胀率的资料更容易获得。相对购买力平价是用两国价格水平的变动反映汇率的变动，即使同一时期各国价格水平的可比性较差，但不同时期价格水平的变化仍具有较强的可比性。这是因为：（1）计算价格指数的商品篮子和权重选取不同，不影响价格水平变化的可比性；（2）影响一价定律成立的各种因素，只要在一段时期内始终不变，则它们对不同时期价格水平的影响就是一致的，从而不会影响价格水平的变化。现实生活中，很少有两国政府采用相同的商品篮子来比较两国的价格水平，从而测算绝对购买力平价。通常情况下，是利用政府公布的价格统计资料来评估相对购买力平价。

（三）绝对购买力平价与相对购买力平价的比较

购买力平价的绝对形式和相对形式有其内在联系，但也存在着区别。首先，绝对购买力平价反映的是某一时点的汇率，相对购买力平价反映的是某一时间段内的汇率；其次，绝对购买力平价反映的是汇率的绝对水平，相对购买力平价反映的是汇率的变化率；最后，绝对购买力平价说明汇率决定的基础，相对购买力平价说明的是汇率之所以变动的原因。一般而言，绝对购买力平价是相对购买力平价的基础。如果绝对购买力平

价是正确的，那么相对购买力平价也是正确的；然而，如果相对购买力平价是正确的，绝对购买力平价却不一定是正确的。因为经济中存在着其他因素，如资本流动、政府干预等，都会对汇率产生影响，即使汇率的变化率与两国通胀之差相等，但汇率的水平却不一定等于两国价格之比。

四、对购买力平价理论的评价

购买力平价理论产生后，在西方学术界引起了很大的争论，赞同和反对的声音一直不断。它从货币的基本功能（购买力）出发，利用简单的数学表达式，对汇率水平和价格水平，以及汇率变动与两国通货膨胀率差异之间的关系做出描述，成为经济学家和政府部门计算均衡汇率常用的方法。从产生到现在，该理论一直对西方国家的外汇理论和汇率政策具有重大的影响，而且，当代许多经济学家仍然把它作为预测长期汇率趋势的理论指导。

作为一种影响深远的汇率理论，其理论意义和突破在于：

（1）购买力平价理论的基础是货币数量说。在购买力平价理论中隐含着这样的前提：单位货币的购买力由货币供给量决定。在社会可供给商品总量一定的条件下，货币供给量越多，单位货币的购买力就越低。货币的供给量与价格水平之间是正向关系，货币供给量越多，价格水平越高。可见，在购买力平价理论中，货币的数量决定了价格水平和货币的购买力，从而决定了汇率。汇率变化也是一种货币现象。

（2）在所有的汇率理论中，购买力平价理论是最有影响力的，对政府制定汇率政策具有非常大的指导意义。从政府的政策来看，一国的价格水平是该国生产成本的反映，任何两个国家之间价格水平的对比都揭示了两国产品竞争力的差距，因此，汇率通过购买力平价关系成为影响一国产品国际竞争力的一个重要因素。可想而知，通过技术进步降低10%的生产成本、提高10%的国际竞争力绝非易事，而通过汇率浮动10%，则可以在短期内达到相同的目的，因此政府常以购买力平价作为制定汇率政策的参考。另外，该理论指出了通货膨胀对本国货币汇率的不利影响，这就提醒各国政府，为了本国货币汇率的稳定，必须治理国内的通货膨胀问题，稳定国内物价。

从总体上看，购买力平价理论较为合理地解释了汇率决定的基础，虽然它忽略了国际资本流动等其他因素对汇率的影响，但该学说至今仍受到诸多经济学者的重视，在基础分析中被普遍作为汇率的长期均衡标准应用于其他汇率理论的分析之中。

购买力平价理论也存在着局限：

（1）购买力平价理论建立在一系列假设的基础之上。

购买力平价理论的其他假设包括：价格水平可以灵活调整，各国商品同质，不存在贸易壁垒、外汇管制以及交易成本等。现实中这些假设前提均难以成立，因此也很难通过商品套购机制使购买力平价成立。

购买力平价还假设各国间不存在资本与金融账户的交易，将实际经济变量和人们的心理预期因素都排斥在外，这就使得购买力平价理论作为一种汇率决定理论过于简单化了。

另外，购买力平价假设价格与汇率之间是单向因果关系，将汇率视作因变量，将价格视作自变量。实际上，这种因果关系并不是绝对的，价格与汇率之间存在相互作用，即汇率的变化反过来也会影响一国的价格水平。

（2）购买力平价在计量检验中存在很大的技术困难。

首先，采用哪种价格指数最为恰当，是一个较难决定的问题。消费价格指数、批发价格指数和国内生产总值平减指数代表的含义和水平各不相同，价格指数的选择不同，计算的购买力平价也不同。其次，在商品分类上，要求不同国家的商品分类具有一致性和可操作性，否则会缺乏可比性。最后，计算相对购买力平价时，要求准确选择一个汇率达到均衡或基本均衡的基年①，这是保证以后一系列计算结果正确的必要前提。由于客观和主观方面的原因，使得基年的选择十分困难。

多年来，经济学家们对购买力平价理论做了很多实证研究，用经验数据对购买力平价关系的检验表明，绝对购买力平价关系对汇率的预测往往与实际汇率偏差较大，相对购买力平价则与数据较为接近。这就是说，购买力平价理论在长期比短期更与经验数据相符，考虑一段时期内变化量的相对购买力平价比仅考虑时点量的绝对购买力平价对长期均衡汇率的预测能力更好，短期内汇率变化会因为各种原因而发生偏离。

第二节 利率平价理论

前一节分析的重点是商品市场，指出在开放经济下，由于商品的国际间套购，各国商品的价格水平与汇率之间存在着某种联系，即购买力平价。当然，购买力平价代表的是一种均衡汇率水平，受许多其他因素的影响，实际汇率对购买力平价的偏离是一种常态。本节将分析的重点从商品市场转移到金融市场。假定只有一种金融产品，即货币，也只有一种资产价格，即利率。从金融资产的国际套利角度分析各国金融资产的价格水平（利率）与汇率之间的关系，这就是汇率决定的利率平价理论（Theory of Interest Rate Parity）。其分析的出发点仍是一价定律，所不同的是，由于金融资产在产品同质性和转移便利性等方面具有商品无法比拟的优势，国际套利更容易实现，因此一价定律在金融市场上表现得更为充分，或者说，由于金融产品价格调整速度比商品价格调整速度快，利率平价不仅适用于长期分析，而且适用于短期分析；而购买力平价则更适用于长期分析，短期内会出现较大偏离。

利率平价理论最早可以追溯到19世纪下半叶，早在1889年，劳兹（Lotz）在观察维也纳远期外汇市场的交易时就考虑到用利差来解释即期汇率和远期汇率之间的关系。1922年，英国经济学家凯恩斯（J.M.Keynes）首先提出了利率平价的概念。在其1923年出版的《论货币改革》一书中，凯恩斯第一次系统地阐述了利率和汇率之间的关系，指出两国间的利差导致套利性资本的国际流动，这种资本流动对汇率尤其是短期汇率具有决定性的作用。凯恩斯的上述汇率理论被称为古典利率平价理论。英国学者艾因齐格（Paul Einzig）在其1931年出版的《远期外汇理论》和1937年出版的《外汇史》中进

① 相对购买力平价中用作分析起点的基期汇率必须是均衡汇率，否则所预测出来的汇率会不准确。所谓均衡汇率是指使一国国际收支平衡的汇率。

一步提出了动态的利率平价理论，或称为“交互原理”，揭示了即期汇率、远期汇率、利率、国际资本流动之间的相互影响。总之，利率平价理论突破了传统的国际收支和价格水平的范畴，从资本流动的角度研究汇率的变化，奠定了现代汇率理论的基础。

一、利率平价理论的基本观点

利率平价理论认为，两国货币的即期汇率与远期汇率之间的关系与两国的利率有着密切的联系，国与国之间的利差导致资本的国际流动，其对汇率，尤其是短期汇率具有决定性的作用。两国利率之差引起的投资收益的差异，会促使投资者进行套利活动，其结果是使远期汇率趋近于某一特定的均衡水平。同即期汇率相比，利率低的国家的货币远期会升水[①]，而利率高的国家的货币远期会贴水。汇水数大约等于两国间的利差。

该理论的出发点，就是投资者投资于国内所得到的短期利息收益应该与按即期汇率折成外汇在国外投资并按远期汇率买回本国货币所得到的短期投资收益相等，即不论采用哪种投资方式，具有相同风险水平的资产在同一时间段内所取得的收益应该相等。因此，对投资者而言，在比较本币和外币资产的收益时，不仅要考虑两种资产所提供的名义收益率，同时也要考虑远期汇率变动所造成的收益差。如果两种货币资产的利率差异被远期汇率变动的结果所抵消，那么这就实现了利率平价。

利率平价理论的重要前提条件是：国际资本市场不存在管制，资金可以自由流动，货币可以自由兑换，套利资金的供给弹性无穷大，投资者充分的套利行为使得国际金融市场上以不同货币计价的相似资产的收益率趋于一致，也就是说，套利资本的跨国流动保证了一价定律也适用于国际金融市场。

按照对投资者的风险偏好所做的假定不同，可以把利率平价理论分为非抛补的利率平价（Uncovered Interest Rate Parity，UIP）和抛补的利率平价（Covered Interest Rate Parity，CIP）。

二、非抛补的利率平价

前文已经指出，购买力平价强调的是一价定律在商品市场上的应用，而利率平价强调的是一价定律在金融市场上的应用。为了清楚地描述这一过程，我们以下面这笔投资活动为例。

假设资金在国际间移动不存在任何限制与交易成本，若投资者手中持有一笔可自由支配的资金，打算进行为期 1 年的储蓄投资，那么他有两种选择：

（1）投资于本国金融市场，则每 1 单位本币到期本利和为：

$$1\times(1+i)=1+i \tag{6.11}$$

其中，i 代表本国利率。

（2）投资于外国金融市场，此时投资者需要分三步实施他的投资计划。首先，将本币在即期外汇市场上换成外币；其次，将这些外币存入外国银行；最后，存款到期

① 升水、贴水、汇水数的概念参见第五章。

后，将外币存款本金和利息在外汇市场上换成本币。

1单位本币在即期外汇市场上可兑换为 $1/S$ 单位外币，其中 S 代表即期汇率（直接标价法）；将这些外币存入银行，到期本利和为：

$$\frac{1}{S}\cdot(1+i_f)=\frac{1+i_f}{S} \tag{6.12}$$

其中，i_f 代表外国利率。

假定1年后的汇率为 S^e（直接标价法），则这笔外汇资金兑换成本币的数额为：

$$\frac{1+i_f}{S}\cdot S^e=\frac{S^e}{S}(1+i_f) \tag{6.13}$$

上述两种投资方案，选择哪一种取决于这两种投资方案收益率的高低：

如果 $1+i>\frac{S^e}{S}(1+i_f)$，则投资于本国金融市场；

如果 $1+i<\frac{S^e}{S}(1+i_f)$，则投资于外国金融市场。

由于一年后的即期汇率是不确定的，因此这两种投资方式的最终收益比较难以确定，S^e 实际上是投资者对期末汇率的预期。

众多投资者面临同样的选择，导致外汇市场上资金的流动。在前一种情况下，资金从外国流向本国；在后一种情况下，资金从本国流向外国。只有在二者相等的情况下，这种资金流动才会停止，此时外汇市场均衡，即：

$$1+i=\frac{S^e}{S}(1+i_f) \tag{6.14}$$

将式（6.14）整理可得：

$$\frac{S^e}{S}=\frac{1+i}{1+i_f} \tag{6.15}$$

用 Δ 表示汇率的变化率，即：

$$\Delta=\frac{S^e-S}{S} \tag{6.16}$$

将式（6.15）代入式（6.16）可得：

$$\Delta=\frac{1+i}{1+i_f}-1=\frac{i-i_f}{1+i_f} \tag{6.17}$$

在正常情况下，i_f 的数值较小，所以式（6.17）可以近似表示为：

$$\Delta\approx i-i_f \tag{6.18}$$

这就是非抛补的利率平价。它的经济含义是：预期的汇率变动率等于两国货币利率之差。当非抛补的利率平价成立时，如果本国利率高于外国利率，则意味着本币远期贴水，外币远期升水；如果本国利率低于外国利率，则意味着本币远期升水，外币远期贴水。本国利率高于（低于）外国利率的差额等于外国货币的预期升值（贬值）幅度。

不难发现，资本市场上一价定律的作用过程与商品市场上一价定律的作用过程是相似的，即商品市场和资本市场的自动平衡机制具有一致性。在商品市场上对一价定律的偏离将导致商品套购，当各国商品市场上的价格既定时，将依靠汇率的变动恢复购买力平价。相似地，在资本市场上对一价定律的偏离（即国际间利率的差异）将导致国际资本套利，如果各国政府要在既定的宏观经济政策目标下维持各自的利率水平，将依靠汇率的变动恢复利率平价。

三、抛补的利率平价

随着远期外汇市场的发展，根据对汇率的预期进行的非抛补套利活动已越来越少，更多的是抛补套利。

由于汇率的易变性，预测汇率波动的方向十分困难，而预测汇率在某一时点上的变动幅度更是几乎无法做到。汇率预测的困难将大大降低国际套利的可行性，也就降低了国际套利活动对维持利率平价关系所具有的自动稳定器的作用。只有投资者是风险偏好者时，才会选择非抛补套利；对于风险厌恶者或风险中立者，既想获取国际利差，又想将国际套利的风险降低到零，则会采用抛补套利操作。

抛补套利是将套利交易与远期交易叠加在一起进行的交易。交易者在进行套利之前，通过签订远期外汇合约，按照合约中预先规定的远期汇率进行交易，以达到套期保值的目的。由于套利者利用远期外汇市场固定了未来交易时的汇率，避免了汇率风险的影响，因此整个套利过程的收益是确定的。当然，消除了未来汇率变动的风险，也同时失去了汇率出现有益变动时的额外收益。

假定投资者利用远期交易进行套期保值所使用的汇率为 F，那么，依据上文的分析，投资者比较的是本国市场收入 $1+i$ 与外国市场收入$\frac{F}{S}(1+i_f)$之间的差异，只要二者之间的差额不为零，投资者就会进行资本移动抛补套利以赚取无风险利差收入。使套利活动停止，市场均衡的条件是：

$$1+i=\frac{F}{S}(1+i_f) \tag{6.19}$$

对式（6.19）进行类似上文的整理可得：

$$\Delta=\frac{F-S}{S}\approx i-i_f \tag{6.20}$$

需要注意的是，这里的 Δ 表示的是即期汇率与协议远期汇率的变化率，与上文非抛补利率平价中的 Δ（即期汇率与预期远期汇率的变化率）含义不同。

以上是抛补的利率平价，即期汇率与远期汇率的变化率正好等于两国间的利差。它的经济含义是：汇率的远期升贴水率是由两国间的利差决定的，高利率货币在现汇市场上升水、在期汇市场上贴水；低利率货币在现汇市场上贴水、在期汇市场上升水。如果为了阻止国际资本套利，同时各国政府又要在既定的宏观经济政策目标下维持各自的利率水平，通过调整汇率以恢复利率平价关系也是一种政策选择。

抛补的利率平价是建立在下列假设条件的基础上的。

（1）市场上必须有充足的套利资金。当国际间出现利差时，各国的套利者可以利用足够多的自有资金进行套利。

（2）在即期和远期外汇市场上，汇率自由浮动，且市场信息充分有效。

（3）套利的成本忽略不计。当存在交易成本时，只要满足：

$$\left|(1+i)-\frac{F}{S}(1+i_f)\right|>C \qquad (C\text{ 为交易成本}) \tag{6.21}$$

套利机会就会存在，此时，对利率平价关系需要做如下修正：

$$1+i=\frac{F}{S}(1+i_f)\pm C \tag{6.22}$$

（4）各国政府必须对资本与金融项目下的国际资本流动实行自由化的政策，如果政府控制金融资本的流动，那么各国资本市场之间便存在有效壁垒，套利者就不能自由买卖货币，对投资收益差距做出反应的市场力量也就难以发挥作用。

除此之外，各国在资本收益的税收方面存在差别，所投资国家的政治风险以及从利差出现到投资者获得信息、决策和进行套利并对市场价格产生影响之间的时滞都会造成对利率平价关系的偏离。

抛补的利率平价理论具有很高的实践价值。其价值并不在于当抛补的利率平价不成立时，交易者可以通过结合掉期交易进行无风险的套利活动，而在于说明外汇市场上远期汇率是如何确定的。正是由于远期汇率往往是根据抛补的利率平价关系确定的，决定了当不存在交易成本和资本管制的情况下，利率平价将在任何时点上成立，从而使套利机会几乎为零。即使实际汇率与抛补的利率平价间存在一定的偏离，这一偏离也常被认为反映了交易成本、外汇管制以及各种风险等因素，这些因素将阻碍套利资金的国际流动。

四、非抛补的利率平价与抛补的利率平价的关系

（1）投资者的风险偏好存在差异，二者所适用的范围不同。

抛补利率平价假定投资者是风险规避者，他们对高风险投资要求获得风险补偿。因而，他们更趋向于通过远期外汇交易锁定在对外金融投资中的投资收益。而非抛补利率平价则认为投资者对风险没有明显的偏好，属于风险中性者。在提供相同市场收益的情况下，他们对各种金融资产不存在风险偏好。他们对有稳定收益的投资和提供相同预期收益的风险投资，在风险认同上是一致的。因此，他们更趋向于承担外汇风险。

（2）通过市场投机机制，抛补利率平价决定的协议远期汇率和非抛补利率平价决定的预期远期汇率最终会趋于一致。

投机者总是试图在汇率的变动中牟利，当预期远期汇率与协议远期汇率不一致时，

投机者就会认为市场上存在套利空间。因为两种利率平价的投资者风险态度不同，所以二者所认同的汇率变动的可能也不同。在直接标价法下，如果 $S^e>F$，则意味着投机者认为协议远期汇率对未来的外币币值低估，因此他将在远期外汇市场上购买远期外汇。期满后，若投资者的预期正确，即实际市场汇率等于 S^e，他可以按 F 进行实际交割获得外汇，再按当时的即期汇率 S^e 卖出外汇，便可获利。套利收益的存在，促使更多的投机者在外汇远期市场上购买外汇，需求的增加促使外汇价格 F 上升，直至与 S^e 相等为止。如果 $S^e<F$，投机者便会采取相反的措施，最终的结果也是使协议远期汇率与预期远期汇率相等。可见，外汇市场上的投机活动将使抛补的利率平价和非抛补的利率平价同时成立。

五、对利率平价理论的评价

利率平价理论是汇率决定理论的重要组成部分，该理论对于我们理解汇率的决定以及远期汇率与即期汇率之间的关系都很有意义，是汇率理论的重大发展和创新。下面简要分析一下它的理论意义和不足之处。

（一）理论意义

（1）利率平价理论的研究角度从商品流动转移到了资本流动，指出了一国利率变化对汇率的影响。在当今国际资本流动频繁的背景下，利率平价理论为我们分析汇率问题提供了一个全新的视角，它明确指出了远期汇率的变动主要取决于两国间的利率差异，并将汇率的决定因素扩展到了资本市场，这有助于认识汇率的形成机制。当前的经济背景下，国际资本流动速度加快，套利和投机活动频繁，使得利率平价理论在许多场合能够被经验证明，从而在实际分析中有广泛的应用。利率平价理论虽然还不是一个一般化的汇率分析模型，但为我们以后更全面地分析汇率变化提供了一个很重要的分析角度。事实上，以后的许多汇率分析模型都把利率平价理论的成立作为分析的基础。

（2）以往的汇率决定理论主要是研究即期汇率的决定问题，而利率平价理论的重点放在远期汇率水平的决定问题上，研究了远期汇率波动的一般规律，使得远期汇率问题以及远期外汇交易与预测日益受到重视并快速发展起来。

（3）利率平价理论对我们的经济活动具有很强的指导意义。当今社会，国际资本流动频繁，利率变动非常迅速。利率的变化可以对汇率产生立竿见影的影响，这为一国货币当局对外汇市场进行适时干预提供了一个重要渠道，各国货币当局可以通过适当调节国内利率水平来稳定外汇市场的汇率。

（二）不足和缺陷

（1）利率平价理论成立的前提条件过于苛刻。利率平价理论假定金融市场不存在交易成本，资本的国际流动没有障碍，投机者的资金供给弹性无穷大，同时，它还假定国内外金融资产具有完全可替代性。事实上，上述假定条件即使是在现代金融市场上，也无法全部成立。此外，诸如差别税、政治风险、时滞等因素也会影响到利率平价理论的有效性。以上种种因素，使得在理论上无懈可击的利率平价在现实世界中往往难以成立。

（2）利率平价理论不是一个一般均衡模型。利率平价理论从资本流动的角度分析了汇率变动趋势，但是它忽略了影响汇率的其他因素。国际经济活动中，影响汇率的因素，除利率外还包括一国的生产结构、贸易结构、国际贸易制度、国际货币制度等其他因素。利率平价理论单纯从货币资金市场角度分析汇率，忽略其他因素的影响，对汇率的变动必然无法进行全面的分析。

我们不能因为以上缺陷而低估利率平价理论的作用。在金融国际化和国际资本流动规模远远超过国际贸易规模的条件下，市场汇率日益偏离购买力平价，并越来越多地受到利率联动的影响。

第三节　国际收支理论和汇兑心理说

利率平价理论利用资本市场上汇率与利率之间的关系讨论了汇率的决定，但在分析时忽略了国际贸易在汇率决定中的作用。国际收支理论则考虑贸易收支对汇率的影响，认为国际收支状况决定着外汇供求，进而决定汇率。

一、国际收支理论的早期形式：国际借贷说

国际借贷说（Theory of International Indebtedness）出现和盛行于国际金本位制度时期，其理论渊源可以追溯到 14 世纪。英国学者戈逊（G.L.Goschen）于 1861 年在其《外汇理论》一书中较为完整地提出了国际借贷说。该学说认为，汇率是由外汇市场上的供求关系决定的，而外汇供求又源于国际借贷。戈逊把金本位制度下汇率变动的原因归结为国际借贷关系中债权与债务的变动，作为汇率决定理论的先驱，戈逊所提出的国际借贷说成为当时汇率决定理论中占统治地位的学说，是 20 世纪汇率理论研究的主要课题之一。

该理论的基本观点是：（1）外汇汇率取决于外汇的供给与需求的状况。（2）外汇供给和需求的产生，根源于国际借贷，即是由国与国之间存在的借贷关系所引起的，除商品的输出、输入外，债券买卖、利润收支、捐赠收支、旅游收支和资本交易等，也会产生国际借贷关系，它是汇率变动的主要依据。（3）国际借贷分为固定借贷和流动借贷两种，前者指借贷关系已经形成，但未进入实际支付阶段的借贷，后者指已经进入到支付阶段的借贷，只有流动借贷的变化才会影响外汇的供求。（4）国际借贷作用于汇率变动的一般过程是，若一国的流动借贷中流动债权高于流动债务，就意味着外汇供给超过外汇需求，外币会贬值，本币会升值，反之外币升值，本币贬值；若一国的流动借贷中流动债权与流动债务相等，外汇供求也相等，那么汇率将处于均衡状态，不会发生变动。

国际借贷说以一国的国际借贷为依据，第一次较为系统地从国际收支的角度解释外汇供求的变化，分析了金本位制度下汇率波动，特别是短期汇率波动的原因，具有一定的实际意义。事实证明，国际收支仍然是影响汇率变化最直接、最重要的基本因素之一。但从另一方面看，国际借贷说存在其历史局限性，它仅从国际借贷关系角度解释外

汇供求变化，是不全面的，它并没有说明汇率决定的基础这个问题，也无法解释在纸币流通制度下由通货数量增减所引起的汇率变动等问题。

二、现代国际收支理论

现代国际收支理论认为，在分析汇率决定时，可以从两方面对国际借贷说加以修正和改进。一是将国际资本流动纳入汇率决定的分析当中；二是进一步应用贸易收支和国际资本流动的有关理论来探讨深层次的汇率决定因素。现代国际收支说形成于布雷顿森林体系崩溃之后，是凯恩斯主义的汇率理论。其主要观点是，外汇汇率取决于外汇供求，而国际收支状况决定着外汇供求，因而汇率实际上取决于国际收支。

一国的国际收支是由经常账户和资本金融账户两部分构成的，国际收支状况取决于经常账户和资本金融账户的收支情况。国际收支实现均衡的条件是经常账户收支差额与资本金融账户收支差额之和等于零。如果用 CA 表示经常账户差额，CFA 表示资本和金融账户差额，则国际收支实现均衡时，以下等式应成立：

$$CA+CFA=0 \tag{6.23}$$

一国经常账户中的出口 X 主要受 4 个因素的影响，即外国国民收入 Y_f，外国价格水平 P_f，本国价格水平 P，两国货币之间的汇率 e，用公式表示为：

$$X=x(Y_f,P_f,P,e) \tag{6.24}$$

一国经常账户中的进口 M 则由本国国民收入 Y，本国价格水平 P，外国价格水平 P_f，两国货币之间的汇率 e 所决定，用公式表示为：

$$M=m(Y,P,P_f,e) \tag{6.25}$$

因此，经常账户的差额为：

$$CA=g(Y,Y_f,P,P_f,e) \tag{6.26}$$

一国国际收支中资本和金融账户收支主要由本国利率水平 i，外国利率水平 i_f，两国货币之间的汇率 e 以及人们对两国货币之间汇率变动状况的预期 E 等因素所决定，用公式表示为：

$$CFA=h(i,i_f,e,E) \tag{6.27}$$

将式（6.26）和式（6.27）代入到式（6.23）中可得：

$$g(Y,Y_f,P,P_f,e)+h(i,i_f,e,E)=0 \tag{6.28}$$

此时国际收支平衡，所对应的汇率是均衡汇率，用公式表示为：

$$e=f(Y,Y_f,P,P_f,i,i_f,E) \tag{6.29}$$

式（6.29）表明，影响汇率变动的因素有本国国民收入、外国国民收入、本国价格水平、外国价格水平、本国利率水平和外国利率水平以及人们对未来汇率的预期。这些因素通过影响国际收支，进而影响外汇供求来决定汇率。这些变量的变动对汇率的影响机制如下：

（1）当本国国民收入上升时，本国进口的增加将会引起外汇需求上升，从而导致外币升值，本币贬值；反之亦然。

（2）当外国国民收入上升时，本国出口的增加将会引起外汇供给上升，从而导致外币贬值，本币升值；反之亦然。

（3）当本国价格水平相对于外国价格水平上升时，本国出口减少，进口增加，进而导致外汇供给减少，需求增加，于是外币升值，本币贬值；反之亦然。

（4）当外国价格水平相对于本国价格水平上升时，本国出口增加，进口减少，进而导致外汇供给增加，需求减少，于是外币贬值，本币升值；反之亦然。

（5）当本国利率相对于外国利率上升时，会吸引资金流入，减少资金流出，进而导致外汇供给增加，需求减少，于是外币贬值，本币升值；反之亦然。

（6）当外国利率相对于本国利率上升时，会增加资金流出，减少资金流入，进而导致外汇需求增加，供给减少，于是外币升值，本币贬值；反之亦然。

（7）当市场预期外汇汇率将上升，即外币将升值时，对外币的需求增加，导致均衡汇率上升，这是预期自我实现的能力在外汇市场上的体现。

三、对国际收支理论的评价

国际收支理论在运用供求关系进行分析的基础上，将影响国际收支的各种重要因素纳入汇率的均衡分析，对于短期外汇市场分析具有现实意义，迄今仍为学术界所广泛运用。然而，该理论与购买力平价理论和利率平价理论一样，也不能被视为完整的汇率决定理论，只是进行更深入的分析时可利用的一种重要工具。它具有浓厚的凯恩斯主义色彩，是从宏观经济角度（国民收入、国内吸收、储蓄投资等）而不是从货币数量角度（价格、利率等）研究汇率，是现代汇率理论的一个重要分支。

其局限性主要有三个方面。

（1）国际收支理论实际上是以外汇市场稳定、有效为假设前提的，它适用于有发达外汇市场的国家，如果外汇市场不发达，外汇供求的真实情况就会被掩盖，该理论也无法应用。

（2）国际收支理论的分析是以凯恩斯主义宏观经济理论、弹性论、利率平价理论为基础的，不可能摆脱相关理论本身具有的假定和缺陷，因此其结论往往与经济现实发生抵触。

（3）国际收支理论是关于汇率决定的流量理论，这一流量特性体现在它认为是国际收支引起的外汇供求流量的变动决定了短期汇率水平及其变动。但是，在国际资金流动迅速发展的背景下，决定汇率的主要因素是金融资产的存量变化，而不是实物资产的流量变动。国际收支理论并没有进一步分析哪些因素决定了外汇供求流量，也没有对汇率与各变量之间的关系进行深入分析，得出具有明确因果关系的结论。在分析方法上，它只是简单地运用了类似商品市场上的价格与供求之间的关系来对外汇市场进行分析，而与普通商品市场上的价格相比，外汇市场上的汇率变动更为剧烈和频繁，因此该理论对现实生活中的一些经济现象很难做出解释。例如，利率升高在很多情况下并不能持续吸引资本流入，进而引起汇率相应变动；再如，汇率会在外汇市场交易流量变动很小的情况下发生大幅变动。可见，运用普通商品市场上的价格与供求之间的关系来分析外汇市场并不一定十分合适。

上述缺陷带来了新的汇率决定理论的出现，即汇率决定的资产市场说。

四、汇兑心理说

汇兑心理学说（Psychological Theory of Exchange）是建立在奥地利学派的边际效用价值论基础上的汇率学说，由法国经济学家阿夫塔里昂（A. Aftalion）于1927年提出。该理论指出，人们之所以需要外国货币，只是由于特定的支付需要，是为了满足欲望，如满足购买、支付、投资、外汇投机、资本外逃等需要，这种欲望是使外国货币具有价值的基础，因而外国货币只有相对价格的基础，外币相对价格的决定取决于每个人对外币的主观评价，这一主观评价又是以使用外币的边际效用来决定的。外国货币的价值不依从任何规则，而是决定于外汇供求双方对外币边际效用所做出的主观评价。由于每个人使用外币有不同的边际效用，因而对外币的主观评价也各不相同。这种主观评价包括对每一种外币的质的方面和量的方面的评价。质的方面包括该外币对特定商品的购买力、该国偿债能力、政治稳定性、资本外逃情况、外汇投机状况等；量的方面包括国际借贷和国际资本移动的数量。各种不同的主观评价构成该外币的供给和需求状况，当需求与供给相等时所产生的价格就是均衡汇率。

按照汇兑心理学说，货币量的增加使流入企业家手中的货币增多，从而引起对该货币的重新评价，这种重新评价导致了商品价格的变化。由此可见，汇兑心理说理论是从主观心理因素方面解释货币量变动对经济的影响，是通过主观心理因素来解释外汇供求变化，并试图以此阐明汇率的决定和变动，它为后来将心理预期引入汇率理论分析开了先河。

汇兑心理说是在1924—1926年法国国际收支均为顺差但法郎的对外汇率反而下降，从而引起外国货币价格上涨的反常情况下提出的。它独树一帜，从主观心理评价的角度来探讨一国货币汇率的升降关系，把主观评价的变化同客观事实的变动结合起来考察汇率，直到目前，该学说都有相当的市场。但是该学说是以边际效用价值论为理论基础，把汇兑心理的变动当作影响与决定汇率的依据，因此带有一定的主观片面性，缺乏说服力。

第四节　资产市场理论及汇率决定理论的新发展

资产市场理论是20世纪70年代出现的一种汇率决定理论。该理论的特点是将商品市场、货币市场和证券市场结合起来进行汇率决定分析。

一、资产市场理论产生的背景

资产市场理论是在国际资本流动高度发展的历史背景下产生的。20世纪70年代以来，世界经济发生了深刻的变化，全球经济一体化及金融资产在经济中的核心地位的确立，使资本跨国流动对各国经济的影响远远大于国际商品贸易。结果是，在外汇市场上，90%以上的交易量都与国际资金流动有关，各国金融资产的变化对汇率变化的影响越来越大。在浮动汇率制成为各国汇率制度主流选择的背景下，外汇市场上的汇率变动频繁、波幅大，呈现出与股票等金融资产的价格相同的特点。传统的汇率理论显然无法解释汇率的这种变化，新的汇率理论——资产市场理论诞生了。

新的汇率决定理论对传统理论的假定进行了质疑与修正，应用一般均衡分析代替局部均衡分析，用存量分析代替流量分析，用动态分析代替静态分析，并将长短期分析结合起来，因而为全面、客观地进行汇率研究创造了条件。该理论以现代金融投资理论为基础，将汇率看成是一种资产价格，在分析汇率的决定时采用与普通金融资产定价基本相同的原理，强调资产市场均衡对汇率的决定性作用。这一理论一经问世，便迅速获得学术界的普遍关注，成为占主导地位的汇率决定理论。

根据对本币资产和外币资产可替代性的不同假设，资产市场理论可分为货币分析法和资产组合平衡分析法两类。货币论假设本国货币同外国货币的债券为充分可替代的，资产收益率的差异成为人们对一种资产的需求的唯一决定因素；在本国和外国的债券可以充分替代时，汇率的决定主要是由货币市场的供求决定的。而资产组合平衡理论则假设本国同外国的债券不可充分替代，对某种资产的需求的决定因素除了收益率外还有风险大小；汇率的决定既受货币市场的影响又受债券市场的影响。在货币分析法内部，根据对价格弹性的不同假定，分为弹性价格分析法和黏性价格分析法。

二、汇率决定的货币分析法

汇率决定的货币分析法（Monetary Approach to Exchange Rate Determination）是宏观经济学中的货币主义在国际经济学中的延伸。货币主义学者认为，汇率是两国货币的相对价格，而不是两国商品的相对价格，他们强调货币市场均衡在汇率决定中的重要作用，把购买力平价与货币数量方程式有机地结合起来，产生了基于货币供应量与实际产出的一种汇率理论。根据对价格弹性不同的假定，即对不同市场在受到冲击后价格调整速度快慢不同的假定，货币分析法分为弹性价格模型和黏性价格模型。

（一）弹性价格模型

弹性价格模型（Flexible Price Monetary Model），亦称国际货币主义的汇率模式或货币供求说。它是由美国经济学家约翰逊（H.G.Johnson）、蒙代尔（R.A.Mundell）等于20世纪70年代初创立的一种汇率理论。该理论认为，汇率变动是一种货币现象，强调货币市场上的货币供给对汇率的决定性作用。当国内货币供给大于货币需求时，本国价格水平会上升，这时，国际商品的套购机制就会发生作用，结果会使外币升值，本币贬值；相反，当国内货币需求大于货币供给时，本国价格水平会下降，从而通过国际商品套购机制，使本币升值，外币贬值。该理论实际上是购买力平价理论的现代翻版。与汇率决定的国际收支理论看法相反，汇率的货币论认为，国民收入、利率等因素是通过影响货币需求而对汇率发生作用的，本国国民收入增加，会扩大货币需求，从而使本币升值，外币贬值；本国利率上升，会减小货币需求，从而使本币贬值，外币升值。货币主义的汇率模型认为：一国货币走弱，是其货币增长过快所导致的。因此，该理论主张，货币的增长率要控制在与经济增长率相一致的水平上，才能保持汇率的稳定。

该理论有助于说明汇率的长期趋势，从长期来看，汇率的变动仅仅是货币变化的反映，促使人们重视货币均衡。但是，它过于绝对地把价格与货币市场均衡联系在一起，而忽略了影响价格的其他因素。另外，实证分析也表明，汇率符合购买力平价的现象极为少见。

（二）黏性价格模型

黏性价格模型（Sticky Price Monetary Model）亦称汇率的超调模型（Overshooting Model），是由美国经济学家多恩布什（R.Dornbusch）于1976年提出的。多恩布什承认弹性价格模型中货币市场均衡在汇率决定中的作用，接受长期中购买力平价成立的观点，但他认为，从短期来看，货币市场与商品市场对外部冲击的调整速度是存在差异的，汇率对冲击的反应较快，几乎是即刻完成的，而商品价格的反应较慢，呈黏性状态。由于商品价格黏性，汇率对外部冲击做出了过度调整，即汇率预期变动偏离了在价格完全弹性情况下调整到位后的购买力平价汇率，这种现象叫作汇率超调。而随着时间推移，商品价格逐步调整到位，汇率也就从初始的均衡水平变化到新的均衡水平，最终市场达到长期均衡状态。

与弹性价格模型相比，这一模型的最大特点在于认为商品市场与货币市场的价格调整速度不同，商品市场上的价格水平具有黏性特征，这时购买力平价在短期内不能成立，经济中存在着由短期平衡向长期平衡过渡的过程。由于在一段时期后，商品价格才开始调整，因此长期平衡就是价格充分调整后经济的平衡。可以看出，弹性价格模型所得出的结论实际上是超调模型中长期平衡的情况。

因此，汇率的超调模型也属于汇率决定的货币分析法，只不过它是一种动态分析，有助于人们认识短期内的汇率变动，这是汇率超调模型的贡献。但它将汇率的变动完全归因于货币市场的失衡，也有失偏颇。

（三）对货币分析法的评价

汇率决定的货币分析法，首次将汇率决定问题的研究角度从商品市场转移到资本市场，这是汇率决定理论的重大突破。货币分析法建立在购买力平价的基础之上，但它不是购买力平价的简单翻版，它很好地避免了购买力平价检验中选择不恰当的价格指数或不恰当基期的可能，将难以真实测量的价格因素考虑在货币的需求之中。货币分析法的另一创新之处还在于它运用了一般均衡分析方法来分析汇率的决定，它实际上暗含了商品市场、货币市场与外汇市场的同时均衡，这与以往仅考虑外汇市场均衡的汇率决定理论相比也有了重大创新。另外，超调模型还首次涉及汇率的动态调整问题，从而创立了汇率理论的一个重要分支——汇率动态学（Exchange Rate Dynamics）。许多研究者都以此为基础做进一步的研究，例如，在弹性价格假定之下，经济中也存在与超调具有相似之处的汇率过度调整现象；除价格黏性外，其他因素也会造成汇率的超调等。这使汇率动态学的内容更为丰富，成为汇率理论中一个相对独立的研究领域。

但不论是弹性价格模型还是黏性价格模型，也都存在不足之处。首先，这两个模型都是建立在购买力平价和利率平价的基础之上的，但随着现实经济的改变，购买力平价和利率平价本身在检验中受到很大挑战，这就使得货币分析法的可信度有所降低。其次，货币分析法还假定本国和外国资产可完全替代，且本国居民只持有本国货币，这一严格的假定条件在现实中也很难成立。最后，货币分析法的汇率决定模型在分析中认为货币需求函数是稳定的，并且本国和外国的货币需求函数及货币需求函数中的系数都是相同的，而在现实经济中，20 世纪 80 年代以来，发达国家先后出现了金融自由化，货币需求函数不再稳定，并且不同发展程度、不同制度的国家之间货币需求的主要决定因素及货币需求的表现形式也有所差别，这使货币分析法的可信度受到质疑。

三、汇率决定的资产组合平衡论

（一）资产组合平衡论的基本内容

资产组合平衡论（Portfolio Balance Approach of Exchange Rate Determination）的理论渊源可以追溯到 20 世纪 60 年代麦金农（Mckinnon）和奥茨（Oates）的研究，以后经过许多经济学家的发展，形成了多种形式的资产组合理论。但人们通常认为，美国普林斯顿大学教授布朗森（W.Branson）于 1975 年和 1977 年做出的系统论述是资产组合分析模型的基础。后经霍尔特纳（H.Halttune）和梅森（P.Masson）等人的进一步修正使该模型更加完善。

资产组合平衡模型强调财富和资产组合平衡在汇率决定中的作用。所谓资产选择，是指投资人调整其有价证券和货币资产，从而选择一套收益和风险对比关系最佳的方案。该理论认为，投资者在财富一定的条件下，持有各种金融资产的比例取决于各种金融资产相对收益率的大小和预期汇率的变化。均衡汇率是资产持有者自愿保持其现有的本币资产与外币资产的构成而不加以调整时的汇率。汇率波动的原因是投资者重建资产组合，各种外币资产的增减是投资者调整其外币资产比率的结果，这种调整会引起汇率的变化。与货币分析法的不同之处在于，货币分析法认为，汇率是由两国相对货币供求所决定的。而资产组合平衡理论则认为汇率是由所有的金融资产存量结构平衡决定的；由于有价证券是投资者投资的一个庞大市场，而且有价证券与货币之间有较好的替代性，因此有价证券对货币的供求存量会产生很大的影响。

在资产组合的调整过程中存在两种不同类型的资产调整：一种是金融资产存量在短期内的迅速调整，从而使汇率在短期内产生较大幅度的波动；另一种是贸易流量在长期中的缓慢调整。当金融资产市场上利率、汇率达到短期均衡时，若存在经常账户赤字或盈余，那么通过经常账户余额与汇率相互作用的动态反馈机制，经济将由短期均衡向长期均衡状态调整。

资产存量的瞬间大幅度调整与贸易流量的缓慢而小幅度的变化形成鲜明对照。金融资产市场上，由于利率、预期等因素的变动对金融资产持有人的成本和收益会造成重要影响，因而刺激资产持有人对各资产存量进行瞬间大幅度的调整，旨在迅速重建资产组合的均衡，这种调整不可避免地引起汇率在短期内产生较大幅度的波动。资产组合平衡论者认为，重建资产组合均衡正是汇率短期内大幅度且频繁波动的根本原因。而贸易流量的调整涉及生产结构、资源配置等因素，这些因素不可能在短期内达到调整所要求的目标。从长期看，贸易流量或实物市场的变化在汇率变动中占主导地位；而在较短时间内，汇率的变动则主要取决于金融资产存量的调整。这种观点可用来解释短期内汇率变动偏离长期均衡汇率水平的现象。

（二）对资产组合平衡论的评价

从分析方法来看，资产组合平衡模型将存量分析和流量分析、长期分析与短期分析、凯恩斯主义和货币主义结合起来。首先，它将存量分析和流量分析很好地结合起来。它认为，汇率的均衡既是在流量市场，又是在存量市场上达成的。其次，它将长期分析和短期分析进一步结合起来。资本市场长期均衡是由短期均衡演化而来的，实际上是从资产结构的角度对黏性货币模型的进一步发展。最后，它将凯恩斯主义偏重于商品市场的考察与货币主义偏重货币市场的考虑有机结合起来，把汇率决定看成是由货币因素和实体因素诱发的资产调整和资产评价过程所共同决定的。

因此，资产组合平衡模型是更为一般的模型，它既考虑了本国资产与外国资产的不完全替代性，又将经常账户这一流量因素纳入存量分析中，综合考察各种因素对汇率的影响，原有的各种理论能较好地融合于这一模型。此外，资产组合平衡模型具有特殊的政策分析价值，尤其被广泛运用于对货币政策的分析当中。

但是资产组合平衡模型仍然存在缺陷：（1）该模型属于比较静态分析，即在其他条件不变的情况下，考虑某一个因素的一次性变动所引起的调整过程和其对汇率的影响。（2）该理论存在许多假定条件，如金融市场高度发达，不存在外汇管制，资本具有高度的流动性等，这些假定过于严格。（3）这一理论在论述经常项目对汇率的影响时，认为这种影响只是通过“财富效应”以及由此导致的资产组合变动而产生的，这无疑是片面的。此外，商品市场的失衡如何影响汇率，没有纳入其分析中。从某种意义上说，资产组合平衡模型仍带有较多的货币主义特征，可以说是一个过渡模型。资产组合平衡模型尽管在理论上较为完美，但对其检验却十分困难，该模型中的变量很难度量。

四、汇率决定理论的新发展

传统的汇率决定理论主要从宏观基本因素，如相对货币供应量、利率、物价水平、经济增长、内外资产的替代性和均衡价格的调整速度等，来解释汇率的决定和波动。然而现实经济中，却很难运用这些传统理论来预测国际金融市场上汇率的走势，大量的实证检验结果也表明，传统汇率理论的解释能力十分低下，尤其对短期内的汇率变化，其预测能力甚至都不如简单的随机游走模型。面对这一困惑，20 世纪 80 年代以来，很多学者不断寻求对传统理论的突破，将汇率决定理论的发展推向了一个新的阶段。

（一）汇率决定的新闻模型

新闻模型是在资产市场宏观结构模型的基础上结合理性预期假说建立起来的，最早由穆萨（Mussa）于 1979 年提出，他将非预期的并且能够引起人们对汇率的预期值进行修改的新的信息统称为“新闻”，进而分析了“新闻”对汇率运动的影响。穆萨的新闻模型表明，未预见到的即期汇率的变化是由基本经济变量的“新闻”引起的。基于这一结论，任何新闻因素通过影响外汇市场上交易者的预期都能够及时、有效地融入即期或远期汇率之中。由于即期汇率和远期汇率之间的时间内会有“新闻”因素的出现，从而可能导致远期汇率是将来即期汇率的有偏估计，这就可以用来解释外汇市场有效性检验失败的原因。而“新闻”因素不断进入外汇市场则可以在一定程度上解释汇率的频繁波动。另外，“新闻”的不可预见性意味着“新闻”的出现是一个随机游走过程，根据新闻模型，可以得出未预测到的即期汇率的变化也将是一个随机游走过程，这一结论又可以对即期汇率的路径近似地遵循随机游走这一经验规则给予解释。

尽管现有的新闻模型还很不完善，实证结果也不能完全令人满意，但是人们在实际经济中常常能够感觉到意外的“新闻”信息对即期汇率的运动轨迹产生的影响，这就是新闻模型在理论上能令人信服的地方。

（二）理性投机泡沫模型

新闻模型根据未预料到的基本经济变量的变化来解释汇率的变动性，然而，外汇市场有时会在基本经济变量没有很大变化的情况下出现暴涨和暴跌，这种现象既无法用汇率超调理论也无法用汇率的新闻模型来解释，于是一些学者在理性预期的假设下对这种汇率现象进行了分析，产生了汇率变动的理性投机泡沫模型。

理性投机泡沫模型表达的基本思想是：当期初汇率相对于由基本因素所决定的水平有一个偏离时，则产生一个泡沫的源头，理性预期下，市场参与者预期汇率将进一步偏离均衡水平，投资者之所以继续购买被高估的货币，是指望能够获得预期货币进一步升值带来的收益，并且能够赶在汇率最终回到由基本经济变量所决定的均衡值之前将货币卖出。在市场投机的推动下，泡沫随着汇率的快速上升而膨胀，投机者会在每一期结束前判断泡沫破灭的概率，汇率上升越高，泡沫破灭的概率越大，为了补偿增加的泡沫破灭风险，汇率必须以更快的速度上升，这又进一步推动了泡沫的膨胀。因此，理性投机泡沫理论得出了一个初期的偏离在理性预期的条件下会导致汇率理性泡沫的生成并进一步加速膨胀的结论。该理论提出后，很多学者对其进行了实证检验，R.D.黄（R.D. Huang，1981）、卡尼和麦克唐纳（Kearney and MacDonald，1986）等以强有力的证据证明了理性泡沫的存在。

（三）汇率决定的混沌分析方法

自然科学中的混沌理论表明，运动的确定性并不等价于它的可预测性，确定性的运动能够产生出不可预测的貌似随机的行为。一些学者受此启发，认为汇率变化也是一个混沌过程，他们放弃了传统汇率理论理性预期的假设前提，代之以市场参与者异质性的假定，并试图通过混沌理论来模拟汇率的运动，从而开辟了汇率决定的混沌分析方法。最早将混沌理论应用于汇率行为研究的是比利时经济学家德格罗韦和德瓦赫特（De Grauwe and Dewachter，1992，1993），他们开创性地提出了一个汇率决定的混沌货币模型。1993年，他们又和马克·安布雷（Mark Embrechts）合作，对这一问题进行了系统和全面的研究，把汇率决定的混沌分析方法提升到一个较高的研究水平。他们的模型表明，在假定市场参与者异质的情况下，汇率有可能呈现混沌运动状态。

汇率决定的混沌分析方法把传统的汇率理论与现代混沌理论相结合，为今后关于汇率问题的理论和政策研究提供了一个可供选择的意义深远的研究方向。

现实经济是复杂的，当前汇率决定理论仍在不断发展之中，仍有很多谜团尚未解开，应该说对于汇率如何决定这一问题的研究还有很长的路要走。但是，也正是理论与现实的差距促使理论经济学家和计量经济学家不断调整研究和实证的视角，推动着汇率决定理论不断向前发展，未来新的突破将对汇率决定问题给出更加全面和深刻的阐释。

关键概念

购买力平价　绝对购买力平价　相对购买力平价　利率平价　非抛补的利率平价
抛补的利率平价　国际借贷说　国际收支理论　资产市场理论　货币分析法
弹性价格模型　黏性价格模型　资产组合平衡论

复习思考

一、单项选择题

1. 国际贸易中，一价定律实现的机制是（　　）

A. 两国同种产品成本一样　　B. 政府规定
C. 商品套购　　D. 不确定

2. 相对购买力平价理论认为 A、B 两国汇率从 0 时刻到 t 时刻的变动率为（　　）

A. P_{at}/P_{bt}　　B. $P_{at}-P_{bt}$　　C. $\pi_a-\pi_b$　　D. π_a/π_b

3. 根据利率平价理论，利率高的货币远期（　　）

A. 升水　　B. 贴水　　C. 平水　　D. 汇水

4. 国际借贷说认为，只有（　　）的变化才会影响外汇供求

A. 流动借贷　　B. 固定借贷　　C. 商品输出入　　D. 资本交易

5. 国际收支理论认为，当本国收入上升时，本币会（　　）

A. 升值　　B. 贬值　　C. 不变　　D. 先升值后贬值

6. 汇率决定的资产市场理论不包括（　　）

A. 弹性价格模型　　B. 黏性价格模型
C. 资产组合平衡论　　D. 汇兑心理说

二、多项选择题

1. 一价定律的假设前提包括（　　）

A. 商品同质　　B. 价格灵活
C. 不存在管制和交易成本　　D. 商品生产成本相同
E. 汇率稳定

2. 以下说法正确的是（　　）

A. 一价定律成立，则绝对购买力平价一定成立
B. 绝对购买力平价成立，则一价定律不一定对每种商品都成立

C. 绝对购买力平价成立，则相对购买力平价一定成立
D. 相对购买力平价成立，则绝对购买力平价不一定成立
E. 一价定律、绝对购买力平价、相对购买力平价在任何时候都成立
3. 抛补的利率平价的假设条件包括（　　）
A. 购买力平价成立　　B. 市场上存在充足的套利资金
C. 汇率自由浮动、信息充分有效　　D. 不存在交易成本
E. 不存在资本管制
4. 汇率决定的货币分析法包括（　　）
A. 新闻模型　　B. 理性投机泡沫模型
C. 弹性价格模型　　D. 黏性价格模型
E. 混沌模型

三、思考题

1. 简述购买力平价理论的基本内容。
2. 利率平价理论的内容包括哪些？
3. 国际收支理论如何解释汇率决定的问题？

实训案例

案例一　巨无霸指数（Big Mac index）

1986年9月，英国《经济学人》杂志对麦当劳快餐店的巨无霸汉堡包在世界各地的价格进行了广泛的调查。如果一价定律成立的话，巨无霸汉堡包在世界各地的美元价格应该相同，但调查结果却令人吃惊：巨无霸汉堡包在不同国家（地区）的价格换算成美元相差巨大。如在巴黎的售价比在纽约高12%；而纽约的售价又比香港高出153%。该如何解释这一明显违背一价定律的现象呢？

《经济学人》杂志利用巨无霸汉堡包在各国的价格及各国货币兑换美元的汇率计算出巨无霸指数（见图1），每年公布一次。该指数在英语国家里衍生出了“汉堡包经济学”（Burgernomics）一词。《经济学人》杂志之所以选择巨无霸汉堡包，是因为它在多个国家均有供应，而且在各地的制作规格基本相同，这个指数计算简便且可以相互比较。2004年1月，《经济学人》杂志又推出了“中杯拿铁指数”（Tall Latte Index），计算原理相同，但巨无霸汉堡包被一杯星巴克咖啡所取代，标志着星巴克连锁店的全球扩展。1997年，《经济学人》杂志出版了一份“可口可乐地图”，用每个国家的人均可乐饮用量，比较国与国之间的财富，该地图显示一国人均可乐饮用量越多，该国就越富有。

实训项目：

1. 根据以上资料和本章理论分析，为什么巨无霸汉堡包在各国（地区）换算成美元的价格差别巨大？

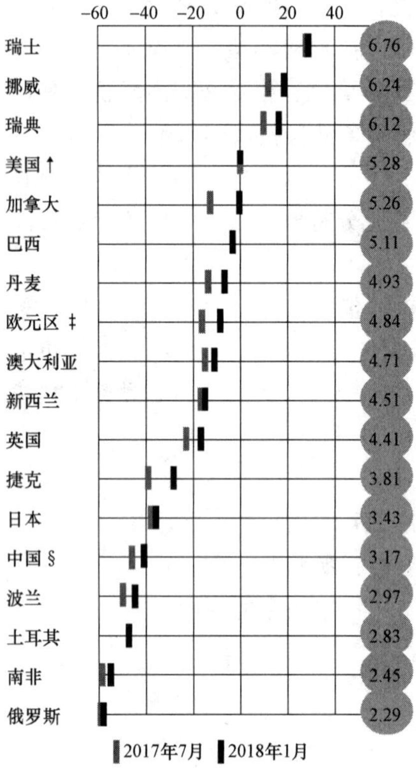

图 1 巨无霸指数图

注：横轴为该国货币相对于美元估值，低（-）/高（+），单位为%；纵轴（右）为巨无霸售价（以 2018 年 1 月 17 日市场汇率计算），单位为美元。↑为四个城市平均售价，‡为成员国加权平均价，§为五个城市平均售价。

资料来源：https://cj.sina.com.cn/articles/view/2132127741/7f15affd034002vx1？cref=cj。

2. 搜索“经济学人”官网，切换不同的国家（地区），记录一组杂志数字版本订阅价格，用一价定律的原理计算各国（地区）货币汇率，与中国人民银行公布的汇率进行比较并分析。

案例二 IMF 总裁回应中国经济超美：不能只看购买力平价

国际货币基金组织公布的数据显示，按照购买力平价计算，2014 年美国经济规模为 17.4 万亿美元，而中国则达到了 17.6 万亿美元，如图 2 所示。国际货币基金组织总裁拉加德表示，虽然按照购买力平价标准中国超过美国成为世界第一大经济体，但是衡量一国经济实力要看综合因素。她说：“从购买力平价的标准来看，中国经济的分量在增长，这是一个信号。但是从人均国内生产总值上来看，中国仍然落后。”

实训项目：根据购买力平价理论的基本内容，分析为什么中国经济超过美国不能只看购买力平价。

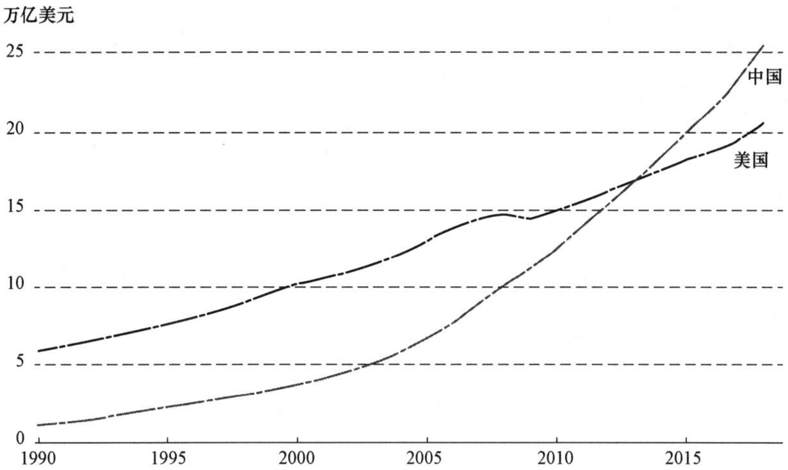

图 2 中美购买力平价计算 GDP 比较

第三篇

国际货币体系与汇率制度

第七章　国际货币体系

引　言

随着国际金融市场全球化和国际贸易的发展，国际货币关系日益成为世界经济中一个重要而复杂的问题。国际货币体系由支配各国货币关系的规则和机构，以及国际间进行各种交易支付所依据的一套安排和惯例构成，它不仅对各国的外汇政策、汇率制度、国际收支的调节、储备资产的构成与运用有着巨大的影响，而且对世界范围内贸易格局的形成与经济发展有着深远的影响。

国际货币体系经历了国际金本位、布雷顿森林体系、牙买加体系三个主要阶段。在金本位初期，金币可自由铸造，银行券可兑换黄金，黄金可自由输出入，汇率最终必须恢复到铸币平价水平，从而保证了汇率的长期稳定。在这一体系下，国际贸易、国际投资显著增长。随着各国经济实力的变化，黄金逐渐向英国集中，英镑成为最主要的国际储备货币。然而，金本位制度也存在其固有的缺陷，黄金的增长速度远远落后于各国经济贸易增长的速度，由此造成的清偿手段的不足严重制约了各国经济的发展。同时汇率稳定与通货紧缩的矛盾也日益加深，最终导致金本位制崩溃。此后，布雷顿森林体系提供了一种“双挂钩”的固定汇率制度。在该体系确立初期，美元良好的信用与汇率和价格的锚定作用为世界各国提供了稳定的货币金融环境，促进了“二战”之后国际贸易的恢复和发展，有效地缓解了通货膨胀并降低了失业率。然而，美元大量流出和黄金储备之间的矛盾不断加深，“特里芬难题”等问题最终导致该体系崩溃。1976 年的《牙买加协议》取消了黄金条款，实现黄金的非货币化；削弱了美元在国际储备和国际流通中的作用和地位，实现了储备货币多样化，提出了特别提款权在国际储备中的重要作用；牙买加体系实现了汇率制度的多样化，浮动汇率制与固定汇率制并存，从而更能灵活地适应世界经济形势多变的状况和主要储备货币国家经济政策的需要；牙买加体系提供了多种国际收支的调节机制，在牙买加体系下，世界各国可以通过国内经济政策、汇率机制、国际金融市场等手段来解决国际收支困难。

针对现行体系的诸多缺陷，尤其是 2008 年爆发的金融危机，国际社会对牙买加体系进行了一些改革，主要有：改革国际货币基金组织的内部治理机构，增加发展中国家的份额和话语权；向发展中国家和转型经济国家转移 4.59% 的投票权；成立金融稳定委员会，对全球宏观经济和金融市场上的风险实施监督；将 G20 峰会作为协商世界经济事务的主要平台；加强金融监管，签订新的《巴塞尔协议Ⅲ》，进一步严格银行资本金和流动资金标准。国际货币体系发展和改革的问题业已成为国际金融研究的重要课题。

学习目标

通过本章的学习，学生应掌握国际货币体系的概念及构成要素；了解国际货币体系的发展阶段；掌握布雷顿森林体系和牙买加体系的主要内容。

第一节 国际货币体系概述

一、国际货币体系的含义

国际货币体系（International Monetary System），又称国际货币制度，是指在国际经济关系中，为满足国际间各类交易的需要，各国政府对货币在国际间的职能作用及其他有关国际货币金融问题所制定的协定、规则和建立的相关组织机构的组合。

构成国际货币体系的基本要素有以下四个方面。

（1）汇率制度的确定与维持。它包括：一国对外支付是否受到限制，一国货币可否自由兑换成支付货币，本国货币与其他国家货币之间的汇率如何确定，汇率的维持主要依靠何种手段和措施。

（2）国际收支调节机制。它包括：当一国国际收支出现不平衡时，确定逆差国能在什么样的条件下从何处获得资金及资金的数量和币种来弥补国际收支逆差，从而避免采取不必要的调节措施或有损别国的政策；确定适当的约束机制来约束国际货币发行国的国际收支行为，以维护国际货币金融领域的稳定。

（3）国际储备资产的确定。它包括：确定用什么货币作为国际支付货币，一国政府应持有何种为世界各国普遍接受的资产作为储备资产，以保证国际支付和满足调节国际收支的需要，新的储备资产如何创造与供应。

（4）国际货币事务的协调与管理。在各国确立和实行其汇率制度、国际收支调节机制、国际储备制度的过程中，由于彼此在经济利益和货币主权等方面难免存在差异甚至矛盾，建立国际货币事务的协调与管理机制因此显得十分必要。这包括国际金融机构的建立、解决国际金融问题的规则以及管理和制度的制定等。

二、国际货币体系的分类与演进

确定一种货币体系的类型主要依据三条标准：（1）货币体系的基础即本位币是什么；（2）参与国际流通、支付，充当交换媒介的主要货币是什么；（3）作为主要流通、支付和交换媒介的货币与本位币的关系是什么，包括双方之间的比价如何确定，价格是否在法律上固定以及相互之间在多大程度上可以自由兑换。

具体而言，国际货币体系可以从货币本位制度和汇率制度两个角度来划分。

从货币本位制度角度来划分，大体可以分为金本位制度、金汇兑本位制度和信用本位制度。金本位制度是以黄金作为国际储备资产或国际本位货币；金汇兑本位制度是同时以黄金和可直接自由兑换的货币作为国际储备资产；信用本位制度是指以外汇作为国际储备资产而与黄金无任何联系。

从汇率制度角度分类可以分为固定汇率制和浮动汇率制。有时也可以同时以国际储备货币和汇率制度作为国际货币制度分类的标准。如金本位制度下的固定汇率制，以美元为本位的固定汇率制度，以黄金和外汇为储备的可调整的固定汇率制度或管理浮动汇率制度等。

根据世界经济和国际货币体系发展的历史阶段，国际货币体系的演进可分为三个阶段：国际金本位制、布雷顿森林体系和牙买加体系。

第二节 国际货币体系的演进

一、国际金本位制

1816 年，英国制定了《金本位制度法案》，率先采用金本位制度。至 19 世纪 80 年代，比较发达的资本主义国家（如法国、比利时、意大利、瑞士、荷兰、德国及美国）也已先后实行了金本位制。

（一）国际金本位制的类型

所谓金本位制，是指一国的本位货币用一定重量或成色的黄金来表示，并且货币当局愿意随时按照规定的货币单位的含金量，根据一定条件买卖黄金。根据货币与黄金联系的程度不同，金本位制可分为三种形式：金币本位制、金块本位制和金汇兑本位制。

1. 金币本位制

第一次世界大战以前，资本主义各国普遍实行的金本位制就是金币本位制。其特点是：（1）规定金币的重量、成色，铸造金币在全社会流通；（2）金币有无限法偿权，可以自由铸造，自由融化，自由输出入国境；（3）根据金币的重量、成色确定黄金官价，政府按官价无限制买卖黄金；（4）银行券可以自由兑换黄金。

在金币本位制下，金币按既定重量和成色自由铸造，金币的国内价值相当稳定。同时，黄金可以在国际间自由流动，货币汇率决定于黄金平价，汇率变动只限于黄金输送点界限内，因而汇率也比较稳定。

2. 金块本位制

第一次世界大战后，在 1924—1928 年资本主义相对稳定时期，一些国家虽然恢复了金本位制，但实际上都无力恢复金币本位制，而是改行金块本位制。它的特点是：（1）金币虽然仍是本位货币，但在国内不流通，只流通纸币，纸币有无限法偿权；（2）由国家储存金块，作为储备；（3）不允许自由铸造金币，但仍规定纸币的含金量，也有黄金官价；（4）纸币不能自由兑换金币，但在国际支付或在工业上需要黄金时，可按规定的限制数量（如英国在 1925 年限制一次至少兑换净重 400 盎司的金块）以纸币向本国中央银行无限制兑换金块。

3. 金汇兑本位制

1922 年，西方主要资本主义国家在意大利热那亚召开世界货币会议，讨论重建国际货币体系的问题。为了节约黄金的使用，会议建议并确定了实行金汇兑本位制（虚金本位制）。金汇兑本位制的特点是：（1）国内流通纸币，以中央银行的纸币为主，纸币与规定的含金量保持等价关系，但禁止自由铸造金币；（2）纸币可以兑现的贮备金，除一部分是金块与金币外，尚有一部分是存于国外的外汇，即在几个国家设有外汇基金，也称金汇储备制；（3）需要向中央银行以纸币请求兑现时，中央银行或给金块、或给金币、或给外汇，都由中央银行决定，请求兑现者无权选择。

金块本位制和金汇兑本位制已不是真正意义上的金本位制。

（二）国际金本位制的特点

1. 黄金执行国际支付手段和国际储备货币的职能

在国际金本位制度下，黄金充分发挥世界货币的职能，它充当国际支付手段、国际购买手段和作为社会财富的代表。金币可以自由铸造，银行券可自由兑换成黄金，有利于保持国内币值的稳定；同时黄金可以自由输出入，就能够保持本币汇率的稳定。总之，金本位制是一种相对稳定的货币制度。

2. 各国货币的汇率由各自的含金量对比所决定

金本位制是严格的固定汇率制度。各国货币都规定法定的含金量，各国货币的含金量之比即铸币平价。铸币平价决定着两种货币的汇率。由于外汇供求关系的变动，外汇市场的实际汇率会围绕铸币平价上下波动，但由于金本位制下黄金可以自由输出入，所以汇率的波动幅度始终维持在黄金输送点之间。

3. 具有自动调节国际收支的机制

这就是英国经济学家休谟提出的“物价—铸币流动机制”。即当一国国际收支赤字时，意味着本国黄金的净输出，从而国内黄金储备下降，货币供给减少，物价水平下跌，导致本国商品在国际市场上竞争力增强，外国商品在本国市场上竞争力减弱，于是出口增加，进口减少，国际收支改善；反之亦然。

（三）国际金本位制的崩溃

第一次世界大战前夕，许多国家为了支付大量的军备开支，大量发行银行券，限制黄金的流动，使得黄金的兑换越来越困难，金本位制度已经出现了崩溃的迹象。第一次世界大战爆发后，各参战国先后停止本币兑换黄金，禁止黄金的跨国流动，国际金本位制度宣告瓦解。

第一次世界大战结束后，各国试图恢复金本位制，然而政治、经济形势同战前相比已大大不同了，传统的金本位制很难恢复。各国在热那亚的世界货币金融会议上讨论确立了国际金汇兑本位制。该制度的特点是：（1）黄金依然是国际货币体系的基础，各国纸币仍规定含金量，代替黄金执行流通、清算和支付手段职能；（2）本国货币与黄金挂钩或通过另一种同黄金挂钩的货币与黄金间接挂钩，即与黄金保持直接或间接的固定比价；（3）在间接挂钩的情况下，本国货币只能通过购买挂钩货币来获取黄金，并需在直接挂钩的国家存入一定数量的外汇和黄金作为维持汇率的平准基金；（4）黄金只有在最后关头才充当支付手段，以维持汇率的稳定。会议后，除英国、法国、美国等国实行与黄金直接挂钩的货币制度外，其他欧洲国家均通过间接挂钩的形式实现了金汇兑本位。金汇兑本位制实质是本币与美元、英镑或法郎挂钩，再通过这三种货币与黄金挂钩，这就形成了不受单一货币统治的国际货币体系。金汇兑本位制是金本位制度的扩展，打破了原有的国际货币体系的平衡，形成了英镑区、美元区、法郎区三足鼎立的局面。

新确立的国际货币体系扩大了国际储备，节约了黄金，但从根本上讲黄金数量依然满足不了世界经济增长和维持汇率稳定的需要。黄金不足发展到一定程度，国际金汇兑本位制度显得十分脆弱，因此未能经受1929—1933年经济危机的冲击。国际金汇兑本位制就此瓦解。至此，国际金本位体系彻底崩溃，国际货币制度一片混乱，正常的国际货币秩序遭到破坏，资本主义各国组成相互独立的货币集团——英镑集团、美元集团、法郎集团等。各货币集团之间存在严格的外汇管制，货币不能自由兑换。在国际收支方面，各国竞相实行货币贬值以达到扩大出口、抑制进口的目的。各种贸易保护主义措施和外汇管制在当时非常盛行，结果是国际贸易严重受阻，国际资本流动几乎陷于停顿。

二、布雷顿森林体系

在第二次世界大战还没有结束的时候，同盟国即开始拟定战后的经济重建计划，希望扭转两次世界大战之间的混乱的世界经济秩序。1944年7月，44个同盟国的300多位代表出席在美国新罕布什尔州布雷顿森林市召开的“联合国货币金融会议”。会议通过了《国际货币基金组织协定》和《国际复兴开发银行协定》，总称《布雷顿森林协定》（Bretton Woods Agreement），确立了以美元为中心的国际货币体系，即布雷顿森林体系。

（一）布雷顿森林体系的建立

第二次世界大战使资本主义各国的力量对比发生了巨大变化。英国在战争期间遭受重创，经济遭到严重破坏。不过，英镑区和帝国特惠制仍然存在，40%左右的国际贸易仍然用英镑结算，英镑仍然是一种主要的国际储备货币，伦敦也依旧是重要的国际金融中心。而美国在战争结束时，其工业制成品已占世界一半，对外贸易占世界贸易总额的1/3以上，黄金储备占到世界黄金储备的60%，已成为资本主义世界最大的债权国和经济实力最雄厚的国家。

在重建国际货币秩序问题上，英美两国都从本国利益出发设计新的国际货币秩序，并于1943年7月分别发表了美国的“怀特计划”和英国的“凯恩斯计划”。

“怀特计划”是美国财政部官员怀特提出的国际货币稳定基金方案。这个方案采取存款原则，建议：（1）设立一个国际货币稳定基金，资金总额为50亿美元，由成员用黄金、本国货币或政府债券缴纳，认缴份额取决于各国的黄金外汇储备、国民收入和国际收支情况等因素，根据各国缴纳份额的多少决定各国在基金里的投票权。（2）国际货币基金组织发行一种国际货币名为尤尼他（Unita）作为计算单位，其含金量相当于10美元。尤尼他可以兑换黄金，也可以在成员之间相互转移。各国要规定本国货币与尤尼他之间的法定平价。平价确定后，非经国际货币基金组织同意，不得随意变动。（3）国际货币基金组织的主要任务是稳定汇率，并对成员提供短期信贷以协助解决国际收支不平衡问题。成员为了应付临时性的国际收支逆差，可用本国货币向国际货币基金组织申请购买所需要的外汇，但数额最多不得超过它向国际货币基金组织认缴的份额。根据“怀特计划”，美国就可以操纵和控制国际货币基金组织，从而获得国际金融领域的统治权。

“凯恩斯计划”是由英国财政部顾问凯恩斯制定的。其主要内容是：（1）设立一个世界性的中央银行——“国际清算同盟”，理事会会议在英美两国轮流举行。（2）由该机构发行以一定量黄金表示的国际货币“班柯”（Bancor）供各国中央银行或财政部之间结算使用。班柯等同于黄金，各国可以黄金换取班柯，但班柯不能兑换黄金。（3）各国货币按一定比价与班柯建立可调整的固定汇率关系，但不能单方面进行竞争性货币贬值，改变汇率必须经过一定程序。（4）各国中央银行在国际清算同盟开立账户，彼此用班柯进行清算，发生盈余时将盈余存入账户，发生赤字时按规定的份额申请透支或提存，各国透支总额为300亿美元。如清算后，一国的借贷余额超过份额的一定比例，无论顺差国或逆差国均需对国际收支的不平衡采取调节措施。“凯恩斯计划”强调透支原则和双方共同负责国际收支失衡的调节责任，这对当时经常发生国际收支赤字的英国十分有利。

1943年9月至1944年4月，英、美两国在有关国际货币计划的谈判中展开了激烈争论。由于美国在政治和经济上的实力大大超过了英国，英国最后接受了美国的方案，美国也做出了一些让步。1944年7月，在布雷顿森林会议上，通过了以“怀特计划”为基础的《国际货币基金组织协定》和《国际复兴开发银行协定》，总称《布雷顿森林协定》。

（二）布雷顿森林体系的内容

1. 组织形式

建立一个永久性的国际金融机构——国际货币基金组织（IMF，简称“基金组织”）。国际货币基金组织是第二次世界大战后国际货币制度的核心，它具有对成员进行监督，与成员就国际货币领域的有关事项进行磋商，对国际收支逆差国融通资金等职能，在一定程度上维护着国际金融领域的秩序。

2. 储备货币与储备资产

规定以美元作为最主要的国际储备货币，实行美元—黄金本位制。各国确认1美元的含金量为0.888 671克纯金，35美元兑换1盎司黄金的官价；其他国家的货币与美元挂钩，各国货币按含金量确定与美元的比价（或不规定含金量而只规定与美元的比价）。美国保证各国政府或中央银行随时可用美元按官价向美国兑换黄金，从而确立了美元与黄金同等的国际储备资产地位。

3. 实行可调整的钉住汇率制度

布雷顿森林体系下的汇率制度安排是一种“双挂钩”制度，即美元与黄金挂钩、各国货币通过与美元挂钩从而间接与黄金挂钩。各成员中央银行有义务保证汇率波动的幅度不超过平价上下1%的范围。只有在一国国际收支发生“根本性不平衡”时，才允许较大幅度的调整汇率。平价10%以内的汇率变动需通知国际货币基金组织，超过10%则需经国际货币基金组织批准。这就是战后实行的可调整的钉住汇率制。

4. 国际收支的调节机制

国际货币基金组织协助成员调整国际收支。对于暂时性的国际收支失衡，国际货币基金组织设立普通资金账户向国际收支赤字国提供短期资金融通。成员在出现国际收支逆差时，可用本国货币按规定程序向国际货币基金组织购买（即借贷）一定数额的外汇，将来在规定的期限内以用外汇购回本币的方式偿还所借用的外汇款项。成员认缴的份额越大，借款能力也就越强。普通资金账户是国际货币基金组织一项最基本的贷款，它只限于弥补国际收支赤字。根据国际货币基金组织最初的规定，成员借用普通资金的累计最高限额为其份额的 125%。

对于国际收支“根本性不平衡”，国际货币基金组织规定可以对平价进行调整，实行法定升值或法定贬值，但没有明确“根本性不平衡”的标准。

5. 取消外汇管制

《国际货币基金组织协定》第八条规定，成员不得限制经常项目的支付，不得采取歧视性的货币政策，要在兑换性的基础上实行多边支付。但有三种例外情况：(1) 国际货币基金组织允许对资本移动实行外汇管制，而不允许成员政府在经常项目交易中限制外汇买卖。(2) 成员在处于战后过渡时期的情况下，可以延迟履行货币可兑换性的义务。国际货币基金组织当初希望过渡期不超过 5 年，但实际上直到 1958 年末主要工业国家才取消了经常账户的外汇管制。在发展中国家，外汇管制仍相当普遍。(3) 成员有权对“稀缺货币”采取临时性的兑换限制，并制定了稀缺货币条款，希望盈余国能主动承担调节国际收支失衡的责任，但是这个条款并未得到真正实施。

（三）布雷顿森林体系的缺陷

布雷顿森林体系实行期间，世界经济迅速增长，国际贸易和国际投资也有了较快发展。有人把这段时期称为资本主义世界的第二个“黄金时代”。布雷顿森林体系的建立，营造了一个相对稳定的国际金融环境，对这一阶段世界经济的发展起了一定的促进作用，但是其本身也存在一些根本性缺陷。

1. 国际储备的增长和对储备货币信心的矛盾

这是布雷顿森林体系最主要的缺陷。该体系建立的基础是黄金—美元双挂钩，美元既是一国货币又是世界货币。作为一国货币，美元的发行必须受制于美国的货币政策和黄金储备；而作为世界货币，美元的供应又必须适应世界经济和国际贸易增长的需要。于是美元便面临一种进退两难的状况：为满足世界经济增长和国际贸易发展的需要，美元的供应必须不断增长；而美元供应的不断增长，将使美元同黄金的兑换日益难以维持。这就是美国耶鲁大学教授特里芬早在 20 世纪 50 年代末就发现和提出的美元两难境地，也称“特里芬难题”，即美国若要保证美元与黄金之间的固定比价和可兑换，就必须保持国际收支顺差，若如此则世界其他国家就会出现国际收支逆差；而美国若要满足世界其他国家保持充足的外汇储备的需求，美国的国际收支就会长期逆差。美元的这种两难窘境说明布雷顿森林体系无法提供一种数量充足的能够适应国际贸易发展需要的可为各国接受的国际储备形式，无法克服美国经济利益与世界各国经济利益之间的矛盾，存在内在的不稳定性。

2. 布雷顿森林体系过分强调汇率的稳定，忽视了国际收支的调节机制

在布雷顿森林体系下，汇率是固定的，各国有义务维持本国货币与美元的平价关系。只有当一国发生严重国际收支不平衡时，征得国际货币基金组织同意，才能变动法

定平价。而判断一国国际收支是否严重失衡又缺乏统一的标准，事实上各国很少能够变动平价。即使变动平价的要求最终得到批准，失衡的国际收支也早已对该国造成严重影响，因此在布雷顿森林体系下缺乏汇率这一重要经济杠杆对国际收支的调节机制。于是各国要么实行贸易管制，要么放弃稳定国内经济的政策。

3. 国际收支失衡的调节责任不对称

一方面，在布雷顿森林体系下，虽然逆差国可能会在压力下降低汇率或者实行紧缩性的货币政策，国际货币基金组织却无法迫使顺差国提高汇率或者实行扩张性的货币政策。虽然该体系规定有稀缺货币条款，但却很少实行，国际收支不平衡的调节责任仍然落在逆差国一方的肩上。另一方面，各国不能利用汇率杠杆来调节国际收支，国际货币基金组织提供的贷款又有限，各国只能采取一些有损国内经济的政策，造成国内经济的不稳定，从而形成为实现外部平衡而牺牲内部平衡的状况。

4. 美元的特权地位使得美国与其他国家之间利益分配不公平

美元作为等同于黄金的主要储备资产，其发行国可以享受铸币税收益。在布雷顿森林体系建立之初，美国通过高估美元，低价掠夺他国黄金，之后又通过美元贬值使持币方财富减少。同时，美国可以通过发行本币清偿外债，不必调整国内经济政策。另一方面，其他国家不得不积累美元储备，相当于拥有美元储备国家的实际资源向美国转移。由于各国货币汇率钉住美元，也造成了各国货币对美元的依附关系，使得美国的货币政策对各国经济有着重大影响。

（四）布雷顿森林体系的瓦解

1. 第一次美元危机

第二次世界大战结束后，世界经济遭受严重破坏，美国由于远离战火，其经济反而得到迅速发展。“二战”后，美国已具备大规模生产和出口的能力，国际收支状况为美国盈余，其他国家普遍赤字，国际储备严重短缺，因而出现了所谓的“美元荒”。为了解决这个难题，1947 年美国实施了著名的“马歇尔计划”，通过这个计划美国以赠予和贷款的方式向西欧国家提供大量经济援助，使西欧各国能够支付从美国的进口。“马歇尔计划”的实施实现了美元的回流，解决了西欧各国国际收支失衡的难题。在美国的援助下，从 20 世纪 50 年代中期起，美元荒的局面逐渐有了改善。一方面，西欧的经济开始恢复并逐渐增长；另一方面，美国由于发动侵朝战争，军费开支猛增，加上美国国内资金大量外流，使得美国的国际收支逐渐从顺差转为逆差。随着美元和黄金大量从美国流出，世界市场上出现了美元充斥和泛滥的现象，这就形成了所谓的“美元过剩”现象。1960 年，美国对外短期债务首次超过了它的黄金储备额，人们纷纷抛售美元，抢购黄金和其他经济处于上升势头的国家的货币（如马克）。1960 年 10 月，伦敦黄金市场的金价暴涨到 41 美元 1 盎司，高出黄金官价 18.6%，这就是“二战”后出现的第一次美元危机。

为维持布雷顿森林体系的运作，美国要求其他西方国家在国际货币基金组织的框架内与其合作，稳定国际金融市场，采取了以下一系列措施。

（1）建立黄金总库。美元危机所引起的国际金融市场抢购黄金风潮，使得金价不断上涨。为维持黄金官价，美国联合英国、瑞士、法国、联邦德国、意大利、荷兰、比利时七国于 1961 年 10 月建立了黄金总库，各国按一定的比例共拿出 2.7 亿美元的黄金，指定英格兰银行为总库的代理机构，按市场规则运作，维持黄金市场价格的稳定。

（2）借款总安排。国际货币基金组织与 10 个工业国家（美国、英国、法国、加拿大、联邦德国、日本、意大利、荷兰、比利时、瑞典）于 1961 年 11 月签订借款协议，该协议于 1962 年 10 月生效。借款总安排共涉及资金 60 亿美元，美国出 20 亿美元，其余 40 亿美元由另外 9 个国家分摊。当成员借用借款总安排的其他 9 国货币而国际货币基金组织又缺少这些货币时，可由国际货币基金组织向借款总安排的有关国家借入，再转贷给需要的成员。

（3）货币互换协定（亦称互惠借款协定）。在美元汇率趋跌的情况下，美元被大量抛售，为加强对外汇市场的干预，1962 年 3 月，美国分别与 14 个西方主要国家签订了《货币互换协定》，该协定为双边协定。其主要内容是：两国中央银行应在约定期间内相互交换一定金额的对方货币；在未使用期间，需以定期存款或购买证券的形式将货币存于对方；约定到期，则根据签订互换协定时约定的汇率相互偿还对方货币，以免除汇率波动的风险。

2. 第二次美元危机

第二次较大规模的美元危机于 1968 年爆发。20 世纪 60 年代中期，因越南战争的扩大，美国的财政金融状况明显恶化，国内通货膨胀加剧，美元对内不断贬值，美元与黄金的比价又一次受到严重怀疑。受 1967 年英镑危机的影响，外汇市场上的投机浪潮于 1968 年年初转向美元，爆发了第二次美元危机。仅仅半个月之内，美国就流失了 14 亿美元的黄金储备，凭借“黄金总库”和美国的黄金储备，已无力维持美元与黄金的固定比价，于是，在 1968 年 3 月，美国不得不实行“黄金双价制”（Two-Tier Gold Price System），即只允许各国中央银行按官价用美元向美国兑换黄金，至于黄金的市场价格则任由供求关系决定，各国政府不再维持 35 美元 1 盎司的黄金官价。黄金双价制实际上意味着以黄金—美元为中心的布雷顿森林体系已经局部崩溃。

第二次美元危机后，为扩大国际货币基金组织的贷款能力，国际货币基金组织于 1969 年创设了特别提款权。特别提款权当时与美元等价，其价格也是 35 个特别提款权单位等于 1 盎司黄金，特别提款权在使用上等同于黄金，有“纸黄金”之称。按照国际货币基金组织的规定，在国际货币基金组织的范围内，成员可以用特别提款权来履行原先必须要用黄金才能履行的义务，又可以用特别提款权充当国际储备资产，还可以用它取代美元来清算国际收支差额。

3. 第三次美元危机

1971 年 5 月和 7 月又连续爆发了两次美元危机，外汇市场上出现了抛售美元、抢购黄金和硬通货的风潮。面对这种形势，尼克松政府不得不于 8 月 15 日宣布实行“新经济政策”，停止美元与黄金的兑换，限制美国的进口，对进口商品征收 10% 的临时附加税，并强迫联邦德国和日本等国货币升值，以图改善美国的国际收支。

在国际金融市场极端混乱的情况下，“十国集团”于 1971 年 12 月在美国华盛顿的史密森学会大厦召开财政部部长和中央银行行长会议，达成史密森协议，主要内容是：（1）美元对黄金的比价贬值 7.89%，即 38 美元兑换 1 盎司黄金。（2）一些国家的货币对美元升值。其中，日元升值 16.9%，西德马克升值 13.6%，英镑和法国法郎均升值 8.6%。(3) 将市场外汇汇率的波幅从平价上下 1%扩大到平价上下 2.25%。(4) 美国取消 10%的进口附加税。

4. 布雷顿森林体系的崩溃

史密森协议只是缓和美元危机的暂时性措施，并不能解决根本问题，金融市场对美元的信心并未真正恢复。而且美元的贬值由于 J 曲线效应的影响，并未立即改善美国的国际收支。1972 年，美国仍然面临大量贸易赤字，资金外流，当年年底，各国中央银行持有的美元资产已达 810 亿美元。虽然各国努力维持新的中心汇率，但美元贬值的预期仍然十分强烈，投机风潮再起。1972 年 6 月，英国被迫放弃中心汇率，英镑开始自由浮动。1973 年 1 月，瑞士法郎自由浮动。

1973 年 2 月，尼克松政府被迫宣布美元再对黄金贬值 10%，由每盎司 38 美元提高到 42.22 美元，美元对其他主要国家货币贬值。此时，已有加拿大元、意大利里拉、日元、瑞士法郎和英镑实行了自由浮动，史密森协议所确定的中心汇率制度已基本解体。1973 年 3 月，投机风潮再现，其他维持固定汇率的国家也放弃了最后的努力，至此，各国货币已开始自由浮动，布雷顿森林体系彻底崩溃。

三、牙买加体系

布雷顿森林体系崩溃以后，大多数国家的货币失去了可以依赖的“锚”，在货币汇率走势上则表现为大起大落，整个世界进入了所谓的浮动汇率制时代。而严格地说，这样的汇率体制并不是一种正式的国际货币体系，因为国际货币基金组织还没有承认浮动汇率的合法化，国际间为了建立一个新的国际货币体系进行了长期的讨论与协商。1976 年 1 月，IMF 成员在牙买加的首都金斯敦举行会议，讨论修改《国际货币基金组织协定》的条款，会议达成了《牙买加协议》。同年 4 月，国际货币基金组织理事会又通过了以修改《牙买加协议》（以下简称《协议》）为基础的《国际货币基金组织协定》第二次修正案，并于 1978 年 4 月 1 日生效。自此，国际货币体系进入了一个新的阶段——牙买加体系。

（一）牙买加体系的主要内容

1. 黄金非货币化

废除黄金条款，取消黄金官价，使黄金与货币完全脱离关系，各成员的中央银行可按市价自由进行黄金交易活动。取消成员之间以及成员与基金组织之间需用黄金支付的义务。国际货币基金组织所持有的黄金应逐步加以处理，其中 1/6（约 2 500 万盎司）按市价出售，市价超过官价（每盎司 42.22 美元）的部分作为援助发展中国家的资金。另外 1/6 按官价由原缴纳的各成员买回。剩余部分约 1 亿盎司，根据占总投票权 85%的成员投票结果，决定向市场出售或由各成员购回。

2. 浮动汇率合法化

成员可以自由选择任何汇率制度，浮动汇率制与固定汇率制可以并存。但成员的汇率政策应受国际货币基金组织的监督，并与国际货币基金组织协商。国际货币基金组织要求各国在稳定物价的条件下寻求持续的经济增长，稳定国内经济以促进国际金融的稳定，并尽力缩小汇率波动幅度，避免通过操纵汇率来调整国际收支或获取不公平的竞争利益。《协议》还规定实行浮动汇率制的成员根据经济条件，应逐步恢复固定汇率制。在将来世界经济出现稳定局面后，经国际货币基金组织总投票权 85% 的多数票通过，可以恢复稳定的但可调整的汇率制度。这部分条款是将已实施多年的有管理的浮动汇率制度予以正式认可，但同时又强调了国际货币基金组织在稳定汇率方面的监督和协调作用。

3. 提高特别提款权的国际储备地位

《协议》规定，未来的国际货币体系应以特别提款权为主要储备资产，各成员之间可以自由进行特别提款权交易而不必征得国际货币基金组织同意。国际货币基金组织与成员之间的交易以特别提款权替代黄金，国际货币基金组织一般账户中所持有的资产一律以特别提款权表示，尽量扩大特别提款权在其他业务中的使用范围。另外，国际货币基金组织应随时对特别提款权制度进行监督，适时修改或增减有关规定以提高特别提款权的国际储备地位，使之逐步取代黄金和美元而成为国际主要储备资产。

4. 扩大对发展中国家的资金融通

《协议》规定，用出售黄金所得收益设立“信托基金”，以优惠条件向最贫穷的发展中国家提供贷款或援助，以解决其国际收支困难。同时，基金组织扩大信用贷款的额度，由相当于成员份额的 100% 增加到 145%，并放宽“出口波动补偿贷款”的额度，由占份额的 50% 提高到 75%。

5. 增加成员的基金份额

各成员对国际货币基金组织所缴纳的基本份额，由原来的 292 亿特别提款权单位增加到 390 亿单位。各成员应缴纳份额所占的比重也有所改变，石油输出国的比重提高一倍，由 5% 增加到 10%，其他发展中国家维持不变，主要西方国家除联邦德国和日本略增以外都有所降低。

（二）牙买加体系的特点

1. 多样化的汇率制度

根据《牙买加协议》，国际货币基金组织成员可以自行安排汇率制度。从各国的实际情况看，受经济开放程度、资本自由流动的程度等条件影响，不同的国家选择了完全不同的汇率制度。

1999 年，国际货币基金组织将汇率制度细分为完全的固定汇率制度、货币局制度、传统的钉住汇率制、钉住水平带的汇率制、爬行钉住、爬行的带状汇率制、没有事先宣布路径的管理浮动汇率制和独立浮动汇率制，共八类。其中，自由浮动制和固定汇率制是两种极端情况，被视作汇率制的“两极”，其他几类介于两者之间，被称作“中间汇率制度”。

2. 多元化国际储备体系

根据修改的《国际货币基金组织协定》，未来的国际货币体系应以特别提款权为主要储备资产，但事实上特别提款权在世界各国国际储备中的比重不大。外汇仍是各国储备资产的重要组成部分，其中美元的地位虽然有所削弱，但它仍是最主要的国际储备资产，其次是欧元、日元、英镑等可自由兑换货币。黄金在国际储备体系中仍占有一席之地。

3. 多种国际收支调节手段

牙买加体系允许成员可以动用汇率机制、利率机制以及国际货币基金组织贷款等方式来综合调节国际收支不平衡。

汇率机制是牙买加体系下国际收支调节的主要方式。其运作方式是：当一国经常账户收支发生赤字时，由于实行浮动汇率制度，该国货币的汇率便趋于下跌，有利于增加出口减少进口，从而使经常项目赤字得到改善。反之，当一国经常账户收支盈余时，该国货币汇率便趋于上浮，这会抑制出口增加进口，从而使国际收支恢复均衡。当然，汇率机制发挥作用的前提条件是进出口价格弹性要能满足“马歇尔—勒纳条件”。此外，由于J曲线效应的影响，也会降低汇率机制调节国际收支的及时性。

利率机制的调节是通过一国实际利率与其他国家实际利率的差异来引导资金流入流出，从而引起资本账户的变动，达到调节国际收支的目的。

国际货币基金组织在协助调节国际收支方面也发挥着重要作用。它不仅向赤字国提供贷款，还指导和监督赤字国和盈余国双方进行国际收支调节，以便双方对称地承担国际收支调节义务。

(三) 对牙买加体系的评价

牙买加体系下的国际货币制度是国际储备多元化条件下的有管理的浮动汇率制度，其特点是多元化和分散化，有多元化的国际储备资产，多样化的汇率制度安排，多种形式的国际收支调节手段，以及灵活多样的各国国内宏观经济政策选择。这样的货币制度是布雷顿森林制度崩溃后世界经济规律发展的结果，并不是国际会议协议的规定，所以有的西方经济学家称牙买加体系为无体制的体系。

1. 牙买加体系的积极作用

(1) 多元化的国际储备体系满足了国际经济交易增长的需要，还降低了单一中心货币对世界储备体系稳定性的影响。“特里芬难题”已经证明了由单一国家的货币单独充当国际储备具有内在的不稳定性，而储备货币多元化可以使这一矛盾得到化解，使充当国际储备货币的利益和风险由多种货币分担。当某一储备货币发生信用危机时，其储备地位将让位于其他信誉良好的储备货币。

(2) 以浮动汇率为主的多种汇率制度安排能够对世界经济形势的变化做出灵敏反应，从而使汇率对经济的杠杆调节作用得到较好的发挥。在布雷顿森林体系下，各国有义务维持固定汇率，汇率不能对国际收支失衡起到调节作用，而且为了实现汇率目标，各国往往要以牺牲国内经济目标为代价。浮动汇率制下自由的汇率安排使各国能充分考虑本国客观经济条件，并使宏观经济政策更具独立性和有效性。

(3) 多种国际收支调节机制选择更能适应世界经济发展不平衡的现状。在牙买加体系下，多种国际收支调节机制并存，互为完善、互为补充，而不是单纯依靠一种调节机制。这比较适合当今各国经济发展水平相差悬殊，以及各国经济发展模式、政策目标各不相同的特点，从而在一定程度上缓和了布雷顿森林体系下国际收支难以调整的局面。

2. 牙买加体系的缺陷

(1) 多元化储备货币管理难度增加。一方面，在浮动汇率制度下，多元化的储备货币使短期资金移动频繁。另一方面，多种储备货币并没有从本质上解决储备货币同时担任世界货币和所在国本币的双重身份造成的“特里芬难题”。最后，在牙买加体系中，美元仍然占据绝对优势地位，还没有任何一种其他储备货币能够对美元的储备货币强势地位构成威胁。这样一来，美国国内的经济政策和形势对整个世界经济的影响仍然很大，结果往往是美国以牺牲他国利益为代价来保证本国利益。

(2) 汇率的波动使贸易和投资的风险加大，并带来世界经济的不稳定。汇率频繁波动给国际贸易结算和正常经营带来困难；助长了外汇市场上的投机活动，加快了资本流动，造成了国际财富不合理的转移及再分配，加剧了国际金融市场的动荡和混乱；汇率变动不定容易引发债务危机，影响国际金融形势的稳定。

(3) 国际收支调节机制仍不健全，全球性国际收支失衡现象日益严重。尽管牙买加体系下国际收支调节机制更加多样化，但从该体系运行数十年的结果来看，全球性的国际收支失衡问题并没有得到妥善解决，反而更趋严重。

关键概念

国际货币体系　布雷顿森林体系　“特里芬”难题　牙买加体系　双挂钩　特别提款权

复习思考

一、单项选择题

1. 第一个国际货币体系是（　　）

A. 国际金块本位制　　B. 国际金本位制

C. 布雷顿森林体系　　D. 银本位制

2. 布雷顿森林体系是采纳了（　　）的结果

A. 怀特计划　　B. 凯恩斯计划　　C. 布雷迪计划　　D. 贝克计划

3. 特别提款权的创立是（　　）

A. 第一次美元危机的结果　　B. 第二次美元危机的结果

C. 第三次美元危机的结果　　D. 凯恩斯计划的一部分

4. 标志着布雷顿森林体系开始崩溃的事件是（　　）

A. 互惠信贷协议　　B. 黄金双价制

C. 尼克松政府的新经济政策　　D. 史密森协议

二、多项选择题

1. 用于拯救第一次美元危机的措施有（　　）；用于拯救第二次美元危机的措施有（　　）；用于拯救第三次美元危机的措施有（　　）

A. 互惠信贷协议　　B. 借款总安排　　C. 黄金总库　　D. 黄金双价制

E. 特别提款权　　F. 史密森协议

2. 牙买加体系与布雷顿森林体系相比，主要区别在于（　　）

A. 黄金非货币化　　B. 储备货币多样化
C. 汇率制度多样化　　D. 国际货币基金组织的作用增大

3. 国际金本位制经历了下列哪几个发展阶段（　　）
A. 金铸币本位制　B. 金银复本位制　C. 金块本位制　D. 英镑本位制
E. 金汇兑本位制

4. 金块本位制的基本内容或特点为（　　）
A. 金币在国内流通　　B. 金币为本位货币
C. 金币可自由铸造　　D. 银行券具有法定含金量
E. 银行券可兑换金块

5. 特别提款权的用处是（　　）
A. 弥补国际收支逆差　　B. 计价货币
C. 成员购回本币的手段　　D. 民间支付结算

三、思考题

1. 简述布雷顿森林体系的主要内容。
2. 怎样理解布雷顿森林体系的内在缺陷？
3. 简述牙买加协议后国际货币制度的主要特征。
4. 一个稳定的国际货币体系必须具备哪些条件？
5. 国际储备货币多样化的优缺点是什么？
6. 分析当前国际货币制度中的汇率制度安排和国际收支调节机制。

实训案例

国际货币体系改革与人民币国际化

对世界经济带来严重负面影响的国际金融危机，其影响将长期存在。导致国际金融危机既深且广的原因很多，现行国际货币体系的缺陷无疑是其中之一。现在人们已普遍认为，2008 年国际金融危机的严重性与美元霸权的存在密切相关，美元的地位极大地助长了美国的过度负债和过度消费，从而助长了本次金融危机的发生；危机爆发以后，美联储为了增加美国经济中的流动性，刺激美国经济复苏而实行的超低利率和两轮定量宽松货币政策，又给拥有巨额美元资产的国家带来美元贬值的巨大风险。因此，自 2008 年秋金融危机爆发以来，现行国际货币体系的缺陷以及如何对之进行有效的改革，再次吸引了各国学者和政要的注意。

在国际货币基金组织（IMF）和世界银行 2011 年春季会议召开之前，时任 IMF 总裁卡恩也提到国际货币体系的改革问题，包括如何加强世界各国经济政策协调和减少波动性，如何处理资本流动和汇率波动，以及如何改进紧急时刻的全球流动性提供机制。他还多次提议让新兴经济体国家在基金组织和世行发挥领导作用。卡恩表示，在后危机时代，全球经济复苏呈现脆弱和不平衡状态，并面临巨大不确定性，全球需要建立应对经济和社会挑战的新思路，他呼吁宏观经济政策要关注金融稳定，强调建立更为公平的全球化形式。

2011年4月，金砖国家领导人第三次会晤后发表的《三亚宣言》再次明确指出："我们认识到，国际金融危机暴露了现行国际货币和金融体系的缺陷和不足，表明国际货币体系需要改革和完善，需要建立稳定、可靠、基础广泛的国际储备货币体系。我们欢迎当前就特别提款权在现行国际货币体系中的作用进行讨论，包括特别提款权一篮子货币的组成问题。"（金砖国家领导人第三次会晤．三亚宣言［N］．经济日报，2011-4-15.）

国际货币体系作为影响全球经济和金融稳定的一个重要因素，受到国际社会广泛而持久的关注。一百多年来，国际货币体系几经变革，在国际货币体系发展的每一个历史时期，都有个别国家居于中心地位，世界经济发展的不平衡是国际货币体系演变的根本原因。

使用何种形式的国际货币是国际货币体系最基础的问题，它关系到整个国际货币体系的稳定。国际货币的演变、发展及影响长久以来一直是学者们的研究对象之一。当一种货币的使用扩展到其发行国以外时，它就成为国际货币。如果一种货币能够成为国际货币，会给其发行国带来诸多利益。除了人们通常所说的"铸币税"以外，在国际货币体系中居主导地位的货币还拥有货币强权，其所有国可通过国际货币关系对他国施加很大的影响。纵观国际货币演变史，一国的货币成为国际货币无不与其强大的经济实力和综合国力相伴随。从根本上来说，强大的乃至首屈一指的经济实力是实现本国货币国际化的基础，而货币的国际化则是一国经济和综合实力在货币形态上的反映。一个国家只有拥有强大的经济实力，在全球产业、贸易中占据较大份额，才能使其货币的流通或交易规模扩大，从而增加对其货币的需求。

事实上，对国际货币体系改革的要求并非始自今日。20世纪70年代布雷顿森林体系崩溃以后所实行的牙买加体系，实际是一种比较松散的国际货币体系，甚至被称作"无体系的体系"（［美］约翰·威廉逊．开放经济与世界经济［M］．厉伟，译．北京：北京大学出版社，1991.）。牙买加体系实行有管理的浮动汇率制，具有多元化的国际储备资产，多样化的汇率安排，以及多种形式的国际收支调节机制。在牙买加体系下，尽管美元不再是唯一的国际货币，但它仍然是世界上最重要的计价货币、结算货币和储备货币。目前，世界上仍有2/3以上的进出口贸易用美元计价和结算，美元是国际金融市场外汇交易的重要手段和干预货币，全球外汇交易市场交易量的50%以上以美元为对手货币，全球衍生金融产品80%以上以美元为交易货币，全球45%的债券以美元计价和交易。全球大宗商品包括石油、天然气、铁矿石、粮食等，皆以美元计价和交易；美元在当今全球储备货币中的份额约为64%；目前全球有68个国家的货币汇率与美元直接或间接挂钩。

在美元本位制的货币体系条件下，发达国家尤其是美国属于体系的中心国家，其他国家则属于外围国家。来自外围国家的商品和资源大量流入美国，并因此积累了大量的贸易顺差和外汇储备，这些国家又将大量的外汇储备投资于美国国债等金融资产，使美元回流美国。这种状况不可避免地导致了全球贸易的严重失衡，一方面，美国贸易赤字巨大；另一方面，中国等国积累了大量贸易盈余。现行国际货币体系除了引致全球经济贸易失衡以外，还存在着汇率制度不稳定、危机救助机制不完善等弊端。

2008年爆发的国际金融危机，不仅使现行国际货币体系形成以来所累积的内在矛盾和冲突更为凸显，同时也使世界经济格局发生了明显的变化。以金砖国家为代表的新兴市场国家发展势头强劲，占全球经济总量的比重及对全球经济增长的贡献日益上升，整个新兴市场对世界经济增长的贡献超过60%，远远超过发达国家。从根本上说，国际货币体系是以国家经济和金融实力为支撑的。因此，新兴市场国家经济的发展最终将促使国际货币体系进行调整，以反映已发生很大变化的国际经济格局。这意味着新兴市场国家的经济发展将使得这些国家的货币在未来的国际货币体系中占有一席之地。随着世界经济的发展，国际货币体系从根本上来说也不可能长期不变。国际货币体系与世界经济的发展从基本适应到不适应，最后将不可避免地出现危机。历史已经证明，一个旧体制的瓦解，同时就孕育着新体制的诞生。

尽管国际货币体系的改革势在必行，但对目前以美元本位制为中心的国际货币体系进行重大改革仍将是一个长期、渐进、缓慢的过程。本次金融危机爆发以来，美国经济受到很大打击，但这些打击仍在其可控范围之内，美国依然是无可争议的全球第一经济大国，其经济竞争力仍排名世界第一。因此，美元的地位在短期内很难动摇。另外，国际货币体系的运行具有巨大的惯性，大部分国家并不愿意看到其剧烈变化所带来的不确定性。事实上，维持美元作为重要国际储备货币的地位及其汇率的稳定也符合大多数国家的利益。因此，国际货币体系的改革仍将是一项长期的任务。就短期而言，主要应对现行国际货币体系做进一步的完善。例如，要加强对主要储备货币国家宏观经济的监督，应增加新兴市场国家和发展中国家在国际货币基金组织中的份额和话语权。

就长期而言，进一步改革现行的国际货币体系，建立一个更加多元化的、合理和稳定的国际货币体系，是各国面临的一个重要任务。历史经验表明，国际货币体系的结构只有与储备货币国家的经济实力基本一致，才能实现其持续平衡和稳定。因此，国际货币体系的演变，从根本上来说取决于大国经济实力对比的变化。在国际货币体系走向多元化的过程中，中国应当发挥重要作用。随着中国经济和贸易大国地位的确立和巩固，人民币无疑将具有更大的影响力并发挥更加积极的作用。

在未来多元化的国际货币体系中，人民币应成为其中的重要一员。促进国际货币体系多元化，受到当今国际社会普遍关注，并成为改革现行国际货币体系的重要方向。多元化的国际货币体系对整个世界有益，将有助于减少国际金融体系的系统性风险，有助于约束关键货币国家不负责任的行为，并有助于恢复全球经济中实体经济和虚拟经济的平衡，从而有利于世界经济的健康发展。

人民币的国际化是实现国际货币多元化的必经之路，它是有利于世界经济发展的。2009年7月，由中国人民银行、财政部、商务部、海关总署、国家税务总局、中国银行业监督管理委员会共同制定的《跨境贸易人民币结算试点管理办法》正式公布。当月，中国首笔跨境贸易人民币结算业务正式启动。2010年6月，中国央行宣布跨境贸易人民币结算试点范围从启动之初的5个城市扩大至20个省区市，参与的出口企业从365家扩大至近7万家，同时境外地域由中国港澳地区、东盟地区扩展至所有国家和地区。当年8月，央行正式宣布允许境外机构以人民币投资境内银行间债券市场，为人民币回流境内打开一条渠道。2011 年 1 月，央行又发布了《境外直接投资人民币结算试点管理办法》，允许境内机构以人民币开展境外直接投资。在此之前，自 2008 年 12 月以来，中国央行已与中国香港地区及韩国、马来西亚、印尼、白俄罗斯、阿根廷等国家和地区的央行和货币当局签署了货币互换协议。从中国央行与有关国家和地区央行间的货币互换，到逐步展开的跨境贸易结算试点，再到跨境直接投资以至金融市场投资，人民币国际化已迈出了步子。

作为亚洲重要的国际金融中心，背靠内地的香港得天独厚地成为人民币国际化的重要试验场。2010 年 7 月以来，香港人民币存量急速增加，香港各大银行纷纷抢滩人民币市场，各项人民币业务如火如荼地开展。据报道，截至 2010 年底，香港金融机构人民币存款总额约为 3 150 亿元，同比增长 400%。据预测，未来三至四年，香港人民币存款有望达到 2 万亿元。以人民币计价的债券即“点心债券”在香港也开始发行并受到追捧，2010 年其发行量超过 200 亿元，在此基础上今年将轻松实现翻番。

人民币境外使用的稳步推进，将为人民币在长期内逐步发展成为被广泛接受的国际货币构建基础。通过在中国香港等离岸市场的先行试点，人民币在境外已积累了相当多的流动性。国际上对人民币国际化亦有相当的期待，这在客观上形成了对人民币自由化和可兑换进程的压力。在人民币国际化的进程中，资本项目下的可兑换是其关键一步。逐步实现人民币在资本项目下的可兑换，对于人民币最终成为世界储备货币，以及对我国未来的经济发展都具有重要意义。今后几年是推进人民币资本项目可兑换的关键时期，也可以说是难得的机遇期，因此，我们应当审时度势，创造条件，抓住时机，在不很长的时期内走完这一步，从而使人民币全面走向世界，成为国际货币。

当然，人民币国际化的完成只能是伴随着中国经济、金融等方面的实力不断提高后水到渠成的结果。在推进资本项目可兑换的进程中，我们还有许多工作要做，诸如汇率和利率的市场化，扩大金融市场的广度和深度，进一步完善金融监管，提高金融机构的稳健程度等。但是我们坚信，人民币实现可自由兑换，并成为世界储备货币之一，将是对国际货币体系的发展具有重大影响的事件，也是中国所能做出的对国际货币体系改革的重要贡献。

资料来源：朱邦宁．国际货币体系改革与人民币国际化 [J]．红旗文稿，2011 (18)．

实训项目：请根据以上材料思考讨论中美摩擦根源是贸易吗？近些年暴发的国际金融危机与现行的国际货币体系有无关系？国际货币体系未来会如何发展？

第八章　最优货币区与欧元

引　言

货币一体化是现行国际货币制度的重要内容，它反映出布雷顿森林体系解体以后，各国寻求地区性货币秩序稳定的趋向，并取得了重大进展，成为国际货币基金组织活动的重要补充。1961 年，罗伯特·蒙代尔提出了最优货币区理论，欧元是该理论的最好实践，欧洲货币体系是货币一体化的典型代表，欧洲货币联盟是欧洲货币一体化的高级阶段。欧元的正式启动标志着最优货币区理论在实践上的成功，对美元的霸主地位产生了挑战，但同时我们也要意识到，欧元自身存在不足和缺陷，面临严峻挑战。经历了政治、经济等各方面考验的欧元，想要在复杂的国际形势中不断弥补固有缺陷、谋求更大发展，任重道远。

学习目标

通过本章的学习，学生应掌握货币一体化的理论基础——最优货币区理论；了解作为欧洲货币一体化进程高级阶段的欧洲货币联盟的发展历程及运作机制；了解欧元作为欧洲货币联盟的共同货币的重要意义、影响以及面临的困境和挑战。

第一节　最优货币区理论

世界经济全球化和区域经济一体化是当前两大不可阻挡的趋势，表现在金融领域则是金融全球化和区域货币合作的强劲发展。区域货币合作的理论基础是最优货币区理论。

根据《新帕尔格雷夫经济学大辞典》，所谓最优货币区是指在一个最优的地理区域内通用的支付手段或是一种单一的共同货币，或是几种货币，这几种货币之间具有无限的可兑换性。其汇率在进行交易时互相钉住，保持不变，但是货币区内的国家与货币区外的国家之间的汇率保持浮动。

一、传统分析法

最初，传统理论界关于最优货币区的适用标准有以下几种观点。

（一）要素流动性分析

这是罗伯特·蒙代尔（Robert Mundell）于 1961 年提出的一种最优货币区理论，他主张用生产要素的高度流动性作为确定最优货币区的标准。蒙代尔认为，需求转移是一国外部失衡的主要原因。假定有 A、B 两个区域，如果原来对 B 区域产品的需求现在转向 A 区域产品，则 B 区域失业增加而 A 区域通货膨胀上升；若这两个区域恰好是两个国家，则 B 国汇率的下跌将有助于减轻 B 国的失业，A 国货币汇率的上升将有助于降低 A 国的通货膨胀；但若 A、B 是同一国家内的两个区域，它们使用同一种货币，则汇率变动无法同时解决 A 区域的通货膨胀和 B 区域的失业。因此，蒙代尔指出，浮动汇率只能解决两个不同货币区之间的需求转移问题，而不能解决同一货币区内不同地区之间的需求转移问题，后者只能通过生产要素的流动来解决。这样，如果要在几个国家之间维持固定汇率，并保持物价稳定和就业充分，就必须要有一个调节需求转移的机制，而这个机制只能是生产要素的高度流动。蒙代尔特别强调了劳动力的自由流动，他把最优货币区的特征概括为“劳动力迁移的偏好足以确保充分就业”。

（二）经济开放度分析

罗纳德·麦金农（Ronald McKinnon）于 1963 年提出以经济的高度开放性作为确定最优货币区的标准。麦金农将社会总产品分为可贸易商品和不可贸易商品，经济开放程度与可贸易商品在社会总产品中的比重呈正相关关系，比重越高，经济越开放。他认为，经济高度开放的小国难以利用浮动汇率的两个理由是：（1）由于经济高度开放，市场汇率稍有波动就会引起国内物价的剧烈波动；（2）在一个进口占消费比重很大的高度开放的小国中，汇率波动对居民实际收入的影响非常大，使得存在于封闭经济中的货币幻觉消失，进而汇率变动在调节国际收支失衡方面会失去作用。因此，麦金农强调，一些相互间贸易关系密切的经济开放国家应该组成一个相对封闭的共同货币区，在区内实行固定汇率，而对与其贸易关系不密切的国家或地区则实行浮动汇率。

（三）低程度的产品多样化分析

彼得·凯南（Peter Kenen）于 1969 年提出应以产品多样化程度较低作为确定最优货币区的标准。与蒙代尔一样，凯南也把国际收支失衡的主因是宏观经济的需求波动这一假设作为分析的基础。他认为，一个产品相当多样化的国家，出口也是多样化的。在固定汇率制度下，对于一个产品高度多样化的国家来说，单一品种的出口商品在整个出口中所占的比重不大，其需求的下降不会对国内就业产生太大的影响；相反，如果一个国家的产品多样化程度较低，其出口产品的多样化程度也较低，一旦外国对本国出口商品的需求下降，汇率必须做出较大幅度的变动，才能维持原有的就业水平。可见，出口产品的多样化减弱了外部冲击对内部经济的影响，出口收益可以保持相对稳定。因此，产品多样化程度高的国家可以承受固定汇率的结果；而产品多样化程度低的国家则适宜采用汇率灵活安排的独立货币区制度。

（四）国际金融市场一体化程度分析

1969 年，詹姆斯·英格拉姆（James Ingram）提出，在决定货币区的最优规模时，有必要考察一国的金融特征。1973 年，他正式提出以国际金融市场高度一体化作为确定最优货币区的标准。英格拉姆认为，一个区域内各国国际收支的不平衡同资本的流动有关，尤其同缺乏长期证券的自由交易有关。如果国际金融市场的一体化是不充分的，那么外国居民会以短期外国证券为主要交易对象，因为买卖短期外国证券的外汇风险可以通过远期市场的抛补来避免，但这样，各国长期利率的结构就会发生明显的差异。相反，如果国际金融市场（特别是长期资本市场）高度一体化，只要国际收支失衡导致利率发生小幅变动，就会引起均衡性资本（非投机性短期资本）的大规模流动，从而使汇率保持稳定。

（五）政策一体化程度分析

1970年，爱德华·托尔（Edward Tower）和托马斯·威莱特（Thomas Willet）提出应以政策一体化作为确定最优货币区的标准。他们认为，一个具有不太完善的内部调节机制的货币区能否成功，关键在于其成员对通货膨胀和失业增长的看法以及对这两个指标之间交替能力的认识是否具有合理的一致性。一个不能容忍失业的国家难以同另一个不能容忍通货膨胀的国家在政策取向上保持一致。

（六）通货膨胀相似程度分析

G. 哈勃勒（Gottfried Von Haberler）和J. M. 弗莱明（John Marcus Fleming）分别于1970年和1971年提出了以通货膨胀率的相似程度作为确定最优货币区的标准。他们认为，国际收支失衡极可能是由各国发展结构不同、工会力量不同和货币政策不同所引起的通货膨胀的离散趋势造成的，后者除了会导致国际收支基本账户的失衡外，还会引起短期资本的投机性移动。因此，如果货币区内各国通货膨胀率趋于一致，就可以避免汇率的波动。

传统的最优货币区理论提出了各种各样的衡量指标，虽然每一个指标都能从一个角度或多或少地揭示世界经济形势的变化，但这些指标均无法对区域性货币合作做出完满的理论解释和说明，都存在一定的片面性和局限性。

二、综合分析法

随着宏观经济理论的发展，最优货币区理论也得以不断推进，经济学家引入成本—收益分析法，对最优货币区做出综合分析。

（一）加入货币区的成本分析

一个国家或地区选择加入某一货币区需要支付一定的成本及承担一定的损失，具体表现在：（1）如果工资是刚性的，要素流动性是有限的，则会出现由于需求在国家间的移动所导致的国家经常账户的失衡。（2）国家或地区失去了自由选择本国通货膨胀率和失业率以调节本国或本地区经济的权利。（3）因放弃本国或本地区货币所造成的铸币税的损失。（4）各国不同的财政体系和市场制度带来的金融监管和中央银行职能有效性的弱化。一国或一地区与一个实行固定汇率安排的货币区之间的经济一体化程度越高，则该国或地区在加入货币区后，因产出市场波动而形成的经济稳定性损失越低。用*LL*曲线来表示参加国与货币区的经济一体化程度和成本的关系，如图8-1所示。

（二）加入货币区的收益分析

加入某一货币区带来的收益包括如下几个方面：（1）消除了兑换成本和在不同市场上的价格歧视。（2）汇率稳定减小了公司未来收益的不确定性，增加了社会福利收益。(3) 汇率波动减小使得价格机制得以保持稳定，从而降低了投资风险。(4) 浮动汇率带来的不确定性和复杂性减少，外贸交易额和贸易量得以增大。(5) 货币合作使成员之间的金融约束力和政策协同力增强，货币信誉提高，抵抗外部冲击的能力增强。(6) 降低成员的外债风险。这些收益与国际贸易和生产要素在国际间的流动成正相关关系，如果该国与货币区之间的经济一体化程度提高，则其加入货币区的收益也随之上升。用 *GG* 曲线来表示参加国与货币区的经济一体化程度和收益的关系，如图 8-2 所示。

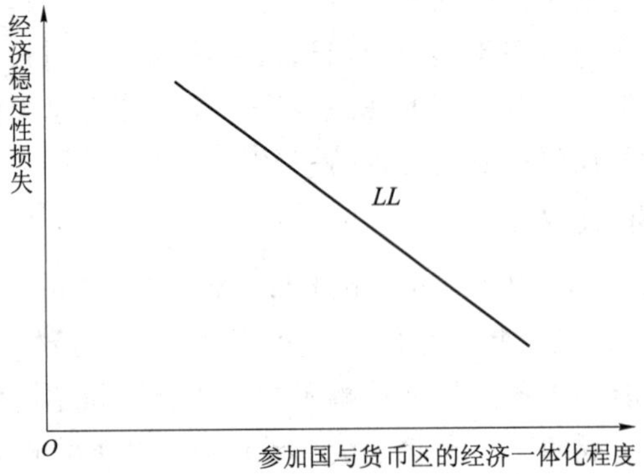

图 8-1　参加国与货币区的经济一体化程度和成本的关系

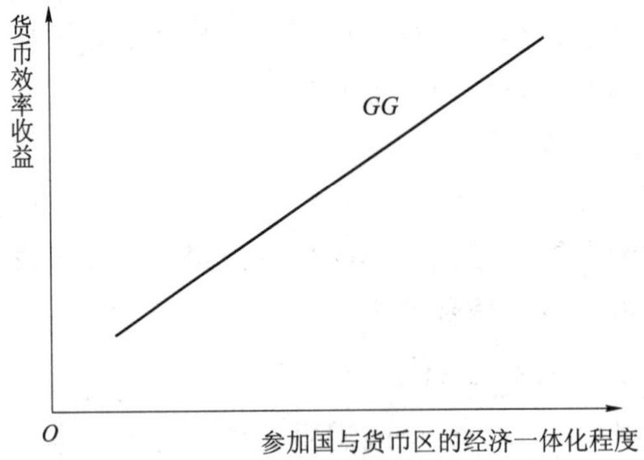

图 8-2　参加国与货币区的经济一体化程度和收益的关系

(三) 加入货币区的决策

将 *LL* 曲线和 *GG* 曲线结合在一起，就可以看到一国是否加入货币区的决策过程是如何完成的，如图 8-3 所示。

LL 曲线和 *GG* 曲线的交点决定了一国是否加入货币区所依据的经济一体化程度的临界值。当一国与货币区的经济一体化程度高于临界值 θ 时，*GG* 曲线位于 *LL* 曲线上方，加入货币区的收益大于成本，就决定加入货币区；当一国与货币区的经济一体化程度低于临界值 θ 时，*LL* 曲线位于 *GG* 曲线上方，加入货币区的收益小于成本，则不加入货币区。

一国经济环境的变化可能会影响到其加入货币区的决策。如图 8-4 所示，假设外部经济环境的变化使 *LL* 曲线向右移至 *LL′*，则在经济一体化程度的任一水平上，曲线 *LL′*上的成本较曲线 *LL* 都有所增加，因而决定一国加入货币区的经济一体化程度的临界值也相应地由 θ 移至 θ_1，即曲线 *GG* 与曲线 *LL′*的交点。由此可见，是否决定加入货币区是动态发展的，一国在开始时可能不适宜加入某一货币区，但随着经济的发展，有可能变得适宜加入该货币区，反之亦然。

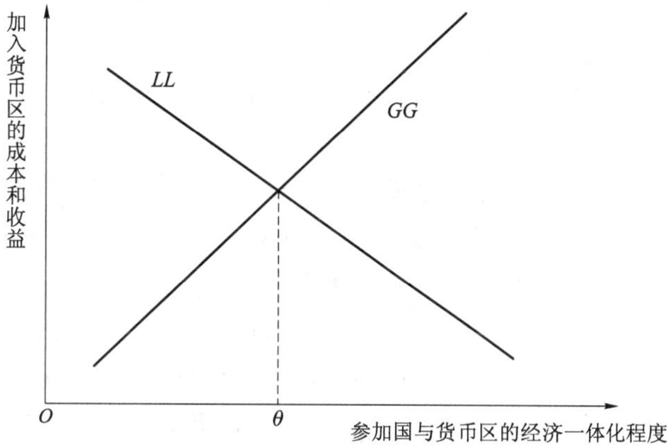

图 8-3　加入货币区的决策过程

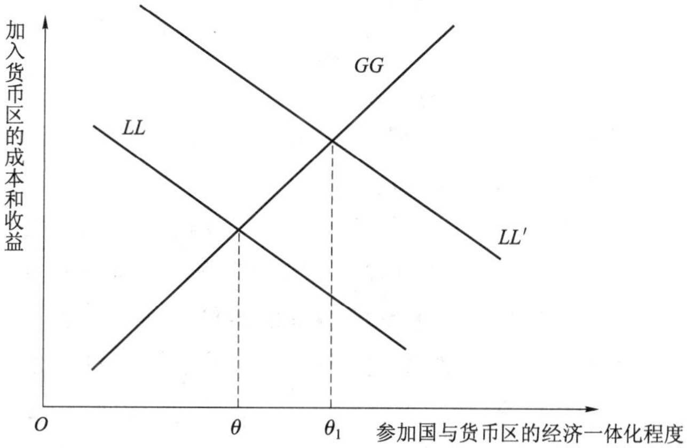

图 8-4　一国经济环境的变化对加入货币区决策的影响

20 世纪 90 年代以来，理论界关于最优货币区标准问题的研究又有了进一步的发展。比如专业化假设、内生性假设、供给与需求冲击的相关性分析以及最优货币区指数等。最优货币区理论成功应用的最典型的代表是欧洲货币联盟。最优货币区理论还被用来分析亚洲等其他地区是否具备货币合作的条件。

第二节 欧洲货币联盟

一、欧洲货币联盟的发展历程

欧洲货币联盟是欧洲货币一体化进程的高级阶段，它的主要目标是建立名为欧元的单一欧洲货币。欧洲货币联盟的成立和发展主要经历如下几个阶段。

（一）欧洲共同体的成立

以 1951 年 4 月《巴黎条约》的签订为标志，欧洲经济一体化正式启动。当时的法国、联邦德国、意大利、比利时、荷兰和卢森堡六国组建成“欧洲煤钢共同体”，有效期为 50 年，由超国家的高级机构负责成员国煤钢部门的生产和销售活动，并通过提供资金支持来帮助落后地区进行产业调整和结构转型。

1957 年 3 月，煤钢共同体六国又进一步通过《罗马条约》成立“欧洲经济共同体”和“欧洲原子能共同体”，于 1958 年 1 月 1 日生效，旨在创造共同市场，取消会员国间的关税，促进会员国之间劳动力、商品、资金、服务的自由流通。

1965 年 4 月 8 日，六国签订《布鲁塞尔条约》，决定将上述三大共同体统一起来，统称欧洲共同体（简称欧共体），条约于 1967 年 7 月 1 日生效，总部设在布鲁塞尔。欧共体的创建宗旨包括：取消各成员国之间的贸易壁垒；建立一个单一的对非成员国的商业政策；最终协调成员国之间的运输系统、农业政策和一般经济政策；取消私人和政府所采取的限制自由竞争的措施；保证成员国之间劳动力、资本和工商企业家的流动性。

（二）欧洲货币体系的建立

1969 年 12 月，共同体海牙首脑会议正式决定建立欧洲经济和货币联盟。

第一阶段：维尔纳计划。1970 年 10 月，以卢森堡首相兼财政大臣皮尔瑞·维尔纳为首的委员会向欧共体理事会提交了《关于在共同体内分阶段实现经济和货币联盟的报告》，即维尔纳计划，该计划建议在 1971—1980 年分三个阶段实现欧洲货币一体化，把自己建设成为经济政策和货币政策上高度协调的经济与货币联盟。然而 70 年代动荡的金融形势以及欧共体国家发展程度的巨大差异，使维尔纳计划几乎完全落空，取得的唯一重大成果是创设了欧洲计算单位。

第二阶段：欧洲货币体系。1978 年 12 月，共同体首脑会议决定建立欧洲货币体系，该体系自 1979 年 3 月 13 日正式实施。欧洲货币体系实质上是一个固定的可调整的汇率制度，主要包括三方面的内容：欧洲货币单位，建立稳定的汇率机制，建立欧洲货币基金。该体系创造了共同体内部稳定的货币关系，为共同体经济的稳定发展打下了基础。

第三阶段：德洛尔计划。1985 年，为彻底消除共同体内部存在的对商品、服务、和资本自由流动的障碍，欧共体委员会主席德洛尔沿袭了维尔纳计划的三个阶段性目标的设定，提出了分三阶段实现欧洲经济和货币联盟。（1）协调各国的经济和货币政策，逐步取消各成员国的外汇管制，实现资本自由流动，所有成员国货币均加入欧洲货币体系的汇率共同浮动机制；（2）建立欧洲中央银行，逐步收缩汇率可容许波动幅度，适当聚集成员国的部分外汇储备，各成员国货币政策的决定权逐步让渡给共同体；（3）外汇市场干预应尽可能使用共同体成员国货币，以欧共体货币取代各国货币。

（三）欧洲货币联盟

欧盟的成立。1991 年 12 月，欧共体各成员国首脑在荷兰的马斯特里赫特召开会议，并签署了《欧洲联盟条约》（又称《马斯特里赫特条约》，简称《马约》），该合约是“建立欧洲货币联盟的重要条约”。其主要内容是：实行共同的外交、防务和社会政策；最迟于 1999 年 1 月 1 日之前建立经济货币联盟，届时在该联盟内实现统一的货币、统一的中央银行以及统一的货币政策。《马约》于 1993 年 11 月 1 日正式生效，与此同时，欧共体更名为欧盟。

《马约》的趋同条件。《马约》规定，欧洲联盟的成员国必须满足五个条件才能加入欧洲货币联盟，分别体现在通胀、利率、汇率、财政赤字、公共债务方面。一是价格稳定，通胀率不高于通胀最低三国的平均通胀率上浮 1.5 个百分点；二是长期利率不超过欧盟中通胀最低 3 个国家平均利率上浮 2 个百分点；三是汇率稳定，至少两年内汇率波动保持在欧洲货币体系允许的正常波动幅度内；四是政府预算赤字不超过 3%；五是债务总额不超过国民生产总值的 60%。

欧元的正式启动。1995 年 12 月，马德里会议上，欧洲理事会正式确定将欧元作为将发行的单一货币；1997 年 6 月，在荷兰阿姆斯特丹举行的欧盟首脑会议批准了《稳定和增长公约》《欧元的法律地位》和《新的货币汇率机制》三个文件，合称《阿姆斯特丹条约》，为欧元的启动做好了技术准备和法律保障；1998 年 7 月 1 日，欧洲中央银行正式成立；1999 年 1 月 1 日，欧元正式启动，但仅用于账面金融交易和外汇交易。经过三年的过渡期，自 2002 年 1 月起，欧元的钞票和硬币开始流通，欧元的钞票由欧洲中央银行统一设计，由各国中央银行负责印刷发行，而硬币的设计和发行由各国分头完成。自 2002 年 7 月 1 日后，所有欧元区的旧币不再具有交换价值，正式退出流通领域，而欧元正式成为各成员国的法定货币。

二、欧洲中央银行体系及其运作

欧洲中央银行体系由欧洲中央银行和欧盟所有成员国包括尚未加入欧元区的成员国中央银行组成，其中欧洲中央银行是欧洲中央银行体系中最重要的决策机构。

（一）欧洲中央银行的机构设置

在欧元区内，欧洲中央银行是最高货币权力机构，其总部设在德国的法兰克福，欧洲中央银行体系的所有活动必须接受欧洲中央银行决策机构的监督和管理。

《马约》对欧洲中央银行决策机构的设置做出了明确的规定。欧洲中央银行行长理事会和执行董事会是欧洲中央银行的两个主要决策机构。行长理事会由执行董事会成员和欧元区成员国的央行行长组成，欧洲中央银行行长担任理事会主席，其职责是制定单一货币政策，包括确定欧元区的货币政策目标、主要利率水平和中央银行体系的准备金数量等。执行董事会由欧洲中央银行行长和其他五位成员组成，这些人员必须在货币和银行事务方面具有丰富的专业经验，执行董事会主要负责货币政策的实施。

此外，欧洲中央银行还设立了由欧洲中央银行行长理事会和尚未参加欧元区的中央银行行长组成的第三个决策机构即总务理事会，负责协调欧盟内欧元区和非欧元区的货币政策。

（二）欧洲中央银行的主要职责

保持价格稳定和维护中央银行的独立性是欧洲中央银行的两个主要职责。根据《马约》的规定，欧洲中央银行的首要目标是“保持价格稳定”，虽然欧洲中央银行还有义务支持欧元区的经济增长、就业和社会保障等其他经济政策，但前提是不影响价格稳定的总目标。《马约》从立法和财政上明确规定欧洲中央银行是一个独立的机构，任何政府和机构有义务尊重欧洲中央银行的独立性，不得干预欧洲中央银行货币政策的制定和实施。

欧洲中央银行有责任对其实行的货币政策进行说明。欧洲中央银行每周发布综合财务报告，每月发布中央银行体系活动报告，有关欧洲中央银行体系活动和货币政策的年度报告必须提交欧洲议会、欧盟理事会和欧盟委员会。

（三）欧洲中央银行的货币政策工具

欧洲中央银行的货币政策操作以统一的标准和条件在所有成员国内进行。但由于欧洲中央银行的货币政策只能通过成员国的中央银行来实施，因此，它的货币政策机制还要反映出各个成员国货币政策机制的不同特点。欧洲中央银行的货币政策工具主要包括：(1) 公开市场业务。欧洲中央银行体系内的公开市场业务在指导利率、管理货币市场、向市场发出政策信号等方面发挥主要作用。欧洲中央银行主要通过回购协议购买、出售资产以及信贷业务等反向交易进行公开市场业务操作。(2) 管理流动资金的经常便利。欧洲中央银行通过管理流动资金的经常便利提供和吸纳隔夜流动资金，并通过改变隔夜拆借利率向市场传递政策信号。欧洲中央银行使用以下两种经常便利：一是边际借贷便利，银行和信贷机构按照预先商定的利率从中央银行获得隔夜流动资金，这种预先商定的利率规定了隔夜拆借市场的最高利率；二是存款便利，需要隔夜流动资金的银行和信贷机构按照预先商定的利率交付隔夜保证金，这种预先商定的利率规定了隔夜拆借市场的最低利率。(3) 准备金制度。欧元区内的银行和信贷机构必须根据欧洲中央银行体系规定的标准和条件，在所在国中央银行的账户上保持最低限度的准备金。

（四）汇率政策的制定和协调

汇率政策是欧元区货币政策的重要组成部分，制定汇率政策的前提是保证价格稳定。

1. 汇率政策的制定机制

欧元区汇率政策的制定权归属于欧洲理事会，欧洲中央银行和欧盟委员会也发挥重要作用。在协调汇率政策方面，欧洲理事会根据经济发展情况对欧元汇率走势进行监督，欧洲中央银行负责组织实施欧洲理事会制定的汇率政策。欧洲理事会有权决定签署有关汇率体制的协议，确定与第三国以及国际组织之间有关汇率政策的立场。

2. 外汇管理和干预

《马约》规定欧洲中央银行具有实施外汇业务的全部权力。欧洲中央银行的外汇储备由成员国中央银行按其所在国的人口和经济总量比例捐助，欧洲中央银行可以自由支配，在必要时，还可以动用成员国中央银行的外汇储备。欧元区成员国的中央银行在动用其外汇储备时，必须征得欧洲中央银行的批准，以防止出现成员国中央银行外汇业务与欧元区汇率政策不一致的问题。必要时，欧洲中央银行可在欧洲理事会的指示下，对欧元与美元等货币的汇率进行外汇干预。

三、欧元

欧元是欧洲中央银行在欧元区范围内正式发行的具有地理货币地位的超国家性质的法定货币。

2002 年 1 月 1 日，除希腊、瑞典、丹麦、英国外的其余欧盟 11 国（德国、法国、意大利、奥地利、卢森堡、比利时、爱尔兰、荷兰、芬兰、西班牙、葡萄牙）成为首批欧元国。经历过金融危机、欧债危机等多番洗礼，欧元区如今已经扩至 19 个国家，覆盖 3.4 亿人口。欧元是仅次于美元的世界第二大储备货币。

（一）欧元问世的重要意义与影响

欧元的诞生，让欧元区的一些成员国尝到了经济一体化带来的巨大实惠，其中，德国是欧元的最大受益国。统一市场的建立、贸易壁垒的消除，成就了德国外向型经济的腾飞。欧元的使用减少了汇率波动的风险和成本，加强了欧洲市场的一体化，促进了欧元区成员国之间的贸易往来。低利率降低了欧元区内经济活动的融资成本，在遏制通胀方面，欧元也功不可没。

欧元的诞生不仅对于欧洲一体化的意义重大，也改变了世界经济与货币的版图，促进了国际货币体系多元化的进程。据国际货币基金组织的数据统计，美元在国际储备中的比重已从 2001 年底的 71.5% 滑落到 2018 年的 61.74%，而欧元的比重则达到 20.67%，成为第二大国际储备货币。

欧元的启动具有划时代的意义。首先，欧元将极大地消除汇率风险和降低交易成本，提供更加良好的国际贸易环境，有利于推动欧盟及世界贸易的发展。其次，欧元问世对美元在国际金融格局中的主导地位和国际货币体系提出了挑战。再次，欧洲货币一体化为其他经济一体化组织的货币合作起了示范作用。最后，欧元区的建设实践推动了最优货币区理论的发展。

欧元对市场的影响途径有三种：（1）欧元区国家享有更低廉的交易成本；（2）降低了与汇率不确定性相关的货币风险和成本；（3）欧元区内外的所有顾客和企业都可以得到透明的价格，且价格竞争更加激烈。

（二）欧元区的机制障碍与困境

欧元区成立之初，许多英美经济学家就曾经发表过欧元区可能难以有效维持的观点，“末日博士”诺里尔·鲁比尼进行了更明晰的阐述，认为其不符合蒙代尔最优货币区理论的前提假设：货币区内部要素能够自由流动，货币区外部要素不能自由流动；所有成功的货币联盟都与政治联盟和财政联盟紧密相连。

始于美国的全球性金融危机和经济危机，使欧元和欧元区遭遇到严重的困境、面临艰巨的挑战，由此导致了主权债务危机在一些欧元区国家蔓延，并有愈演愈烈之势。一时间，“欧元崩溃论”和“欧元区解体论”甚嚣尘上，欧元设计之初的体制性缺陷被充分暴露出来，为欧元未来的前景带来了不确定性。

（1）经济政策协调存在问题。欧元区拥有统一的货币，执行统一的货币政策，但欧盟的财政政策是分散的，财政政策的主导权仍然掌握在成员国政府手中。欧盟的财政预算只占整个联盟国内生产总值的1%，而各成员国的财政预算（包括社会保障基金）通常占国内生产总值的50%左右。欧盟预算仅有行政开支和农业开支。《马约》和《稳定和增长公约》也规定，在保证赤字和债务标准符合规定的前提下，成员国有权“自主制定和实施本国的财政政策”。这也意味着成员国政府在满足趋同条件的前提下可以自主安排财政收支项目和数额，欧盟不会予以干涉。然而各国的经济发展不均衡，难以通过统一的货币政策协调，只能使用差异化的更有利于本国的财政政策。在金融危机的背景下，政策协调问题会更加突出。

（2）缺少“最后贷款人”。《马约》设立了“不救助条款”，具体包括禁止欧洲中央银行、成员国中央银行向成员国过共同体的公共部门机构提供透支或类似透支的贷款、直接购买债券，禁止欧洲中央银行接受或寻求其他机构的救助指示。其条款目的是为了避免成员国滥用财政政策加大道德风险，但是在危机面前直接导致救助的不及时和危机的扩大。

（3）欧元区国家经济发展的不均衡。欧洲央行在制定货币政策时依据的是欧元区的加总水平，权重不可避免地会向大国倾斜，这对于与经济大国差异较大且经济周期不同步的小国来说十分不利，甚至会导致二者竞争力的进一步分化。欧元区成员国缺少货币政策工具，调节失衡只能采用财政政策，但是趋同标准对财政赤字和公共债务有明确的规定，导致财政政策可能无法满足成员国的需要。危机面前，成员国大规模举债挽救本国经济，但严重的赤字超标会导致本国利率上升，对其他成员国的利率造成上升压力，也会对欧元信用造成损害。

（三）欧元和欧元区的挑战

自成立至今，欧元区受到了诸多挑战，如欧债危机、“欧元崩溃论”。由于存在制度上的先天缺陷以及内部基础不牢靠，欧元区经常出现这样那样的问题，尤其是在遭受外部冲击时，遇到的困难会比其他发达经济体表现的更加突出，化解更为困难。政府失职、过度举债、制度缺陷等问题的累积效应最终导致了这场危机的爆发。但是即便存在分歧，各个成员国总在寻找最大的公约数，保证欧元区的存续，这一点在欧债危机时表现得尤为明显。

成员国的过度举债。加入欧元区无疑可以为欧洲各国的经济发展带来巨大的优势和便利，但是《马约》的趋同条件对多数国家来说存在难度。在这样的条件下，一些国家采取了“走捷径”的方式使自己迅速符合标准。以希腊为例，通过与高盛合作，以国家彩票业和航空税等未来收入作为抵押开展货币掉期，使希腊的账面债务比率短期内降至1.5%，但是债务到期时的高额负担是希腊无法承受的。从2001年加入欧元区到

2008年危机爆发前夕，希腊年平均债务赤字达到了5%，而同期欧元区仅为2%；希腊的经常项目赤字年均为9%，同期欧元区数据仅为1%。希腊并不是“走捷径”的唯一成员国，德国财长魏格尔曾要求其央行行长重新评估央行的黄金资产价值，以增加当年的财政收入，减小赤字、法国从国有电信局挪用了375亿法郎冲销0.5%的财政赤字。虽然《稳定与增长公约》规定“连续三年不符合规定要予以罚款”但由于德法等大国率先违反，惩罚措施被稀释，违反规定成为普遍现象。

全球金融危机的影响。2007年，美国次贷危机引发了全球性的金融危机，以美元为主导的国际货币体系，使危机迅速传遍全球，欧元区不可避免的受到影响。希腊等经济不够发达的经济体缺乏科技密集型产品，以农产品和初级工业制成品为主，欧元升值的压力使其措手不及。加之欧盟成员国普遍具有较高的社会福利保障制度，需要为之付出巨大的开支，给各国的财政造成极大压力。当巨额的政府预算赤字不能用新发债务的方式进行弥补时，债务危机就会不可避免地爆发。

危机的解决。随着欧债危机的不断蔓延和升级，欧元区的救助措施也不断加码，救助方式由常规到非常规，由短期援助的治标措施转向长远规划和顶层设计的大刀阔斧式改革。2012年，平息市场恐慌并让主权债务危机走向结束的三项重要措施是：建立银行业联盟，打破了主权债务危机和银行业危机之间的恶性循环，稳定了金融系统；永久救助机制——欧洲稳定机制（ESM）成立，协助成员国度过金融或财政危机；欧洲央行的无限额冲销购债计划，使得欧元区有了如美联储一样的干预能力。欧债危机之所以愈演愈烈并迟迟不能解决，主要原因就是各国不肯让渡主权、不肯分担债务，部分国家担心一旦债务共担，外围国家的压力消失，就不会继续进行财政巩固和结构改革，这对欧元区的长久发展不利。但是，这三项措施意味着各国已经部分让渡了对银行业的监管权。在这三者就位的情况下，市场对欧元区债务水平的实际容忍程度已经提高。

时至今日，欧元区的制度性缺陷仍然存在。2019年9月，法国央行行长弗朗索瓦·维勒鲁瓦·德·加洛在伦敦政治经济学院发表演讲。维勒鲁瓦认为，在英国“脱欧”背景下，欧元未来面临三大挑战：如何增强经济弹性；如何促进增长；如何加强主权债务监管。2020年2月，欧洲央行行长克里斯蒂娜·拉加德在法国斯特拉斯堡表示“近年来，欧元区的体系结构发生了深刻变化，但基本要素仍然缺失或不完整”。受欧债危机和全球贸易低迷等方面的影响，欧元区各国在经济增长、宏观政策、社会治理等方面呈现明显差距，欧洲各地掀起的民粹主义和民族主义思潮加剧了社会撕裂。

关键概念

最优货币区理论　欧洲货币联盟　欧洲中央银行　欧元

复习思考

一、单项选择题

1. 根据成本—收益分析法，一个国家或地区何时应选择加入某一货币区（　　）

A. 加入货币区的收益小于成本　　B. 加入货币区的收益大于成本
C. 加入货币区的收益等于成本　　D. 加入货币区的收益和成本无法确定
2. （　　）的签订，标志着欧洲经济一体化的正式启动
A.《巴黎条约》　　B.《罗马条约》
C.《马斯特里赫特条约》　　D.《维尔纳报告》
3. 欧元自（　　）年起以纸币和硬币的实体形式正式进入日常流通
A. 1999　　B. 2000　　C. 2001　　D. 2002

二、多项选择题

1. 传统分析法关于最优货币区的适用标准包括（　　）
A. 要素流动性分析　　B. 经济开放度分析
C. 低程度的产品多样化分析　　D. 政策一体化程度分析
E. 加入货币区的成本分析
2. 欧洲中央银行的货币政策工具主要包括（　　）
A. 公开市场业务　　B. 管理流动资金的经常便利　　C. 准备金制度
D. 消费性贷款　　E. 技术援助

三、思考题

1. 如何利用成本—收益法对最优货币区进行综合分析？
2. 欧洲货币联盟是如何发展起来的？
3. 欧元诞生的重要意义和影响是什么？

实训案例

案例一　英国提留在欧盟条件：更多自主权　巩固英镑地位

2015年，英国前首相卡梅伦与其在内阁的盟友就曾共同提出了让英国留在欧盟的条件。卡梅伦的要求包括四点：

首先，英国可以置身于欧盟“最紧密的联盟”基本原则之外，以确保英国不会被迫加入一个新的欧洲超级大国。

其次，欧盟应该承认，欧元不是唯一的货币，欧洲是一个多货币联盟。英国政府的这一要求是为其巩固英镑的地位。

再次，英国议会应有更多的自主权，减少欧盟法律对英国内政的影响。有关这一点的具体工作已经展开，欧盟官员据称正在考虑引进“红牌”系统，允许议会反对新的欧盟指令。

最后，对欧盟架构进行重大改革。英国认为，欧盟应该保护未加入欧元区的9个国家免于受到欧元区19国的支配，英国应该就此获得特别的保证。

英国政府于5月底向议会提交了退出欧盟的全民公投案。法案中将全民公投问题定为“英国是否应该留在欧盟”，公投的时间被定在2017年12月31日之前。

资料来源：人民网，http://xj.people.com.cn/n/2015/1012/c188527-26754088.html。

案例二　英国正式脱离欧盟

2020 年 1 月 31 日 23 时整，随着大本钟的敲响，英国正式脱离已经加入了 47 年的欧盟，此时距离英国公投决定“脱欧”已经过去三年。英国多地，包括与欧洲大陆隔海相望的多佛白色悬崖、伦敦议会广场和唐宁街 10 号首相府等举行了庆祝仪式。

据英国广播公司报道，英国首相鲍里斯·约翰逊专门发布了一段视频，称颂“新时代的曙光（到来）”，他早些时候在社交媒体发帖表示“这不是一个结束，而是一个开始”。

虽然英国从现在起已不是欧盟成员，但是在随后开始到年底结束的过渡期内，英国公民并不会感觉到明显变化，因为大多数欧盟法律将继续有效，英国与欧盟成员国之间人员仍然可以自由流动。英国政府也需要在过渡期内与欧盟在商贸等一系列领域进行谈判并争取达成协议。

英国于 1973 年 1 月 1 日加入欧洲经济共同体，并在两年后的全民公投中决定继续留在欧盟。2016 年 6 月，时任首相卡梅伦领导的政府再次发起公投，“脱欧”派以微弱优势胜出。卡梅伦的继任者特雷莎·梅经过多次尝试未能让议会接受她的“脱欧”方案。2019 年 12 月，鲍里斯·约翰逊赢得大选，并成功带领英国脱离欧盟。

资料来源：人民网，https://baijiahao.baidu.com/s?id=1657288336421093583&wfr=spider&for=pc。

实训项目：根据本章所学内容，结合案例一和案例二进行分析，为什么英国一直不加入欧元区？英国“脱欧”的原因有哪些？

第九章　汇率制度与外汇管制

引　言

在经济全球化的背景下，汇率制度是联系国内经济和国外经济的“纽带”，是一国宏观经济政策的重要组成部分。不同的汇率制度意味着政府在实现内外均衡目标的过程中需要遵循不同的规则，所以如何选择合理的汇率制度是一国面临的重要问题。另外，汇率制度是国际货币体系的重要组成部分，伴随着国际货币体系的发展而演变。在当前的牙买加体系下，各国越来越强调在选择自身汇率制度方面的自主性。因此，我们有必要对这一问题进行详细分析。

外汇管制是当今世界各国调节外汇供求和国际收支的一项常用的强制性手段，其结果直接影响国际商品与资本的自由流动。各国政府可根据自身的国情和发展国民经济的需要制定松紧程度不同的外汇管制措施。对于发达国家而言，外汇管制是其推行对外经济政策的工具；对于发展中国家而言，外汇管制则是阻止垄断资本入侵与维护本国经济利益的一种防御性措施。实施外汇管制能够实现平衡本国国际收支、稳定汇率、奖出限入和稳定国内价格等政策目标，但外汇管制也会阻碍市场机制作用的发挥，造成国内价格扭曲和资源配置的低效率，妨碍国际经济的正常往来。对于外汇管制我们需要辩证地看待。

货币自由兑换和外汇管制是同一问题的正反两面。放松对外汇的管制，就可以实现货币自由兑换。货币自由兑换后，有利于提高该货币的国际地位；有利于形成多边国际结算，促进国际贸易和资本流动的发展；有利于获取比较优势，减少储备的风险与成本。各国都应积极促进本国货币的可自由兑换。

学习目标

通过本章的学习，学生应掌握不同类型汇率制度的特点、外汇管制的概念和方法及货币自由兑换的概念和条件，熟悉当代各国的汇率制度安排，了解汇率制度选择的依据、外汇管制对经济的影响以及我国汇率制度和外汇管理的情况。

第一节　汇率制度

一、汇率制度的概念和内容

汇率制度（Exchange Rate Regime；Exchange Rate System）又称汇率安排（Exchange

Rate Arrangement)，是指各国或国际社会对汇率确定、维持、调整及管理的原则、方法、方式和机构等所做出的一系列安排和规定。具体而言，汇率制度应当包括以下几个方面的内容。

(1) 确定汇率的原则和依据，即货币如何定值，是以货币本身的价值为依据，还是以法定代表的价值为依据等。

(2) 维持与调整汇率的办法，即汇率如何变动，是采用公开法定升值或贬值的办法，还是采取任其浮动或官方有限度干预的办法。

(3) 管理汇率的法令、体制和政策等，如各国外汇管制中有关汇率及其适用范围的规定。

(4) 制定、维持与管理汇率的机构，如外汇管理局、外汇平准基金委员会等。

二、传统的汇率制度分类

传统上，按照汇率变动的幅度，将汇率制度分为两类：固定汇率制度和浮动汇率(或弹性汇率) 制度。

(一) 固定汇率制度

固定汇率制度 (Fixed Exchange Rate System) 是指货币当局把本国货币兑换其他国货币的汇率加以固定，并把两国货币比价的波动幅度控制在一定的范围之内。固定的汇率要么由黄金的输入输出予以保障，要么由货币当局调控，在法定幅度内进行波动，具有相对稳定性。从国际货币体系的发展来看，1880—1914 年国际金本位制下的汇率制度和 1944—1973 年布雷顿森林体系下的汇率制度都属于固定汇率制度。

1. 国际金本位制下的固定汇率制度

(1) 基本内容：黄金充当本位货币，货币本身具有价值。各国每一单位货币(金币) 都有法定的含金量，黄金可以自由铸造成金币，金币可以自由流通、自由熔化和自由输出入，银行券可自由兑换成金币或黄金。

(2) 主要特点：

① 金币的含金量是汇率决定的基础，两国货币的重量和成色之比，即铸币平价决定了两国货币的汇率。

② 市场汇率围绕铸币平价在黄金输送点的范围内上下波动，汇率稳定，波幅较小。

③ 在金币可以自由铸造、自由兑换、自由输出入的条件下，汇率和国际收支自发调节。

在国际金本位制下，由于各国货币的法定含金量一般不轻易变动，因此这种以货币含金量为基础的汇率波动幅度很小，加上政府干预，使其具有较强的稳定性。

2. 布雷顿森林体系下的固定汇率制度

1944 年，英国、美国等 44 个国家在美国新罕布什尔州的布雷顿森林召开了第一次联合国货币金融会议，会议通过了《国际货币基金组织协定》，确立了以美元为中心的固定汇率制度，这便是布雷顿森林体系下的固定汇率制度。

(1) 基本内容：

① 实行“双挂钩”，即美元与黄金挂钩，其他各国货币与美元挂钩。

② 在“双挂钩”的基础上，《国际货币基金组织协定》规定，各国货币对美元的汇率一般只能在汇率平价±1%的范围内波动，1971 年 12 月后，将这一范围扩大到平价的±2.25%。

③ 为保持汇率稳定，控制汇率的波动幅度，各国货币当局必须同国际货币基金组织合作，并采取适当的措施保证汇率的波动不超过上述界限。

④ 国际货币基金组织作为国际协调机构，管理、协调和监督成员履行控制汇率波动幅度的义务，利用信贷功能帮助成员平衡国际收支，维持汇率的稳定。

（2）主要特点：

① 汇率的决定基础是黄金平价，但货币的发行与黄金无关。

② 波动幅度小，但仍超过了黄金输送点所规定的上下限。

③ 汇率不具备自动稳定机制，汇率的波动与波幅需要人为的政策来维持。

④ 央行通过间接手段而非直接管制方式来稳定汇率。

⑤ 只要有必要，汇率平价和汇率波动的界限是可以改变的，但变动的幅度有限。

这种汇率制度实行“双挂钩”，波幅很小，从总体上看，在协调、监督各国的对外经济政策，特别是汇率政策以及国际收支的调节政策方面，起到了积极的作用，避免了类似 20 世纪 30 年代的“贬值竞赛”现象的出现，促进了战后各国经济的增长与稳定。

3. 两种固定汇率制度的比较

金本位制度下的固定汇率制与布雷顿森林体系下的固定汇率制在汇率决定基础和汇率波动幅度方面具有相似性，如中心汇率是按两国货币的金平价确定，市场汇率围绕平价上下波动，波动幅度在黄金输送点和±1%的狭小区间以内，但是两者在制度基础和调节机制等方面存在着本质的不同。

（1）汇率制度形成基础的差异。金本位制度下的固定汇率制是在主要资本主义国家普遍实行金本位制的基础上自发形成的，金币本身具有价值。布雷顿森林体系下的固定汇率制是在信用货币基础上，由国际货币基金组织人为建立起来的，并接受国际货币基金组织监督，纸币本身没有价值。

（2）汇率稳定程度的差异。金本位制下汇率的波动受制于黄金输送点，通过金币的自由铸造、自由兑换、自由输出入保持汇率稳定，波动幅度一般在5‰~7‰，是典型的固定汇率制。布雷顿森林体系下，汇率波动幅度在±1%范围内，1971 年 12 月调整为±2.25%，同时国际货币基金组织还允许成员变更货币的含金量，实行货币的法定贬值或升值。因此，布雷顿森林体系下的固定汇率制严格来说只能算作是可调整的钉住汇率制度（Adjustable Pegging System）。

（3）汇率调节机制的差异。在金本位制度下，汇率的稳定是通过黄金的自由输出和输入自动调节的；而在布雷顿森林体系下，汇率的稳定主要是通过各国货币当局利用外汇平准基金对外汇市场的干预来实现的。

4. 固定汇率制度的优点

在固定汇率制度下，汇率具有相对稳定性，进出口商品的价格确定、国际贸易成本的计算和控制、国际债权债务的清偿都能够比较稳定地进行；汇率比较稳定，也在一定程度上抑制了外汇投机活动。可以说，汇率波动的风险小，非常有利于国际贸易和国际投资活动的开展。

另外，固定汇率制度下，货币政策的使用受到限制，因此由过度扩张的货币政策所导致的内生性通货膨胀出现的可能性减小，使得本币的利率与通胀率不会与国际主要货币的利率与通胀率相差太远。这里可以把汇率看作是一个名义锚，能够促进价格水平和通货膨胀预期的稳定。

5. 固定汇率制度的缺点

（1）汇率基本不能发挥其调节国际收支的经济杠杆作用。在固定汇率制度下，汇率波动被限制在较小的范围内，一国出现顺差或者逆差，无法通过变动汇率的方式来调节。

（2）维护固定汇率制将破坏内部经济平衡。各国货币当局为维持汇率稳定，必须尽量保持国际收支平衡。如果一国出现国际收支逆差，本币存在贬值压力，为了保持汇率稳定，一国就必须采取紧缩性的货币政策或财政政策，减少支出以减少进口，但这会使国内经济增长受到抑制、失业增加，导致国内经济失衡。

（3）通货膨胀容易在国际间传导。在固定汇率制度下，贸易联系密切的国家之间易于传导经济周期和通货膨胀。如果一国出现了通货膨胀，那么本国产品价格上涨，外国产品价格相对便宜，因此本国居民会增加进口，相应地，外国出口增加，出现贸易顺差，储备增加，进而货币供给增加。一方面出口国国内商品供给减少，另一方面货币供给增加，因此出口国也容易出现通货膨胀，这种通货膨胀与固定汇率制度密切相关。

（4）易受国际游资的冲击。在固定汇率制度下，汇率不能随国际收支和市场供求的变化而变化，会出现名义汇率与实际汇率不相符的情况。一旦一国政府不能迅速、有效地采取其他手段缩小名义汇率与实际汇率的差异，或采取了错误的政策，就会为游资提供攻击机会。这种攻击往往会引发国际汇率制度的动荡和混乱。因此，在固定汇率制度下，一国要么牺牲本国货币政策的独立性，要么限制资本的自由流动，否则，无法排除游资攻击的风险。

（二）浮动汇率制度

1976 年 1 月，IMF 国际货币制度临时委员会达成《牙买加协议》，同年 4 月 1 日，IMF 理事会通过了《国际货币基金组织协定》第二次修正案（第一次修正案于 1968 年通过，该修正案授权 IMF 发行 SDRs），认可了 1971 年以来国际货币关系的重大变化，废除了以美元为中心的国际货币体系，确立了浮动汇率的合法地位，标志着全球从此进入牙买加体系的浮动汇率制度时代。

1. 浮动汇率制度的含义

浮动汇率制度（Floating Exchange Rate System）是指汇率完全由市场供求关系决定，政府不规定两国货币的比价，也不限定汇率波动区间的汇率制度。

与固定汇率制度相比，浮动汇率制的内涵发生了根本性的变化。首先，汇率决定的基础发生变化。布雷顿森林体系崩溃后，纸币与黄金完全脱钩，各国不再规定纸币的含金量，汇率由各国货币的内在价值决定。货币的内在价值则主要取决于货币发行国的经济发展水平、货币购买力和国际收支等因素。这些因素通过市场反映出来，表现为汇率由外汇市场的供求状况决定。其次，汇率波动的范围发生变化。牙买加体系承认浮动汇率合法化，也就是说各国中央银行不再承担维持汇率波动界限的义务，在一般情况下，汇率随供求情况自由波动。再次，干预手段发生变化。在浮动汇率制度下，一国货币当局为使汇率波动符合本国政策目标，经常对外汇市场进行或多或少、或明或暗的干预。货币当局可以在外汇市场上通过直接买进或卖出外汇来影响市场汇率，也可以通过货币政策或财政政策影响短期资本流动，间接影响外汇市场汇率，还可以采取对外汇收入和外汇支出进行直接管制的方式影响外汇供求和汇率。最后，IMF 作用发生变化。在牙买加体系下，IMF 不再具有管理、协调和监督成员维持汇率稳定的功能。因此，在主要国家货币汇率出现剧烈波动时，主要发达国家达成了联合干预汇市的协议，奠定了浮动汇率制度下多国协调机制的基础。

2. 浮动汇率制度的特点

（1）汇率波动频繁、剧烈。在浮动汇率制度下，货币当局不再规定货币的兑换比价和汇率的波动范围，也不承担维持汇率稳定的义务，汇率完全由市场供求状况决定。市场汇率受政治、经济形势的影响非常大，所以其波动的频率和幅度都是固定汇率制度所远不能及的，这种汇率频繁、剧烈的波动，给国际经济发展带来了不利影响。

（2）有干预的浮动是共性。在浮动汇率制度下，完全自由浮动的汇率是不存在的。各国货币当局出于各种动机和考虑，都会采取措施不同程度地对汇率进行干预，因此牙买加体系下的浮动汇率制度实际上是有干预的浮动，只不过各国干预的力度和干预的频率有差别而已。

（3）汇率制度安排多样化。牙买加体系将汇率制度的选择权交给了各个成员，现实中各国往往根据自身的需要选择汇率制度。各国国情不同，在国际贸易中所处的地位及货币地位也不同，因此在汇率浮动幅度和干预程度上都存在较大差异，从而形成了全球多样化、混合式的汇率制度安排。

3. 浮动汇率制度的优点

（1）发挥汇率对国际收支的调节作用。在浮动汇率制度下，汇率根据市场供求状况自发调整，使一国的国际收支自动趋于平衡，不需要以牺牲国内经济为代价。例如，一国出现国际收支逆差时，本币就会贬值，这样可以刺激出口，抑制进口，改善国际收支状况；反之亦然。这种调节作用会同时发生在逆差国和顺差国，有利于全球经济的平衡。

（2）保持货币政策的独立性。在浮动汇率制度下，可以利用汇率杠杆对国际收支进行自动调节。当一国发生暂时性或周期性国际收支失衡时，货币当局可以利用汇率变动代替破坏国内经济平衡的货币政策来调节国际收支。这样，一国实施货币政策的独立性就比较强，更有利于保持国内经济的相对稳定。

（3）节约国际储备。在浮动汇率制度下，各国货币当局没有义务维持货币的固定比价，汇率随外汇供求关系的变化而变化，不会出现因被迫干预外汇市场而导致储备变动。政府干预外汇市场的义务减少，需要的外汇储备自然也就减少。

（4）缓解国际游资的冲击。在浮动汇率制下，汇率随市场供求随时变动，名义汇率与实际汇率不会相差太远，国际游资没有攻击机会；另外，浮动汇率制度下，汇率对市场信息反应灵敏，变动非常迅速，即使存在投机机会，也很难在较短的时间内调动资金投机获利。

(5) 避免经济周期的国际传播。在浮动汇率制度下，如果一国发生通货膨胀，将导致该国国际收支逆差，但在该国货币贬值（汇率自动调整）后，该国出口商品本币价格的上涨便会被货币贬值所抵消，因此出口商品折成外币的价格变化不大，外国的价格水平和货币供应量并不会受到影响。也就是说，浮动汇率制能够隔绝国际性的通货膨胀传播。

(6) 促进自由贸易，提高资源配置效率。汇率本身是一种价格，在浮动汇率制度下，不存在对汇率这种价格的管制，就可以更好地进行外汇资源的配置；另外，汇率自由浮动可以调节国际收支，从而减轻政府对各种直接管制措施的依赖，这有助于市场价格信号更有效地发挥资源配置功能。

4. 浮动汇率制度的缺点

(1) 不利于国际贸易和国际投资。在浮动汇率制度下，汇率频繁变动，人们的预期也不稳定，这增加了进出口贸易的成本和风险，也增加了结算的困难，人们往往不愿意签订长期贸易合同，也不愿意进行长期投资，这非常不利于世界经济的发展。

(2) 助长了国际金融市场上的投机活动。浮动汇率制度下，汇率波动频繁，波动幅度较大，投机者利用一系列外汇交易，甚至是人为造势，在汇率的波动中牟取暴利。这些投机活动扰乱了市场秩序，加剧了国际金融局势的动荡。

(3) 不利于各国政策协调和国际经济合作。浮动汇率制度下，各国之间缺乏关于汇率约束的协议，一些国家愿意采用货币贬值的手段，来达到内部均衡的目标。这种贬值往往会招致其他国家的报复，形成竞争性贬值，引发贸易摩擦，造成各国在汇率政策上的利己主义和各自为政，不利于国际间的协调合作。

三、当代各国的汇率制度安排

传统上将汇率制度分为固定汇率制度和浮动汇率制度两种，这种分类方法过于简单，因为固定或浮动的程度存在差异，在固定汇率和浮动汇率之间还存在着众多的中间汇率制度。

汇率制度分类最根本的问题是基于何种汇率进行分类。现有文献对汇率制度分类的归纳，一般有两种方法：一种是基于事实（De Facto）的分类；另一种是基于各国政府公开宣称的名义（De Jure）的分类。

布雷顿森林体系崩溃以后，IMF 不断细化汇率制度的分类。IMF 原来对各成员汇率制度的分类，主要依据的是各成员所公开宣称的汇率制度，即名义的分类；但这种名义的分类，具有事实做法和官方宣称经常不符的局限性。1997 年和 1999 年，IMF 两次对基于名义的汇率制度的分类方法进行了修正，修正后成员汇率制度按事实分类法分为八类；2009 年，IMF 对汇率制度的事实分类方法又进行了修订，修订后的全球汇率制度安排分为十类，如表 9-1 所示。

表 9-1 汇率制度安排分类

汇率制度安排	采用的国家数		
	2016 年	2017 年	2018 年
无独立法定货币的汇率安排（Exchange Arrangement with No Separate Legal Tender）	14	13	13
货币局制度（Currency Board Arrangement）	11	11	11
传统钉住安排（Conventional Pegged Arrangement）	44	43	43
稳定化安排（Stabilized Arrangement）	18	24	27
爬行钉住安排（Crawling Peg）	3	3	3
类似爬行钉住安排（Crawl-Like Arrangement）	10	10	15
水平带钉住的汇率制度安排（Pegged Exchange Rate within Horizontal Bands）	1	1	1
其他管理安排（Other Managed Arrangement）	20	18	13
浮动（Floating）	40	38	35
自由浮动（Free Floating）	31	31	31
总计	192	192	192

资料来源：《国际货币基金组织年报》，2016—2018 年。

根据汇率的波动幅度，国际货币基金组织进一步将上表中的汇率安排分为四大类。

（一）硬钉住安排

1. 无独立法定货币的汇率安排

无独立法定货币的汇率安排（Exchange Arrangement with No Separate Legal Tender）包括两种类型：一是一个国家采用另一个国家的货币替代本币作为唯一法定货币，如用美元替代本币；二是隶属于某一货币联盟，共同使用同一法定货币，包括美元化和货币联盟国家。

货币替代（Currency Substitution）指在开放经济条件下，一国居民将本币兑换成外币，使得外币在价值尺度、支付手段、交易媒介和价值贮藏方面全部或部分取代本币的现象。当这种外币由美元来充当时，被称为美元化（Dollarization）。属于此类汇率安排的代表国家有巴拿马、厄瓜多尔、萨尔瓦多等。采用货币替代的国家可以有效防止政府推行通货膨胀政策，能够消除外汇风险和避免国际游资的冲击；但以损失铸币税收益和丧失货币政策独立性为代价。

加入货币联盟的国家，意味着该国完全丧失了对本国货币政策的独立控制权，典型代表为欧洲货币联盟。欧元自 1999 年正式启动至今，共有 19 个国家加入欧元区（德国、法国、意大利、荷兰、比利时、卢森堡、爱尔兰、奥地利、芬兰、西班牙、葡萄牙，1999 年；希腊，2001 年；斯洛文尼亚，2007 年；塞浦路斯、马耳他，2008 年；斯洛伐克，2009 年；爱沙尼亚，2011 年；拉脱维亚，2014 年；立陶宛，2015 年），从整体和长远利益看，欧元区国家实施统一货币政策有利于保持通货膨胀率和物价稳定，并促进各国改革经济和财政政策，为经济发展创造良好的环境，同时降低货币兑换成本和汇率风险，增强各国在国际金融和贸易中抵御外部金融危机的能力。2007 年以前，加入货币联盟的国家全部归类为无独立法定货币的汇率安排。自 2007 年开始，IMF 依据货币联盟统一货币的汇率表现进行分类，调整后的货币联盟其汇率制度安排分类如下：欧元区各国采用的是自由浮动汇率制度，中非货币联盟和西非货币联盟各国采用的是传统钉住汇率制度，东加勒比货币联盟各国采用的是货币局制度。

2. 货币局制度

货币局制度（Currency Board Arrangement）是关于货币发行和汇率制度的安排，它以法律的形式规定当局发行的货币必须要有外汇储备或硬通货做全额支持；货币发行当局根据法定承诺按照固定汇率来承兑指定的外币，并通过对货币发行权的限制来保证履行法定承兑义务。这意味着国内货币发行必须按照法定汇率以 100% 的外汇储备作为保证，当外汇汇率高于法定汇率时，发钞银行卖出外汇买进本币，当外汇汇率低于法定汇率时，发钞银行买进外汇卖出本币，以保持法定汇率稳定。代表国家和地区有多米尼加、波斯尼亚、保加利亚以及中国香港等。

在货币局制度下，将本币和外币的比价严格固定下来，有利于抑制通货膨胀，规避汇率风险，促进贸易和投资的发展。但货币局制度不能实现独立的货币政策，同时也不能排除货币贬值的可能性，因而也无法避免遭受游资投机行为的攻击。

IMF 统计资料表明，采用硬钉住安排的国家和地区从 1991 年的 25 个增加到 2004 年的 48 个，2011 年为 25 个，考虑到 2007 年对货币联盟国家归类的调整，可以说采用硬钉住安排的国家和地区的数目基本保持稳定。

（二）软钉住安排

1. 传统钉住安排

传统钉住安排（Conventional Pegged Arrangement）是指一国官方宣布以一个固定的汇率将本国货币钉住另一种货币或一个货币篮子。在这种汇率制度下，货币当局通过直接或间接干预随时准备维持固定平价，但没有承诺永久保持平价，市场汇率围绕中心汇率在上下不超过 1% 的范围内波动，或将即期市场汇率的最高值和最低值维持在不超过 2% 的范围内至少 6 个月，锚货币或篮子货币权重是公开的或报知 IMF。代表国家有约旦、沙特阿拉伯、丹麦、科威特等。

一些国家由于政治、历史、经济等方面的原因，其对外贸易和金融交易主要集中于一个发达国家或主要使用某一种外币，为避免汇率波动造成的不利影响，采用钉住该国货币的汇率制度。另一些国家将本国货币汇率钉住一篮子货币，篮子货币主要由与本国经济交往较为频繁的国家的货币和对外支付使用较多的货币组成，可以将汇率变动对国内经济的冲击减少到最低限度，保持汇率的稳定。本币与被钉住货币保持固定比价关系，与被钉住货币一起对其他货币共同浮动。

2. 稳定化安排

稳定化安排（Stabilized Arrangement），即事实上的传统钉住安排，也称类似钉住安排，指政府不明确承诺维护汇率稳定的目标，但即期市场汇率波动幅度至少连续 6 个月不超过2%。该汇率制度安排不是一国货币当局的政策承诺，稳定化安排要求汇率保持稳定是官方行动的结果。人民币汇率在2009年和2010年被归入此类。2018年稳定化汇率安排的代表国家包括圭亚那、克罗地亚、新加坡、越南、马尔代夫等。

3. 爬行钉住安排

爬行钉住安排（Crawling Peg）是指将本国货币钉住外国货币，汇率按照固定的、预先宣布的比率作较小的定期调整或依据所选取的定量指标的变化作定期调整。爬行的幅度可以根据以往通胀变动对汇率变动的要求来设置，也可以根据预期未来可能发生的通胀情况来设置。通常一国货币当局每隔一段时间就对本国货币汇率进行一次小幅度的贬值或升值。采用爬行钉住汇率安排的国家有3个，分别是尼加拉瓜、博茨瓦纳、洪都拉斯。

4. 类似爬行钉住安排

类似爬行钉住安排（Crawl-Like Arrangement），即事实上的爬行钉住，是指即期市场汇率至少连续6个月在2%的狭窄范围内波动，通常其要求的最小波动率大于稳定化汇率安排。但是如果年度波动率至少为1%，只要汇率是以一个充分单调和持续的方式升值或贬值，该汇率就被认定为类似爬行钉住安排。代表国家有中国、伊朗、阿富汗、多米尼加、斯里兰卡、孟加拉国、布隆迪、卢旺达等。

5. 水平带钉住的汇率制度安排

水平带钉住的汇率制度安排（Pegged Exchange Rate within Horizontal Bands）是指本币对外币仍然规定固定的中心汇率，但其波动幅度大于其他传统钉住安排，市场汇率围绕中心汇率上下至少1%的范围波动，或汇率的最高值和最低值可在超过2%的范围内波动，中心汇率和带宽是公开的或报知IMF。采取水平带钉住汇率制度的国家仅有汤加。

采用软钉住汇率制度安排，可以克服固定汇率制过分僵化和自由浮动汇率制反复无常的缺点，达到既保持汇率基本稳定，又使经济政策具有一定灵活性的效果。但是钉住汇率制使本国货币当局负有维持汇率稳定的义务，使本国货币供应在很大程度上成为一个内生变量，货币当局无法主动、灵活地加以控制；本国货币政策必须与被钉住货币国货币政策保持一致，对被钉住货币国的经济依附加强；钉住汇率制可能造成币值高估或低估或需重新定值，刺激了游资的投机行为，加剧了汇率波动幅度。近年来，采用水平钉住、爬行钉住制度安排的国家数目有所下降，采用传统钉住和稳定化安排的国家数目则呈增加趋势。

（三）浮动汇率安排

1. 浮动

浮动（Floating）是指汇率很大程度上由市场决定，没有一个确定的或可预测的汇率路径，一国货币当局在外汇市场上的干预，旨在缓和汇率的变动和防止汇率的过度波动，没有明确地以特定汇率水平为干预目标。代表国家有阿根廷、哥伦比亚、巴西、匈牙利、冰岛、印度、以色列、韩国、新西兰、泰国、马来西亚等。

2. 自由浮动

在自由浮动（Free Floating）的汇率制度安排下，汇率由市场决定，一国货币当局在外汇市场上的干预只是偶尔发生，旨在处理无序的市场状况。要求在过去 6 个月内，政府对汇率的干预不得超过 3 次，每次干预不超过 3 个营业日，而且干预导致的市场失衡只持续 1~2 天就消失。如果汇率的确是由市场决定，但不符合自由浮动的严格定义，则归于上一个类别——浮动。在这一汇率制度下，理论上货币当局可以追求独立的货币政策目标。代表国家包括欧元区国家、美国、日本、英国、加拿大、澳大利亚、挪威、波兰、墨西哥等。

（四）剩余类别

其他管理安排（Other Managed Arrangement）是指，当汇率制度安排不满足上述任何类别标准时则归于此类。通常指政府频繁且无规律地干预汇率，使得货币当局的汇率制度不符合任何一种定义。代表国家包括苏丹、阿尔及利亚、新加坡、尼日利亚等。

从各国汇率制度安排来看，发展中国家由于金融市场和资本账户开放程度不同，选择了介于固定与浮动汇率制度之间的软钉住或中间汇率制，主要发达国家的汇率制度则趋向于自由浮动安排。从长期来看，在金融全球化影响下，资本因素将逐渐取代贸易因素成为影响汇率变动的主体，在短期由于宏观经济变量和外部冲击的影响，汇率制度表现出一定的波动性。在资本因素影响不断加大的过程中，发达国家维持货币区制度的成本可能会增加，发展中国家经济快速发展会推动一国的汇率制度向更具弹性的方向发展。

四、汇率制度的选择

合理的汇率水平及汇率变动方式对一国的经济稳定和经济发展至关重要，在当前全球经济一体化的背景下，任何一个国家都会面临汇率制度选择的问题。面对这一问题，从不同的角度和背景出发，经济学家们提出了不同的理论。

（一）从成本—收益的角度来研究汇率制度的选择

20 世纪 50 年代，西方学者对汇率制度选择的争论进入了白热化阶段，以金德尔伯格（Kindleberger，1954）为代表的一批学者极力推崇固定汇率制，以弗里德曼（Friedman，1953）为代表的另一批学者则极力主张浮动汇率制。他们分别从实行这两种汇率制度所带来的经济利益和成本出发，各执一词展开了激烈的争论。两派学者的争论焦点在于两种汇率制度的成本—收益比，这意味着货币当局在选择汇率制度时，应当比较每种汇率制度的预期收益以及潜在成本，根据比较的结果可以决定一国究竟应当采用哪种汇率制度。

（二）从经济结构特征角度来研究汇率制度的选择

在“固定对浮动”的优劣之争相执不下的情况下，经济学家蒙代尔（Mundell，1961）另辟蹊径，提出了“最优货币区”（Optimal Currency Area）理论。他认为，不能笼统而抽象地谈论某一汇率制度的优劣，应当结合某种经济特征来进行汇率制度的选择。蒙代尔提出了以“生产要素流动性”作为建立最优货币区的标准。

在最优货币区理论的基础上，汇率制度的选择理论得到了进一步的发展。一是美国经济学家罗伯特·赫勒（Heller，1978）提出的“经济论”，认为一国汇率制度的选择主要取决于经济结构特征因素，如经济规模、经济开放程度、进出口贸易的商品结构与地域分布、相对通货膨胀率以及同国际金融市场的一体化程度等。一般来说，经济开放程度较高、经济规模较小或者进出口集中度较高的国家多实行固定汇率制或钉住汇率制，而经济开放程度低、进出口商品多样化或者地域分布分散化，同国际金融市场联系密切，资本流动较为可观和频繁，或者国内通胀与其他主要国家不一致的国家，则倾向于实行浮动汇率制。二是一些发展中国家经济学家提出的“依附论”，认为一国汇率制度的选择取决于其在对外经济、政治、军事等诸方面与他国的联系，发展中国家汇率制度的选择取决于其经济、政治、军事等对外的依赖关系，至于采用哪一种货币作为被钉住的“参照货币”，取决于该国对外经济、政治关系的集中程度。

克鲁格曼和奥布斯菲尔德（Krugman and Obstfeld，1997）将成本—收益分析法与经济一体化特征相结合来研究一国汇率制度的选择，即是否加入固定汇率区（或共同货币区）。其研究结果表明，如果一国与其所在的固定汇率区（或共同货币区）经济一体化程度越高，那么该国加入固定汇率区（或共同货币区）的收益就越大，而且在产出市场波动时，其遭受的经济稳定性损失成本就越小；反之亦然。

（三）从经济冲击干扰源角度来研究汇率制度的选择

吉富胜和白井早由里（Yoshitomi and Shirai，2000）认为，如果干扰源是货币性因素，比如货币需求的变化和影响价格水平的冲击，那么就应偏向固定汇率制；如果干扰源主要是实质性因素，比如偏好的改变或者影响国内商品与进口商品相对价格的技术的变化，那么更加灵活的汇率制度是合意的。虽然依据干扰源类型来考虑合意的汇率制度选择在理论上是有用的，但在实际中由于很难区分各种干扰源类型，因而也就难以确定选择哪种汇率制度相对更优。同样，如果干扰源来自外部冲击，那么浮动汇率制度是合意的，因为浮动汇率能够极大地隔离国内经济，降低外部冲击的影响。相比而言，如果干扰源来自国内，如不稳定的财政政策和货币政策，那么钉住汇率制度是合意的，因为钉住汇率有助于对政府财政政策和货币政策形成外部硬约束，部分地限制了政府政策的随意性行为，从而极大地降低了政府政策不稳定带来的负面效应。

在此基础上，美国经济学家格雷厄姆·伯德将经济结构特征与经济冲击结合起来提出了十个方面的因素作为发展中国家是否采用浮动汇率制的参考标准，具体是：(1) 一国经济的波动主要来自国内还是国外；(2) 经济开放程度；(3) 商品的多样化程度；(4) 贸易的地理分布情况；(5) 国内外资金市场一体化程度；(6) 相对通货膨胀率；(7) 进出口的价格弹性；(8) 国际储备水平；(9) 社会对收入稳定和收入增长的偏好；(10) 是否存在较为完善的远期外汇市场。如果一国经济波动主要来自国外、经济开放程度不高、商品多样化、贸易分布广、资金市场一体化程度高、相对通货膨胀率差异大、进出口价格弹性高、国际储备少、社会更倾向于收入增长、存在完善的远期外汇市场，或具备这些因素中的多数，则适宜选择浮动汇率制。反之亦然。

（四）从政策配合角度来研究汇率制度的选择

20 世纪 60 年代初，蒙代尔和弗莱明提出了蒙代尔—弗莱明（Mundell-Fleming Model）模型，该模型是在开放经济条件下，采用短期、需求分析法，引入对外贸易和资本流动因素，分析固定汇率和浮动汇率制度下货币政策和财政政策的不同作用。其研究结果表明，固定汇率制度下财政政策有效，货币政策无效；浮动汇率制度下货币政策有效，财政政策无效。这样，蒙代尔—弗莱明模型实际上已蕴含着“三元悖论”（Trilemma），即资本自由流动、固定汇率与货币政策独立性三者之间存在着“不可能三角”（Impossible Triangle）。弗兰科尔（Frankel，1999）将其形式化为不可能三角模型。因此，一国在进行汇率制度选择时就要权衡上述三个目标的权重。要想同时实现其中两个目标就不可能实现第三个目标。这样，如果选择了资本自由流动和货币政策独立性，那么浮动汇率制就是合意的；如果选择了资本管制和货币政策独立性，那么固定汇率制就是合意的。

除此之外，还可以从应对投机压力和汇率失调的双重角度、从价格确定的角度、从经济基本面特别是金融脆弱性的角度等许多方面来研究汇率制度的选择问题，后续有学者提出了爬行钉住（Crawling Peg）、汇率目标区（Target Zone）等诸多汇率理论。

从上述理论可以看出，影响汇率制度选择的因素很多，如经济结构特征、经济冲击干扰源、政策配合、价格确定、经济基本面特别是金融脆弱性等。研究者由于选取影响因素的角度不同，因而得出了不尽一致的结论。相应地，关于汇率制度选择的争论也就难以避免。在围绕汇率制度选择的争论中，逐渐形成了几个具有争议性的假说，包括原罪论、稳定霸权论与汇率变动转移论、浮动论与恐惧浮动论以及中间空洞论与反中间空洞论等。汇率制度的选择不仅是一个静态问题，更是一个动态问题，影响汇率制度选择的因素复杂多样，而这些因素本身随着经济金融的发展变化又在不断地变化着，因而作为这些因素多维复合的结果——汇率制度也应不断变迁。

总之，各种形式的汇率制度均有其优缺点，没有一种制度是十全十美的，适用于任何国家或任何时期。如何选择最适合本国的制度，使汇率和金融市场保持稳定，同时有利于经济发展，才是最为重要的。关于汇率制度的争论虽然没有统一的结论，但可以明确的是，一国汇率制度的选择是一个视具体情况而定的相机抉择的动态过程，必须考虑经济发展、金融深化、政府信誉、市场预期、政策协调搭配等多种问题。

第二节 外汇管制

一、外汇管制概述

当今世界经济发展所具有的一个显著特征就是经济的全球化与金融的自由化，其中国际资本的全球化流动是其重要体现。国际资本的流动，特别是金融性资本的流动，对一国经济的稳定和发展具有重要的影响，对其适当进行管制就成为一国政府理所当然的政策选择。

（一）外汇管制的概念

根据国际货币基金组织的分类，外汇管制（Foreign Exchange Control）的概念有狭义和广义之分。狭义的外汇管制也称外汇限制（Foreign Exchange Restriction），是指一国政府对本国居民从国外购买经常账户下的商品和服务所需要的外汇进行限制。广义的外汇管制也叫外汇管理（Foreign Exchange Management），是指一国政府授权本国货币金融当局或其他机构，对外汇收支、买卖、借贷、转移以及国际间的结算、外汇汇率和外汇市场等实行的管制措施。我国一般习惯上把外汇管制称为外汇管理。

外汇管制与货币的自由兑换属性密切相关，在外汇管制的条件下，本国货币与外国货币的兑换部分或全部受到限制，本币成为不可自由兑换的货币，从而使外汇买卖、国际结算、国际投资等金融活动都置于国家监管之下。可以说，一国货币的不可兑换性是外汇管制的核心内容和必然结果。

（二）外汇管制的产生与发展

外汇管制始于第一次世界大战期间。当时国际货币制度陷于崩溃，美、法、德、意等参战国都发生了巨额的国际收支逆差，本币对外汇率剧烈波动，大量资本外逃。为集中外汇资金以满足战争需要，减缓汇率波动以及防止本国资本外流，各参战国在战时都取消了外汇的自由买卖，禁止黄金输出，实行了外汇管制。“一战”后，金本位制恢复，外汇管制有所放松。但在1929—1933年世界经济危机期间，很多在战后取消外汇管制的国家又重新实行外汇管制，一些实行金块和金汇兑本位制的国家也纷纷实行外汇管制。

第二次世界大战爆发后，参战国立即实行全面、严格的外汇管制。1940年，在110个国家和地区中，只有11个国家没有正式实行外汇管制。与此同时，外汇管制的范围也比以前更为广泛。“二战”后初期，西欧各国基于普遍存在的“美元荒”等问题，继续实行外汇管制。20世纪50年代后期，西欧各国经济有所恢复，国际收支状况有所改善，从1958年开始，各国不同程度地恢复了货币自由兑换，并对国际贸易收支解除外汇管制，但对其他项目的外汇管制仍维持不变。1961年，大部分国际货币基金组织的成员表示承担《国际货币基金组织协定》第八条所规定的义务，即避免外汇限制而实行货币自由兑换。目前，经过有关国家的政策努力和国际货币基金组织的有效推动，放松外汇管制成为世界性的潮流，但绝大多数国家仍在不同程度上实行外汇管制，即使名义上完全取消了外汇管制的国家，仍时常对居民的非贸易收支或非居民的资本项目收支实行间接的限制。

（三）外汇管制的原因和目的

从上文外汇管制的产生与发展可以看出，外汇管制产生于国际收支危机，其与危机治理有着与生俱来的联系。一国实行外汇管制的原因在于缓解国际收支危机、稳定本国货币汇率、防止资本外流、避免经济危机冲击等，对于发展中国家而言，解决外汇资金短缺问题往往是实行外汇管制的一个主要原因。

一国实行外汇管制的根本目的是改善本国国际收支状况、稳定本币汇率、促进本国经济发展，具体来说包括以下几个方面：（1）限制进口，促进出口，改善国际收支，增加外汇收入；（2）限制资本外逃，防止外汇投机，稳定市场汇率，增强金融安全；（3）保护本国产业，缓解就业压力，稳定国内价格水平；（4）增加财政收入；（5）增加外汇储备，增强本币信誉。

（四）外汇管制的主体和客体

1. 外汇管制的主体

外汇管制的主体是指实行外汇管制的机构。国际上外汇管制的执行者主要有三种类型：第一类是国家授权中央银行作为外汇管理机关，如英国是英格兰银行代表财政部执行外汇管理工作；第二类是国家专设外汇管理机构，如意大利、法国和中国等国就是由中央银行专设外汇管理局，专门负责外汇管理工作；第三类是由国家行政部门直接负责外汇管理，如美国的外汇管理便是由财政部负责，日本的外汇管理则由大藏省和通产省负责。

外汇管理机构负责制定和监督执行外汇管理的政策、法令和规章条令，并根据本国内外部均衡情况的变化和政策需要，采取各种有效措施，控制本国的外汇收支活动。

2. 外汇管制的客体

外汇管制的客体又称外汇管制的对象，分为对人、对物和对区域三种。

（1）对人的外汇管制。人可分为自然人和法人，在各国外汇管制中，通常又把自然人与法人按居住地不同分为居民（Resident）和非居民（Non-resident）[①]。对居民的外汇收支，往往因其涉及居住国的国际收支问题而管制较严，而对非居民则管制较宽。

（2）对物的外汇管制。对物的管制指对各种外汇有价资产的管制，凡是在国际收支平衡表上所列的外汇资产，具体包括外币现钞、外汇支付凭证（汇票、本票、支票等）和各种外汇有价证券（股票、公司债券、人寿保险单等），有的国家还包括金、银及其制成品等项目，都在管制范围内；此外，本国货币的携出入境，也属于外汇管制的范围。

（3）对区域的外汇管制。目前，各国外汇管制的区域范围，主要有两重含义：一是指一国外汇管制法令生效的范围（整个国家范围或国内局部地区）；二是指对不同的国家或地区实行不同的外汇管制政策，宽严度视其与本国的政治经济往来密切程度而定。对同一区域性经济联合体内的国家或友好国家管制较松；反之，则管制较严。

（五）外汇管制的类型

根据外汇管制的内容和严格程度的不同，可以把外汇管制分为三种类型。

1. 全面外汇管制

对经常项目和资本与金融项目都实行严格管制。属于这种类型的国家或地区通常经济不发达、对外贸易落后、外汇资金短缺、市场机制不完善，大多数发展中国家和实行计划经济的国家一般属于此类，包括 1994 年之前的中国。

2. 部分外汇管制

对经常项目的外汇收支原则上不实行管制，但对资本与金融项目的收支加以限制。属于这种类型的国家被称作“第八条款国”。1993 年以来，第八条款国激增，1997 年在国际货币基金组织 181 个成员中，已有 143 个国家和地区接受了第八条款，实现了经常项目下货币可自由兑换。中国于 1994 年成为第八条款国。

3. 名义上取消外汇管制

从法律角度取消了外汇管制，对经常项目和资本与金融项目原则上都不进行直接管制。事实上，属于这种类型的国家虽然没有普遍的、经常性的外汇管制，但在某个时期，由于某种特殊原因，仍可能采取限制性措施。这类国家一般都属于成熟的市场经济

---

① 有关居民和非居民的概念，请参阅本书第一章。

国家，主要是工业发达国家和石油输出国。

从以上外汇管制的类型可以看出，一个国家或地区外汇管制的宽严程度，完全取决于这个国家或地区的经济、金融状况和国际收支情况，以及外汇和黄金储备的多少。因此，随着世界经济格局的变化和经济秩序的重新组织，各个国家的外汇管制政策既保持相对稳定，又在不断调整。

二、外汇管制的方法

从各国外汇管制的内容和运作过程来看，外汇管制的方法大致可以分为两大类：根据外汇管制的作用形式来分和根据外汇管制的约束形式来分。

（一）根据外汇管制的作用形式来分，分为直接管制和间接管制

（1）直接管制是指主管外汇管制的政府部门采用行政手段，对外汇买卖、外汇资产和外汇资金的来源与运用强制性加以监督和控制。

其具体措施有：① 政府垄断外汇买卖。政府通过外汇管理机构控制一切外汇交易，汇率官定，限制买卖。② 政府监管私有外汇资产。政府强制国内居民申报他们所拥有的一切国外资产以便尽可能多地掌握外汇资产，在急需时可以运用。③ 管制进出口外汇。规定出口商所获外汇必须按官价卖给外汇指定银行，而进口商所需外汇必须向管理部门申请核准，不能以收抵支调剂使用。④ 控制资本输出输入。不论资本输出、输入金额的多少，都必须逐笔向管汇机构申报。未经批准，任何居民或非居民都不得向外借债，更不能将外汇、黄金输出境外。

直接管制是对外汇买卖和汇率实行直接干预与控制，带有强制性特征，产生的效果也最为直接。一般情况下，一国只有在政治、经济动荡不安或汇率波动十分剧烈时，才会对全部或部分外汇收支活动，特别是敏感项目的收支活动实行最为严厉的管制措施，以此来影响汇率和平衡国际收支。

（2）间接管制是指通过其他一些途径，如采用外汇缓冲政策，间接控制外汇的收支与稳定汇率，进而影响外汇供求或交易数量。

一般做法是，各国中央银行建立外汇平准基金或外汇稳定基金，基金构成包括外汇、本国货币及黄金等。中央银行利用这个缓冲体进行市场操作，即利用基金进入外汇市场买卖外汇、本币或黄金，由此影响或调节外汇供求。这种管制对国际收支短期性逆差效果较好，对长期性逆差效果并不明显。

（二）根据外汇管制的约束形式来分，分为数量管制、价格管制和综合管制

（1）数量管制是指政府对外汇收支实行数量调节和控制。

其具体措施有：① 进口限额制。由外汇管理机构按照本国在某一时期内所需进口的物资数量和种类，对不同进口商所需外汇分别实行限额分配。② 外汇分成制。由外汇管理机构根据本国某些方面的需要，指定出口所获外汇的分成比例。外汇分成制的具体形式有现汇留成、额度留成和结汇留成。③ 进出口连锁制。这是一种以出限进的制度，即需进口货物的单位，必须先行出口货物，只有能够出口货物，才能取得相应的进

口权。

（2）价格管制也称成本管制，是指外汇管理机构通过控制外汇的交易价格来调节外汇的成本和外汇的供求关系，从而达到对外汇实行管制的目的。

一般采取的措施有：① 进口用汇公开标售。即外汇管理机构对进口用汇价格不予规定，而是采用公开招标的方式，将外汇卖给出价最高者。② 实行差别汇率制，即实行复汇率制。差别汇率是指外汇管理机构根据进出口商品的种类及用途不同，规定两种或两种以上的进出口结售汇汇率。通常对生产资料等必需品的进口规定较低的售汇汇率，而对某些高档奢侈品的进口则采取较高的售汇汇率。通过汇率差别来抑制某些高档商品的进口，支持必需品的进口。同时，对属于鼓励出口的商品按较高的汇率结汇，其余商品的出口则按普通汇率结汇。

（3）综合管制是指同时采用上述几种措施控制外汇交易的一种方法。

外汇管制在具体操作上，常因时间、条件、项目的不同而选择两种或两种以上的方法予以结合使用。有时以某一种方法为主，有时以另一种方法为主。由于这种管制方法涉及面宽，灵活性强，因此许多国家乐于采纳。

三、外汇管制的主要内容

外汇管制的主要内容也就是外汇管制的各种措施，从管制的对象上看，大致可以分为对贸易外汇的管制，对非贸易外汇的管制，对资本输出和输入的管制，对黄金、现钞输出入的管制，对银行存款的管制，对汇率的管制和对货币兑换的管制等几个类别。

（一）对贸易外汇的管制

贸易外汇收支是决定一国国际收支状况的主要项目，因此对贸易外汇的管制就成为各国外汇管制的重点。各国（特别是贸易逆差国）都希望通过对贸易外汇的管制达到奖出限入、改善国际收支的目的。

1. 对出口外汇收入的管制

一国对出口外汇收入进行管制，目的是为了鼓励出口，扩大外汇收入，同时限制某些商品如原材料、能源的出口，另外保证出口所得外汇能及时全部调回国内，由国家统筹安排使用。各国管制出口外汇的措施一般采取颁发出口许可证的办法，以加强对出口商品的控制。出口商在申请出口许可证时要填明出口商品的价格、金额、收汇方法等，并交验信用证，以防止隐匿出口外汇收入与本国资金外逃。同时，还规定出口商必须把其全部或部分出口贸易所得的外汇收入按官方汇率结售给指定银行，以保证国家集中外汇收入，统一使用。

2. 对进口外汇支出的管制

一国对进口外汇支出进行管制，目的是为了限制与国内相竞争的商品进口，并禁止某些奢侈品及非必需品进口，以便节约外汇支出和保护本国工业。多数国家实行进口许可证制度，由外汇管制机关签发进口许可证，进口商只有获得进口许可证，才能购买进口所需外汇。此外，对进口限制还同时采取以下几种措施：（1）对进口数量（包括进口总量或某项商品进口数量）实行限制，超过限额的一律不准进口。（2）进口存款预交制。这是指进口商在进口某种商品时，应向指定银行预存一定数额的进口货款，银行不付利息，数额根据进口商品类别或所属国别按一定比例确定。进口存款预交制通过占压进口商资金，减少其进口支付能力，从而减少进口。（3）限制进口商对外支付使用的货币。

（二）对非贸易外汇的管制

非贸易外汇收支是指贸易外汇收支和资本输出入外汇收支以外的各项收支，对它的管制主要是指对服务收支和转移收支的管制，范围比较广泛，包括运输费、保险费、港口使用费、邮电费、佣金、利润、股利、利息、专利费、稿费、旅游费等。实行非贸易外汇管制的目的，在于集中该项目的外汇收入，限制相应的外汇支出。实行外汇管制的国家一般都对非贸易外汇收支进行严格的管理。

非贸易外汇管制的基本措施主要有：属于进出口贸易的从属费用，如运费、保险费、佣金等，基本按贸易外汇管制办法处理；对其他非贸易外汇收入，一般要求卖给国家指定银行。对非贸易外汇支出的控制措施，一般也与贸易外汇管制相近，包括许可证审批、预付存款、征收外汇购买税、规定每次购买外汇的间隔时间等。

从 20 世纪 80 年代中期开始，多数发达国家和新兴工业化国家或地区都放松了对非贸易外汇收支的管制，如意大利、以色列放宽了在国外使用信用的规定，日本放宽了对海外服务支付的控制等。从发展中国家来看，基本上对非贸易外汇收支均有相对严格的限制规定，但是对技术进口的费用支出与外国投资收入的汇出在某种程度上有放松的倾向，以达到较好地引进外国先进技术和改善投资环境的目的。

（三）对资本输出输入的管制

根据《国际货币基金组织协定》第六条第三款[①]的规定，允许成员对资本项目进行管制。因此，对资本输出输入的管制，在世界各国外汇管制中都具有相当重要的地位。

各国的经济发展水平和国际收支状况不同，可依据不同的需要对资本输出输入实行不同程度的管理。一般而言，发展中国家由于外汇资金短缺，通常把资本流入作为发展本国经济的一个资金来源，因此多采取一系列措施鼓励外国资本在本国投资，大力吸引外资流入，限制资本外流。具体措施包括：（1）对外资企业实行优惠税率政策，鼓励外国资本流入；（2）对外商投资提供完备的基础设施配套，提供各方面的优惠服务；（3）冻结账户，未经管汇机构批准，在账户上的资产，包括外国人的银行存款、证券及其他资产，不能动用，严禁汇出；（4）直接限制企业在国外投资，限制居民购买外国有价证券；（5）征收利息平衡税，规定本国居民购买外国证券一律征税，使国外投资的收益和国内投资的收益相等，甚至更低，从而达到限制资本流出的目的。

以前发展中国家都严格限制资本输出，一般不允许个人和企业自由输出（或汇出）外汇资金。但是近年来，随着区域经济一体化和贸易集团化趋势的出现，不少发展中国家开始积极向海外投资，以期通过直接投资来打破地区封锁，带动本国出口贸易的增长，例如拉美国家、东盟各国、韩国和中国近年来的海外投资十分活跃，放松了资

---

① 根据第六条第三款的规定，各成员未经基金组织同意，不得对国际经常往来的付款和资金转移施加限制，但是在必要的情况下，可以对国际资本转移采取一些限制。

本输出的外汇管制。

与发展中国家相比，发达国家对资本输出输入所采取的限制性措施要少很多，即使采取一些措施，也是为了缓和其汇率和官方储备所承受的压力。例如，日本、德国、瑞士等国在20世纪60年代中后期，由于国际收支连年顺差，货币汇率经常处于上升的状况，成为国际投机资本的主要冲击对象。长期的国际收支顺差也导致这些国家国际储备大幅度增长，加剧了通货膨胀的风险，因此这些国家便采取了一些限制外国资本输入的措施。如规定银行吸收非居民存款缴纳较高的存款准备金、规定银行对非居民存款不付利息或倒收利息、禁止非居民购买本国有价证券等，以缓和本国货币汇率上升的压力。同时发达国家积极鼓励资本输出，例如日本从1972年起对居民购买外国有价证券和投资外国的不动产取消限制。应特别说明的是，虽然限制资本输入、鼓励资本输出是发达国家的一个总的趋势，但各发达国家会根据不同时期的国际收支和汇率变动情况，其采用的外汇管制有时宽松、有时严格，会不断调整。

（四）对黄金、现钞输出输入的管制

实行严格外汇管制的国家一般禁止私人输出输入黄金，由中央银行独家办理黄金的买卖和输出输入。对现钞管理的习惯做法是对携带本国货币出境规定限额和用途，有时甚至禁止携带本国货币出境以防止本国货币输出用于商品进口、资本外逃以及冲击本国货币。对输入本国的现钞，有的国家规定限额，有的则不加限制，但规定输入的现钞必须用于指定的用途。对输入本国的现钞如果规定限额，一般与输出的限额相同。总体来说，目前各国尤其是发达国家对本国货币及黄金的输出输入已呈放松的趋势。

（五）对银行存款的管制

银行存款账户中的存款在居民和非居民之间以及在各非居民之间的调拨，与外汇收支有着直接的关系，因此，外汇管制也应涉及银行存款。实行外汇管制的国家，根据银行存款是属于居民还是非居民，以及非居民所属的国别，规定了不同的管制方法，一般来说，非居民存款账户可以分为三类。

（1）自由账户，也称国外账户。非居民在此账户上的存款，可以自由办理国内支付或汇出境外。

（2）有限制账户，一般称为国内账户。在这类账户上的存款，只能用于购买商品、支付其他费用，或转移到本国其他非居民的同类账户上。

（3）封锁账户，也称只进不出账户，是指非居民在此类账户里的款项不能换成外币并汇出国外，也不能用于购买本国的长期债券或不动产以及支付在国内的旅游费用。一般的非居民在国内的一切收入，都应记入该账户。居民借非居民的债务，也只能用本国货币缴入该账户予以清偿。

（六）对汇率的管制

汇率是宏观经济管理中一项重要的政策工具。为了保持国际收支平衡，促进国民经济发展，一般来说，各国都对汇率进行管理和控制，并基本上以奖出限入为目的。汇率管制主要有以下几种方法。

（1）直接管制汇率，即由一国政府指定一个部门按照国家政策、货币相对购买力和国际收支状况制定、调整、公布汇率，并规定各项外汇收支必须按照公布的汇率兑换本国货币。许多发展中国家都采取直接管制汇率的办法。

（2）运用经济手段干预汇率，这是一种对汇率进行间接管制的方法。采用这种方法，汇率由市场供求关系决定，一国中央银行或货币管理当局建立外汇平准基金，在外汇市场上对外汇买卖进行干预，以达到调节外汇供求、稳定汇率的效果。现在发达国家大都采取这种办法。

（3）实行多重汇率制度，即复汇率制，对不同的外汇收支汇兑使用不同的汇率。各国所实行的复汇率千差万别，但大致可以归纳为以下几种形式。

① 法定的复汇率。一些国家按照国家政策，对不同的外汇收支规定两种或两种以上的汇率。例如，对不同的商品规定不同的汇率，对原料、粮食进口给予优惠汇率，对奢侈品进口采取限制性的汇率；还有的国家对贸易和资本往来实行不同的汇率，即采用贸易汇率与金融汇率并存的复汇率制度。

② 外汇转移证制度。外汇转移证是外汇银行发给外汇供应者证明其交售外汇的凭证，是复汇率的一种特殊形式。为鼓励出口，一些国家规定，当出口商按官方法定汇率向外汇银行结汇时，除取得本币外，还取得一张外汇转移证，这种外汇转移证可转让，使出口商额外获利。反之，进口商若想进口商品，就必须在市场上买进外汇转移证交给指定银行，银行才按官方法定汇率卖出外汇，因而增大了进口成本。通过这种克扣进口商、补贴出口商的办法，起到奖出限入的作用。

③ 官方汇率与市场汇率混合使用制度。它是指部分商品的进出口、非贸易业务的外汇收入和用汇支出按官方汇率给予结汇或售汇，而某些出口商品和非贸易业务的全部或部分外汇收入可以不必卖给银行，允许其在市场上出售，对某些进口商品的用汇或其他外汇需要，银行不按官价向其出售外汇，而是由用汇者到外汇市场上去购买。由于市场的价格一般高于官方价格，所以这种官方汇率和市场汇率相结合使用的制度，实质上是一种隐蔽的复汇率制。

（七）对货币兑换的管制

对货币兑换的管制是外汇管制中最基本、最主要的内容，我们将利用本章第三节对这一问题进行详细探讨。

四、外汇管制对经济的影响

外汇管制对解决一个国家暂时性的国际收支困难和维持本国经济的正常运转起到了积极的作用，可以使一国经济不受外来因素的影响，促进国内生产发展。但它对世界经济却有不利影响。

（一）外汇管制的积极作用

1. 保护内部经济

经常账户持续逆差和资本大量外逃形成的国际收支逆差有可能引发货币危机和金融危机，导致大批企业破产倒闭和大量失业，重创内部经济，甚至爆发全面的经济危机和社会危机。外汇管制措施能够筑起一道保护的屏障，立竿见影地达到奖出限入的短期目的，及时遏制资本外逃。此外，对于本国需保护的幼稚产业采用高外汇汇率以限制进口，对于本国具有比较优势的成熟产业采用低本币汇率以刺激出口，对本国优先发展的战略部门所需原材料的进口采取低外汇汇率进行扶植等，都能够达到保护民族工业的目的。外汇管制还可以切断通货膨胀输入的途径，从而提高运用财政政策和货币政策治理内部经济的有效性，有利于内部平衡的实现。

2. 争取外部均衡

外汇管制往往是在外汇稀缺的情况下发生的，而外汇稀缺是一国对外贸易和资本往来状况的综合反映。通过外汇管制可以达到遏制国际贸易赤字和阻止资本外流的短期效果。当然，在某些特定情况下，某些国家资本过剩，也会以外汇管制手段来限制资本流入。历史上看，外汇管制主要存在于三种背景下：一是战时经济情况下；二是出现严重的世界性经济金融危机；三是通过社会变革选择了计划体制的国家，这种情况下，靠市场力量达到外部均衡的可能性极小，管制成为必然的选择。

3. 实现经济安全

外汇管制从经济运行上切断了国内经济与国际市场的有机联系，从而可以在一定程度上避免国际市场波动对国内经济的冲击。这些冲击包括通货膨胀的国际传递、金融市场（特别是外汇市场）的动荡对国内经济的影响等。外汇管制能够及时地在短期内改善国际收支，很好地抵御国际游资的冲击，从而稳定汇率，有效地避免汇率风险和外债风险，有利于经济、金融安全。如我国在 1997 年的亚洲金融危机中幸免于难，就是得益于我国资本与金融项目尚未取消管制。

（二）外汇管制的消极影响

管制庇护下实现的“经济安全”是暂时的，不宜作为一种长期性安排，与收益相比较，其代价也是非常明显的。对经常项目管制会引发各国间的贸易战和汇率战，破坏正常的国际贸易秩序，对资本与金融账户的管制会降低资本在全球范围内配置所带来的福利。总体来看，外汇管制的消极影响主要包括以下几个方面。

1. 阻碍国际经济交往

从国际贸易的角度来看，管制的最根本代价是排斥自由贸易，使该国不能从国际贸易中获得比较利益。从国际资本流动的角度来看，外汇管制必然成为资金短缺国家和资金盈余国家之间资金流动的瓶颈之一。总体来看，外汇管制将阻碍国际贸易和国际投资的发展。

2. 导致市场扭曲

从国内经济来看，在外汇管制条件下，通过行政办法产生的汇率往往会偏离均衡汇率。本币汇率高估不利于出口增加，结果往往导致财政补贴的介入，进而影响经济的内部均衡，导致价格扭曲、市场信号变形，市场机制的作用不能充分发挥。本币汇率低估则使进口成本上升，迫使当局以补贴方式加以消化。实际经济生活中，本币高估较普遍，因而管制条件下货币的对外名义价值往往高于实际价值，所实现的对外收支平衡并不真实，一旦放开管制，本币币值便大幅跌落。可见，管制的代价往往会在放松管制之后才以破坏性的方式体现出来。

3. 导致高昂的管理费用及腐败问题

外汇管制的实施需投入大量的建设成本和运营管理成本，外汇管制越复杂越广泛，管理成本越高昂。外汇管制往往伴随多重汇率和外汇黑市的出现，这不仅不能保证外汇资源的有效配置，而且会产生一些严重的社会问题，如官员寻租、倒卖外汇额度等。

对于世界经济的长远发展而言，各国逐步放宽和最终取消外汇管制是一种历史趋势，但这将是一个十分漫长的过程。特别是发展中国家需要实施一定程度的外汇管制，因为发展中国家的经济发展水平较低，经济结构中存在不少缺陷，政府缺乏足够的经济实力运用经济手段调节经济运行。在游资充斥的当代国际金融市场上，市场机制本身也存在重大缺陷，完全听任市场自发调节并非是各国的最优选择。外汇管制是一把双刃剑，它既能产生积极作用，又能带来消极影响。实施管制的国家所面临的问题是，在何种情况下实施何种外汇管制，在什么条件下取消某种外汇管制，以及如何尽可能地利用外汇管制的积极作用，避免或减少其可能带来的消极影响。

第三节　货币自由兑换问题

货币自由兑换问题是一个综合性的经济、金融问题，涉及内容非常广泛，不但影响一国对内对外经济、金融生活的各个领域，而且是国际货币体系的一个重要内容。

一、货币自由兑换的概念

所谓货币自由兑换（Convertibility），是指国内外居民能够自由地将其持有的本国货币兑换成另一种货币。实行本国货币的自由兑换，意味着外汇管制的放松和取消。

货币自由兑换是作为外汇管制的对立面出现的。实行严格外汇管制的国家，所有的外汇收入必须按官方汇率结售给外汇指定银行，所有的外汇支付必须向外汇管理机构申请，核准后才能用本国货币按官方汇率购汇。因此，在全面的外汇管制条件下，外汇这种稀缺资源同本国货币之间的联系被严格地隔离开来，本国货币便成为不可自由兑换货币。可见，一国货币的不可兑换性正是外汇管制的核心内容和必然结果。

美国著名经济学家格林沃尔德主编的《现代经济词典》中对货币自由兑换的定义为：一国通货的持有者可以为任何目的而将所持有的通货按汇率兑换成另一国通货的权利。在通货完全可兑换的情况下，即使在国际收支出现逆差的时候，也保证持有任何国家通货的任何人享有无限制的通货兑换权。该定义具有较高的权威性和较大的影响，概括了货币可自由兑换的三个关键性特征。

（1）货币可自由兑换的核心问题是通货兑换权，即一国通货持有者可以为任何目的而将持有的通货按照市场汇率兑换成另一通货的权利。

（2）通货兑换权是无限制的，表现在持有者、币种、数量、目的、价格和时间六个方面都没有任何限制。

（3）通货兑换权是国家和有关法律保证的权利。

这一定义界定的是一种完全的货币可自由兑换，这表现在国家对货币兑换权的六个方面的无限制和国家对此种无限制的一般“保证”上面。迄今为止，世界上还没有哪一个国家达到这样高的货币可自由兑换程度，各国在货币兑换的对象、币种、数量、目的、价格、时间方面总有不同程度的限制。货币可自由兑换程度主要取决于一国的经济实力，同时也是一国外汇管理制度和政策选择的结果。

现实中，由于国际经济环境不同，各国经济发展水平和社会经济、金融状况也不一样，不同国家或同一国家在不同时期都采取了各种各样的措施和手段来限制货币自由兑换，造成了各种不同类型的货币自由兑换形式。根据产生货币自由兑换需要的国际间经济交易的性质的不同，可以将货币自由兑换分为经常项目下的货币可自由兑换和资本项目下的货币可自由兑换。

（一）经常项目下货币可自由兑换

经常项目下货币可自由兑换是指一国对经常项目下的对外支付解除了限制（或管制）。国际货币基金组织在其章程第八条的第二、三、四款中规定，凡是能实现不对经常性支付和资金转移施加限制、不实行歧视性货币措施或多重汇率、能兑付外国持有的在经常性交易中所取得的本国货币的国家，该国货币就是可自由兑换货币，也即承担了《国际货币基金组织协定》的第八条所规定的义务，因此又被称为“第八条款国”。可见，国际货币基金组织所指的自由兑换实际上是经常账户下的货币自由兑换。

IMF 还规定，实现经常项目下货币可自由兑换应对以下四项内容的支付不加限制。

（1）所有与对外贸易、包括服务在内的其他经常性业务以及正常的短期银行信贷业务有关的对外支付；

（2）应付的贷款利息和其他投资收入；

（3）数额不大的偿还贷款本金或摊提直接投资折旧的支付；

（4）数额不大的家庭生活费用汇款。

需要指出的是，贸易自由和兑换自由是两个不同的概念，贸易限制不构成汇兑限制。虽然贸易管制和汇兑管制都属于外汇管制的范畴，但两者直接作用的对象不同。国际货币基金组织第八条款对成员在商品贸易方面所实行的限制并没有约束，自由兑换仅就汇兑或对外支付行为本身，允许成员使用关税或非关税等贸易限制措施。若一国贸易进口受进口许可证的限制，但只要企业在取得许可证等有关证明后，能合法购得外汇，对外进行支付，就不构成兑换限制。另外，不允许施加兑换限制仅仅是针对付款行为而言，而不针对收款行为，因此，基金组织的条款并不排除第八条款国强迫居民将外汇收入结售给国家的可能，也就是说，第八条款国仍可以对居民（自然人、法人）实行强制的结汇制度或不允许居民持有任何形式的外汇资产，只要对居民的对外支付不加限制即可。

（二）资本项目下货币可自由兑换

资本项目下货币可自由兑换，即资本与金融账户下货币可自由兑换。1993 年，国际收支平衡表的“资本账户”改为“资本与金融账户”，“资本项目下货币可自由兑换”只是沿用了习惯说法，是指对资本流入和流出均无限制。

国际货币基金组织对资本项目下货币可自由兑换的具体要求包括：

（1）避免限制内资投资境外或者外资投资境内所需转移的外汇数量；

（2）避免对到国外投资的内资购汇流出或者相应外汇流入结转内资的审批或限制；

（3）避免限制资本返还或者外债偿还汇出；

（4）避免实行与资本交易有关的多重汇率制度。

第二次世界大战后初期，各国都对资金流动实施了严格的控制，《国际货币基金组织协定》对资本项目下货币可自由兑换并无强制性规定。但是，贸易自由化达到一定阶段后，必然要求资本自由化与之相配合，没有资本自由化的贸易自由化是不彻底的。现代国际贸易活动在规模、结构和交易方式上都与国际资本流动有着紧密联系，大规模的贸易活动往往伴随着相应的融资安排（如出口信贷）。商品贸易与资本流动之间的内在联系，使贸易自由化与资本自由化相辅相成，相互推动。因而，经常项目下货币可自由兑换的必要延伸即是资本项目下货币可自由兑换。

随着国际金融市场的一体化，各国都逐渐放宽了对资本项目的管制。但是，实现资本项目下货币可自由兑换对一国各个方面的条件要求，要比实现经常项目下货币可自由兑换困难得多。因此，1997 年在中国香港举行的年会上，IMF 确定了推动各国实现资本与金融项目下货币可自由兑换的目标。目前，已实现资本项目下货币可自由兑换的国家，绝大多数都是发达工业化国家，发展中国家和地区所占的比例很小。

二、货币自由兑换的条件

一国实现货币自由兑换的目的应当是促进经济发展和国民福利增长，其具体实施进程从根本上看取决于一国的经济、金融发展水平和主客观条件。国际货币基金组织根据各国货币自由兑换的历史经验，将货币自由兑换尤其是资本项目下货币自由兑换的基本条件归纳如下。

（一）健康的宏观经济状况

货币自由兑换后，商品和资本的跨国流动会对宏观经济形成各种各样的冲击，这就要求宏观经济具有应对各种冲击并能及时调整的能力。是否具备这种能力可以从以下几个方面进行考察。

1. 稳定的宏观经济形势

稳定的宏观经济形势要求一国经济运行处于正常有序状况，没有严重的通货膨胀，也不存在大量失业，政府的财政赤字处于可控制的范围内，金融领域也不存在银行巨额不良资产、乱集资等混乱现象。这种稳定并不是指货币可自由兑换前瞬间的稳定，而是指货币可自由兑换前和可自由兑换后相当长一段时期内的稳定，一国要从制度上建立防止产生各种经济不稳定状况的制约机制。

2. 有效的市场调节机制

有效的市场调节机制要求一国具有一体化的、有深度的、有效率的市场体系，这取决于市场的发育程度。从商品市场上看，这一市场上的价格应能充分反映真实供求状况，不存在价格扭曲因素，能对市场上各种要素的变动做出灵敏、及时的反应；从金融市场上看，要求金融市场上的价格（利率及汇率）不存在被压制及扭曲的现象，政府管制少，市场自主性强。市场交易品种、交易工具众多，交易者也很多，不存在垄断现象，市场上交易活跃、价格富有弹性。

3. 成熟的宏观调控能力

成熟的宏观调控能力要求政府必须能娴熟地运用各种宏观政策工具对经济进行调控，以应付各种复杂的局面。具体来说包括：财政收支状况良好，货币政策具有较大的独立性，政府可以根据经济需要及时调整财政、货币政策；政府具有宏观调控的丰富经验和高超的操作技巧，建立起言行一致的好声誉，不具有通货膨胀倾向，这样才能使其决策达到预期的效果。

4. 高效、稳健的金融监管

金融部门不同于其他部门，金融部门的特殊使命是在经济活动中提供信贷和货币服务，它的产品和服务是不可替代的。同时，银行提供信用的能力建立在部分存款准备金制度的基础之上，经济的发展建立在银行向其他部门“透支”的信用基础之上，这使得整个体系有着脆弱的一面，单个金融机构的破产有可能引发整个金融体系的危机。为维护整个宏观经济的稳定和健康发展，必须加强金融监管机构的监管力度。在实行金融自由化改革之后，尤其是货币可自由兑换之后，国内金融机构的经营风险由于国外金融机构的进入而大大增加，从而加大了监管的范围和难度；此外，金融机构出现大量外币负债，当银行倒闭时，政府只能通过减少外汇储备或向外借款实行救济，情况严重时可能会造成货币危机或债务危机。所以说，货币可自由兑换后，金融监管的任务加重，金融监管的重点也应发生变化，由政府行政干预转为监控贷款组合的质量、资本充足性和银行管理的稳健性等方面。

（二）健全的微观经济主体

在一国货币可自由兑换后，企业将面临国外同类企业的激烈竞争，它们的生存和发展状况将直接决定货币自由兑换的可行性。提升企业的国际竞争力，要求企业成为真正自负盈亏、自我约束的利益主体，能对价格变动做出及时反应；更重要的是，企业必须具有较高的劳动生产率，在货币自由兑换后，政府很难以直接管制方式控制各种国际间经济交易，因此国际收支平衡的维持在很大程度上依靠本国企业国际竞争力的提升。商业银行的经营状况对实现资本与金融账户下自由兑换的意义更为重大，因为在资本与金融账户自由兑换后，外资银行的竞争会使存在大量不良资产的本国商业银行经营状况进一步恶化。所以，对微观经济主体的塑造也是极为重要的，宏观经济状况是以微观经济主体为前提的。

（三）合理的经济开放状态

合理的经济开放状态主要表现为：

1. 国际收支可维持

在货币自由兑换后，政府很难以直接管制的方式强有力地控制各种国际间经济交易，因此，国际收支的可维持性问题显得格外突出。国际收支可维持是指国际收支不存在长期的、严重的失衡，尤其是不存在经常账户的长期逆差。在货币自由兑换后，长期的外汇短缺尤其是经常性外汇短缺将导致外汇债务上升，甚至演变为资本外逃。从根本上解决这一问题要依靠本国企业国际竞争力的提升，此外，还要求政府持有相当数量的国际储备以解决临时性的经常账户赤字。

2. 合适的汇率制度和汇率水平

汇率制度和汇率水平是开放经济条件下连接国内外经济的重要媒介，它们对经济变量的相互作用方式、传导路径以及政策的有效性有着重大的影响。合适的汇率制度和汇率水平不仅是货币可自由兑换的前提，也是货币可自由兑换后保持汇率稳定的重要条件。一般来说，在资本可以自由流动时，选择具有更多浮动汇率特征的汇率制度更为合适。合理汇率制度的选择涉及许多因素，我们已在本章第一节详细讨论过，合理汇率水平的确定则有赖于所选的汇率制度安排。

总之，一国需要具备充分的条件和较长的时间，才能实现货币的全面可自由兑换。一般而言，没有一个国家是在所有理论条件都具备以后才推进货币自由兑换的，而是一边推进货币自由兑换，一边创造条件。因此，不宜笼统地用货币可自由兑换的条件来约束货币可自由兑换的进程。辩证地看待货币可自由兑换的条件，在推进货币自由兑换的过程中创造和改善条件，将有利于加快货币自由兑换的进程。

关键概念

汇率制度　固定汇率制度　浮动汇率制度　无独立法定货币的汇率安排
货币局制度　传统钉住安排　稳定化安排　爬行钉住安排　类似爬行钉住安排
水平带钉住的汇率制度安排　浮动　自由浮动　货币替代　外汇管制
复汇率制　货币自由兑换

复习思考

一、单项选择题

1. 我国外汇管制的主要负责机构是（　　）

A. 银保监会　　B. 国家外汇管理局

C. 财政部　　D. 中国银行

2. 我国实行经常项目下人民币可自由兑换，符合国际货币基金组织（　　）

A. 第五条款国规定　　B. 第十四条款国规定

C. 第八条款国规定　　D. 第十二条款国规定

3. 目前人民币汇率实行的是（　　）

A. 以市场供求为基础的、单一的、有管理的固定汇率制

B. 以市场供求为基础的、参考一篮子货币的、有管理的浮动汇率制

C. 以市场供求为基础的、单一的固定汇率制

D. 以市场供求为基础的、单一的浮动汇率制

4. 金融国际化程度较高的国家，可采取的汇率制度弹性（　　）

A. 中等　　B. 适当　　C. 较小　　D. 较大

5. 在外汇管制中，属于外汇价格管制的是（　　）

A. 外汇缓冲政策　　B. 进口限额制

C. 外汇分成制　　D. 差别汇率制

6. 中国香港使用的汇率制度是（　　）

A. 传统钉住安排　　B. 货币局制度

C. 爬行钉住安排　　D. 自由浮动

二、多项选择题

1. 软钉住汇率安排包括（　　）

A. 传统钉住安排　　B. 稳定化安排

C. 爬行钉住安排　　D. 类似爬行钉住安排

E. 水平带钉住的汇率制度安排

2. 外汇管制中对人的管制是指对（　　）

A. 居民的管制　　B. 公民的管制　　C. 非居民的管制　　D. 非公民的管制

E. 非本国人的管制

3. 目前，世界上实现完全可自由兑换的货币有（　　）

A. 美元　　B. 欧元　　C. 人民币　　D. 日元

E. 港币

三、思考题

1. 什么是汇率制度？它有哪几种基本类型？各自的优缺点是什么？

2. 外汇管制的方法有哪些？

3. 什么是货币完全可自由兑换？实现完全可自由兑换需要满足哪些条件？

实训案例

案例一　人民币汇率制度

汇率制度作为一国主要的经济制度，在一国的经济发展过程中发挥着重要的作用。中华人民共和国成立以来，人民币汇率制度经历了一个曲折发展的演变过程。人民币汇率制度的演变以各阶段经济发展为基础，以各阶段经济体制改革为线索，以改革开放、汇率并轨为分界点，大致可以划分为三个阶段。

一、1978 年以前：人民币汇率的形成

1948 年 12 月 1 日，中国人民银行成立，并发行了统一的货币——人民币。但因中华人民共和国成立之初全国通货膨胀形势严重，各地区价格水平不一致，因此各地人民币在中央统一政策和管理下，以天津口岸汇价为标准，根据当地情况公布各自外汇牌价。1950 年 7 月 8 日，随着经济秩序的逐步恢复和全国财经统一制度的建立，人民币实行全国统一汇率，由中国人民银行总行公布。此后，随着经济的恢复和发展，国内价格日趋稳定，人民币不断贬值的状况得到遏制。与此同时，主要资本主义国家的通货膨胀率则出现不断上涨的趋势。根据此种情况，国家对人民币汇率进行了相应的调整（上调）。这一时期的人民币汇率以购买力平价为依据，以“物价对比法”为基础，并配合国家相关政策来确定。

1973年布雷顿森林体系崩溃后，西方各国普遍实行浮动汇率制，各国之间的汇率变动频繁，人民币汇率的定值方法也相应进行改革，采用钉住“一篮子货币”浮动的形式，所选定的一篮子货币都是中国对外经济贸易中经常大量使用的货币（如美元、英镑等），每种货币按照其重要程度确定不同的权重。采用一篮子货币的计价原则，虽然保持了人民币汇率的相对稳定，但它脱离了直接的物质基础和货币购买力平价，反映的只是人民币与一篮子货币的相对变动情况，使中国国内市场价格与国际市场价格相分离，导致人民币汇率高估。

二、1978—1993年：双重汇率时期

1978年，中国开始实行对外贸易经营权下放的外贸体制改革，出现了一批独立核算、自负盈亏的经营进出口贸易的企业。为了鼓励出口和抑制进口，必须降低人民币汇率。然而，非贸易汇率却处于与贸易汇率完全相反的状况。针对贸易和非贸易汇率存在的上述矛盾，国务院于1979年8月颁布了《关于大力发展对外贸易增加外汇收入若干问题的规定》，决定从1981年1月1日起实施双重汇率制，即公布的牌价用于非贸易项目结算，而进出口贸易的结算采用贸易外汇内部结算价。当时公开牌价为1美元兑1.54元人民币，贸易外汇内部结算价为2.80元人民币。双重汇率制的实施，在一定程度上起到了鼓励出口和抑制进口的效应。

20世纪80年代上半期，由于国内价格水平的逐渐上升，人民币的价值不断下降，而同期美元日益坚挺，人民币高估的现象更趋严重，阻碍了中国对外经济贸易的正常发展。有鉴于此，中国于1985年1月1日起正式取消贸易外汇内部结算价，变公开的双重汇率为单一汇率，进出口贸易和非贸易活动的外汇收支采用相同的汇率。与此同时，基于国内通货膨胀不断加剧和促进出口的需要，继续下调人民币的汇率。由1985年1月1日的1美元兑2.80元人民币，逐步调整至1990年11月17日的1美元兑5.22元人民币。

为配合承包制改革和取消财政补贴的政策，中国于1988年3月起在各地先后设立外汇调剂中心，形成了官方汇率和调剂市场汇率并存的汇率制度。自1991年4月9日起，对官方汇率的调整由以前大幅度、一次性调整的方式，转为逐步缓慢调整的方式。同时，放开外汇调剂市场汇率，让其随市场供求状况浮动。

三、1994年以来：单一的、有管理的浮动汇率制度

（一）1994—2005年：钉住汇率制度

为了适应中国改革开放不断深化的要求，以及符合IMF和关贸总协定对成员国汇率安排的规定，1994年1月1日，中国政府对外汇体制进行了重大改革。该项改革的主要内容包括：（1）实行以市场供求为基础的、单一的、有管理的浮动汇率制，取消以前官方汇率与调剂汇率并存的制度。企业和个人按规定向银行买卖外汇，银行进入银行间外汇市场进行交易形成市场汇率。中央银行设定一定的汇率浮动范围，并通过调控市场保持人民币汇率稳定。（2）实行银行结售汇制，人民币在经常账户下实现有条件的可兑换。（3）建立银行间外汇市场。为了保证结售汇制度的正常运行，使银行间的外汇余缺能够及时调整，1994年建立了以上海为中心的银行间外汇交易市场，各外汇指定银行作为会员单位进入该市场解决外汇余缺。（4）人民币汇率确定方法采用供求定价法。这种方法是指在考虑以往汇率水平、各种其他汇率决定方式的基础上，主要由外汇市场的供求关系来决定汇率水平。

虽然上述新的外汇体制较以往有了较大的进步，汇率形成机制更加合理，但此种体制仍然存在一定的局限性，主要表现在：汇率形成机制仍然不健全，人民币兑换外汇在很多方面仍受到限制，结售汇制度削弱了供求力量在汇率形成过程中的作用。2002 年后，人民币逐渐向资本项目下的有条件自由兑换过渡，但人民币汇率仍然以钉住美元为基本汇率政策。

（二）2005—2015 年：人民币汇率制度开始向真正的浮动汇率制度迈进

随着中国经济实力持续增强和外贸总额不断增大，人民币汇率问题成为国际瞩目的问题，很多重要的贸易伙伴要求中国采取更为灵活的人民币汇率形成机制。近年来，中国经常项目和资本项目双顺差持续扩大，加剧了国际收支的不平衡。为了调整经济结构、缓解对外贸易不平衡、扩大内需、提升企业国际竞争力、提高对外开放水平、缓和与某些国家的贸易摩擦，推进人民币汇率形成机制的改革成为深化金融改革的重头戏。

2005 年 7 月 21 日，经国务院批准，中国开始实行以市场供求为基础、参考一篮子货币进行调节、有管理的浮动汇率制度。此次汇率改革，人民币对美元一次性升值 2%，人民币汇率不再钉住单一美元，而是按照中国对外经济发展的实际情况，选择若干种主要货币，赋予相应的权重，组成一个货币篮子。篮子货币的确定以对外贸易权重为主，主要包括美元、欧元、日元、韩元、新加坡元、英镑等 11 种货币。

对于人民币汇价的管理，中国人民银行于每个工作日闭市后公布当日银行间外汇市场美元等交易货币对人民币汇率的收盘价，作为下一个工作日该货币对人民币交易的中间价格。银行间外汇市场人民币对美元的买卖价，在中国人民银行公布的市场交易中间价上下 0.3% 的幅度内浮动，欧元、日元、港元等非美元货币对人民币交易价浮动幅度为上下 3%。外汇指定银行在规定的浮动范围内确定挂牌汇率。银行对客户美元挂牌汇价实行价差幅度管理，美元现汇卖出价与买入价之差不得超过交易中间价的 1%，现钞卖出价与买入价之差不得超过交易中间价的 4%。银行可在规定价差幅度内自行调整当日美元挂牌价格，可自行制定非美元对人民币价格，可与客户议定所有挂牌货币的现汇和现钞买卖价格。上述人民币汇率改革方案被称为“7·21 汇改新政”。

（三）2015 年至今：人民币汇率逐步实现双向浮动，完善汇率的市场化形成机制

汇率制度改革主要包含两个维度：一是增强汇率浮动的弹性，二是强化汇率中间价的市场化形成机制。2005 年后，人民币汇率的波动区间逐步扩大：2007 年 5 月，汇率浮动区间从 0.3% 小幅扩大至 0.5%；2012 年 4 月 21 日，央行宣布将银行间外汇市场汇率的浮动区间扩大至 1%；2014 年 4 月，汇率的日波幅进一步扩大至 2%。相较汇率弹性的增强，汇率中间价的市场化改革则相对滞后。与此同时，自 2014 年起，中国的经济环境也发生了变化，人民币汇率面临贬值压力。2013 年底，美国开启货币政策正常化进程，美元随之走强，并带动人民币相对于全球其他主要货币有效汇率升值。而在此期间，中国经济增速有所放缓，走强的人民币汇率和走弱的实体经济出现矛盾，使得市场对人民币由升值预期转向贬值预期，人民币汇率中间价与交易价差距大幅走扩。

2015 年 8 月 11 日，中国人民银行宣布优化人民币对美元汇率的中间价报价机制。

改革内容主要包括两方面：第一，做市商在对人民币兑美元中间价报价时主要参考上一交易日的汇率收盘价；第二，8 月 11 日当天央行一次性将人民币兑美元汇率中间价贬值 1 136 个基点。“8·11 汇改”对市场造成了不小的冲击，此后人民币汇率进入了近一年半的贬值区间，并伴随着资本的大规模流出。

面对“8·11 汇改”引发的市场剧烈波动，央行在此后及时调整汇率中间价形成机制以稳定市场。央行于 2016 年 2 月正式发布新的人民币汇率中间价的定价公式，即“中间价=上一交易日收盘价+一篮子货币汇率变化”，要求做市商在对中间价报价时，适度调整人民币对美元汇率，以维持人民币对一篮子货币汇率的基本稳定。2016 年下半年开始，人民币面临的贬值压力再度抬升，2017 年 5 月 26 日，央行宣布在人民币汇率中间价定价机制中引入“逆周期因子”，逆周期因子由反映市场供需情况的汇率变动经过逆周期系数调整后得到，至此形成了现行的“上一交易日收盘价+一篮子货币汇率变化+逆周期因子”三因素共同决定的汇率中间价形成机制。此后至今，人民币汇率的单边贬值预期逐步化解并逆转，人民币汇率企稳回升，开启双边浮动模式，人民币汇率波动的弹性也在逐步加大。

“8·11 汇改”的启动是我国汇率市场化改革进程中的重要一步。在市场对人民币由升值转向贬值预期的状况下，启动汇率改革，下调人民币汇率，是纠正被高估的人民币兑美元汇率、缓解贬值预期的合理选择。此外，“8·11 汇改”重点优化了人民币汇率中间价形成机制，使得中间价的形成主要由外汇市场供求情况决定，做市商报价来源更为透明，很大程度上缩小了央行对汇率中间价的操控空间。同时“8·11 汇改”也是促进人民币加入 SDRs、推动人民币国际化进程的重要助力。

实训项目：利用互联网数据，绘制 1994—2005 年、2005—2015 年、2015 年至今三个阶段的人民币汇率指数走势图，结合资料中汇改的内容和各阶段中国 GDP、贸易收支、国际储备等指标数据，分析汇改对中国经济影响。

案例二　人民币汇率制度改革的经验与展望

一、改革经验

回顾人民币汇率过去四十余年的改革历程，有以下两点经验值得总结和借鉴。

（一）坚持汇率制度市场化的改革方向

汇率作为资本市场上重要的价格指标，在调节市场供求、资源配置等方面起着重要的作用。人民币汇率制度的改革路径整体是朝着市场化方向进行的，从单一的固定汇率制度到参考一篮子货币、有管理的浮动汇率制度，汇率在逐步拓宽的波动区间内实现双向浮动。在人民币汇率的形成过程中，政府逐步退出常态化的干预、转为让市场发挥更大的作用。深化汇率制度的市场化改革、增强汇率形成过程中市场的决定作用，有利于市场形成合理的预期，减少因预期变化而对市场造成的冲击；此外，提高汇率双向波动的弹性，有助于货币的升值或贬值压力通过汇率变动被及时、自发消化，平滑市场波动，使汇率发挥自动稳定器的作用。

（二）改革要选取合适时机并做好前瞻性指导

历史上每次汇率改革之前，人民币汇率都存在一定程度的升值或贬值预期，但是与此前几次汇改后相对平稳的市场反应不同，“8・11汇改”后市场表现震荡。究其原因，除改革的内容本身外，在推行时间和前期铺垫工作上也存在一些问题：首先，改革选择的时间窗口有待商榷。2015年6月，中国股市遭遇暴跌，汇率贬值叠加了股市低迷。其次，汇改超出市场预期。汇改之前，人民币汇率波幅维持在2%左右，离岸市场人民币的互换利率也基本维持在150点的低位，说明市场对此次汇改没有准备，政策发布后出现恐慌。因此，政策制定要选取合适时机并做好前瞻性指导，降低政策调整给市场带来的负面影响。

二、未来展望

深化汇率市场化改革将是长期的路径选择，最终实现人民币汇率的自由浮动，政府仅在特殊情况下加以适度调节。中国金融开放程度正在日益加深，需要更为市场化的汇率制度与之相匹配，未来需要进一步深化汇率制度的市场化改革。当然，改革是一个循序渐进的过程，需要做的是从当前汇率制度存在的问题出发，由浅入深，逐步扩大汇率波动弹性，增强汇率形成过程中市场的决定性作用，最终实现汇率的自由浮动。

在中国现行的汇率形成机制下，汇率实现自由浮动尚存障碍。第一，人民币汇率中间价未完全反映市场供求状况。对于中间价报价这一机制而言，中间价作为外汇市场的每日开盘价，本身并非直接由市场交易产生，并未真正反映市场状况。特别是逆周期因子的引入，实质上进一步加大了央行对汇率中间价的调控空间。第二，汇率波动幅度限制仍然存在。目前国际收支项下的金融项目仍实行一定的管理，使得外汇市场供求关系受到一定的制约，不能全面、真实地反映市场主体对外汇的供求关系。虽然人民币汇率的波动幅度在逐步扩大，但是受到汇率波动区间的限制，人民币汇率的灵活性受到较大的制约。第三，外汇市场避险工具的缺失使微观主体承受较大的外汇风险。人民币汇率的弹性浮动区间加大使从事国际贸易的市场主体所承受的外汇风险呈现加大之势，在中国目前外汇期货等衍生交易工具比较匮乏的情况下，会增加微观市场主体的汇率风险。第四，不完善的金融市场和非市场化的利率水平决定了这两个条件的实现还需要较长的时间。如果中国实行完全自由浮动汇率制度，将无法享受到浮动汇率制度带来的好处而可能要承担在浮动汇率制度下汇率波动剧烈造成的损失。

尽管短期内中国不太可能采用浮动汇率制度，但是进一步提高人民币汇率的弹性是一种难以避免的趋势，这是更好地发挥汇率在国际收支调节过程中的作用，以及保持我国货币政策独立性的必然要求。未来进一步渐进有序推进汇率市场化改革，需要采取以下措施：第一，考虑适当延长形成收盘价的时点。当前人民币外汇市场运行时间已延长至北京时间9:30—23:30，而收盘价形成时点仍为北京时间16:30未变。根据汇率中间价的公式，中间价由汇率的日间波动和隔夜波动共同决定，日间波动反映市场供求变化，而隔夜波动则是央行为维持一篮子货币稳定而做的调整。适度延长收盘价的形成时点，就可以增加日内波动，提升市场因素在汇率中间价形成过程中的比重。第二，以市场形成的定盘价取代中间价。中间价对市场行情的反映程度不高，后期随着人民币外汇市场的逐步发展，待到人民币外汇交易可以实现近乎24小时不间断运行时，可考虑取消汇率中间价的定价机制，以定盘价作为基准汇率，这样更能反映市场的供求情况。第三，央行应当结合市场环境和市场主体的发展状况，逐步丰富外汇期货、扩大外汇期权种类等适应市场投资需求的金融衍生产品，为微观主体提供对冲风险的工具。第四，政府需要在宏观与微观两个层次上建立全面有效的外汇风险监控体系，根据外汇不同期限、不同币种的净头寸以及外汇资产与负债期限状况等方面，制定有效的风险控制措施。第五，央行需要减少干预外汇市场的频率，除了直接干预方式以外，诸如通过调整利率来影响汇率、信号宣示效应等间接干预方式也可以逐渐采用。

实训项目：根据案例一实训项目的分析结论，谈谈你对中国汇率制度改革的看法。

第四篇

国际资本流动与国际金融市场

第十章 国际资本流动

引 言

随着全球一体化的推进，国与国之间的联系越来越密切，国际资本流动总量在过去的几十年内巨幅增长。1990 年，国际资本流动总量占全球 GDP 总量的 5%；2007 年，这一数据达到了历史上的巅峰 20%。据 IMF 统计，在过去的 20 年中，国际资本流动的年均增长速度为 14%，远远高于全球 GDP 的年均 3.8% 的增长速度和全球贸易年均 7% 的增长速度。其中，以国际直接投资方式流动的资本规模持续扩大，在 2006 年达到 1.3 万亿美元；与此同时，国际证券投资的规模超过直接投资，成为国际资本流动的另一种主要形式。但是随着 2008 年全球金融危机、英国“脱欧”、中美贸易摩擦等一系列全球事件发生，国际资本流动也产生了新的趋势，理解国际资本流动理论，特别是与国际金融市场的关系成为国际金融学的重要组成部分。

学习目标

通过本章的学习，学生应了解国际资本流动的概念，并能对当今的全球经济和国际资本流动情况做出理性的分析。

第一节 国际资本流动概述

一、国际资本流动的概念及组成

顾名思义，国际资本流动是指资本在国家或者地区之间的转移。或者说，国际资本流动是指资本在不同国家或地区之间作单向、双向或多向流动，具体内容包括贷款、援助、输出、输入、投资、债务的增加、债权的取得、利息收支、买方信贷、卖方信贷、外汇买卖、证券发行与流通等。从一个国家的角度来看，投资到本国的外国资本叫作资本流入（Capital Inflow），相反地本国的资本投资到国外叫作资本流出（Capital Outflow）。如果一个国家的资本流入和资本流出相等，其净资本流量就是零，绝大多数情况下无论发达国家还是发展中国家的净资本流量都不为零。

二、国际资本流动的分类

国家或地区之间进行资本转移的形式、方式、类型或渠道多种多样：从流向上划分，有资本流出与资本流入；从时间上划分，有长期流动和短期流动；从载体或工具上划分，有国际借贷、直接投资、间接投资、国际租赁等。本章采用最常规的方法即按时间长短不同把国际资本流动分成两个大类：长期资本流动和短期资本流动。区分长短期资本流动的时间节点常以 1 年为界限。

（一）短期资本流动

短期资本流动（Short-Term Capital Flow）是指期限在 1 年以内的资本流动，主要以票据的形式来实现资本在国际间的转移。与长期资本流动相比，短期资本流动更注重投资对象当前的盈利能力和流动能力。

短期资本流动的目标是追求盈利性和流动性。由于经济发展的不平衡和经济周期不同步的缘故，各国会采取不同的财政、货币政策，许多经济指标都会影响短期资本流动。例如，不同国家间的利率差异使资金从低利率国家向高利率国家转移，投资者利用不同市场之间、不同金融产品之间的利差盈利。不同的市场投资环境、经济政策、金融管制促使资金在国际间流动以逐利，世界金融自由化趋势以及网络交易的发展为国际短期资本流动提供了有利条件。国际短期资本流动的投机性和快速性，会对市场造成冲击，外部环境和市场经济体制缺陷、法规不完善造成的不确定性导致了风险的产生。国际游资是典型的风险性流动资本，其规模大、时间短、反应灵敏，具有高脆弱性和强破坏性，形成很大风险。短期资本流动按动机的不同，具体可划分为四种：贸易资本流动、保值性资本流动、银行资本流动和投机性资本流动。

1. 贸易资本流动

国际贸易资本流动是指由国际贸易引起的货币资金在国际间的流动。国际贸易活动的进行必然伴随着国际结算，引起资本从一国或地区流向另一国或地区，这种资本流动通常是短期的。在国际贸易中，出口商允许进口商延期支付货款，延期支付实际上就是对进口商融通资金。这里所指的贸易资本流动就是由于对外贸易而发生的短期资金融通。在进行资金融通时，进口国家不是发生对外债务的增加，就是发生对外债权的减少，导致国际贸易资本流动。

2. 保值性资本流动

保值性资本流动是指短期资本的持有者为使资本不遭受损失而在国与国之间调动资本所引起的资本国际转移。保值性资本流动又称资本逃避（Capital Flight）。发生保值性资本流动的原因主要有：国内经济状况恶化，国际收支持续逆差，国内政局不稳定，资本失去安全保障；货币存在贬值的风险；国家实行严格的外汇管制，资本运用受限制等。因此，出现上述情况时，短期资本持有者会将资本抽调到政局稳定、货币币值稳定且外汇管制较松的国家或地区，以避免所持资本贬值，达到保值目的。

3. 银行资本流动

银行资本流动是指各国外汇专业银行之间由于调拨资金而引起的资本国际转移。各国外汇专业银行在经营外汇业务的过程中，不可避免地会出现外汇头寸多余或不足，为避免汇率变动的风险，保证业务的正常进行，各国外汇银行需要借助于同业间的交易及时进行头寸调拨。各国外汇银行也会在国际金融市场上从事套汇、套利等活动。这些均导致银行资本国际间的短期流动。

4. 投机性资本流动

投机性资本流动是指投机者为了赚取投机利润，利用国际市场上汇率、利率及黄金、证券等的价格波动，通过低买高卖或买空卖空等方式进行投机，引起资本国际流动。

（二）长期资本流动

长期资本流动（Long-Term Capital Flow）是指资本的运用时间超过 1 年，长期资本流动主要包括三种类型：国际直接投资（Foreign Direct Investment，FDI）、国际证券投资（Foreign Portfolio Investment，FPI）和国际贷款（International Loan）。

1. 国际直接投资

国际直接投资是指一个国家的企业或个人对另外一国企业进行的投资。由于世界上各国的经济发展和收入水平不同，发达国家一直把直接投资作为资本输出的首要方式，而发展中国家也可以通过这种形式引入发达国家的资金、技术和管理经验。国际直接投资具有以下特点。

（1）以取得被投资企业的经营管理控制权为目的。直接投资的投资者不仅要获得投资利润，而且要获得被投资企业的部分或全部经营管理控制权。这一点十分重要，不对称信息的存在造成了潜在的资本分配低效率的情况，也就是发展中国家在获得发达国家的资本之后其资金利用效率可能会十分低下。通过 FDI，作为投资者的公司或个人可以拥有全部或部分控制权，会减轻不对称信息带来的逆向选择和道德风险问题。

（2）提供资金、技术和管理经验。对于资金缺乏和技术不发达的投资接受国来说，如果政策引导正确，接受国际直接投资就能够促进本国经济发展。

（3）不构成投资接受国的债务。直接投资的投资者只有在被投资企业获利的情况下，才能按企业章程享有自己的收益或汇出利润，外国投资者应得的利润也可以进行再投资。直接投资不构成投资接受国的对外债务。

（4）投资周期长。直接投资一般都要参与被投资企业的具体生产经营活动，必然会与具体的项目联系在一起。一个项目的投资周期同项目的生产（或生命）周期有关，少则几年，多则十几年甚至几十年，投资周期长，也加大了投资者的投资风险。

国际间的直接投资通常有以下途径。第一，一国投资者在另一国（东道国）开办新企业，如设立子公司、附属机构，或与他国投资者在东道国创办合营企业或独资企业等。第二，一国投资者收购东道国企业的股份达到一定比例以上，如美国商务部规定，美国公司拥有外国企业 10%以上的有投票权的股份，或外国公司拥有美国企业 10%以上的有投票权的股份，即为直接投资。第三，再投资，即一国投资者不将其在国外投资所获的利润汇回国内，而是作为保留利润对所投资企业或在东道国其他企业进行再投资。再投资、以无形要素入股所进行的投资，以及投资者在东道国筹集资金所进行的投资，都不会实际发生国际间的资本流动，可见，国际间直接投资的实现，有时不需要在国际间实际移动资本。

2. 国际证券投资

国际证券投资也称为间接投资，是指通过在国际债券市场上购买外国政府、银行或工商企业发行的中长期债券，或在国际股票市场上购买外国公司股票而进行的对外投资。与前文介绍的直接投资相比，国际证券投资有两个特点。第一，投资者并不拥有对所投资公司的管理权限，收益往往来自股票的分红和债券的利息；第二，投资者的选择较灵活，投资者随时可以根据预期收益，增加、减少或更换投资对象。证券投资对购买证券的国家来说是资本流出，对证券发行国来说则是资本流入。

3. 国际贷款

国际贷款是指一国政府、国际金融组织或国际银行对非居民（包括外国政府、银行、企业等）所进行的期限为 1 年以上的放款活动，主要包括政府贷款、国际金融机构贷款、国际银行贷款、项目融资和出口信贷。

（1）政府贷款。政府贷款（Government Loan）是指一国政府利用预算资金向另一国政府提供的优惠贷款。政府贷款是具有双边经济援助性质的优惠贷款，因此往往带有附加条件。一是提供的贷款限于采购贷款国的货物，以带动贷款国的产品出口；二是规定取得贷款的国家以公开国际招标方式采购、使用贷款国的商品；三是使用政府贷款时，连带使用一定比例贷款国的出口信贷。政府贷款一般具有期限长、利率低、附加费用少、贷款用途限定、受两国政治关系影响较大的特点。

（2）国际金融机构贷款。国际金融机构贷款（Loan by International Financial Institutions）即由国际金融机构提供的贷款。国际金融机构是由许多国家共同兴办，为了达到某种共同目的在国际上进行金融活动的机构。按业务活动范围的大小，国际金融机构可具体分为全球性的国际金融机构和区域性的国际金融机构。全球性的国际金融机构主要有国际货币基金组织（IMF）和国际复兴开发银行（IBRD）及其下属的国际开发协会和国际金融公司。区域性的国际金融机构主要有亚洲开发银行、非洲开发银行、阿拉伯货币基金组织等。国际金融机构贷款多为优惠贷款和有特殊条件的贷款。

（3）国际银行贷款。国际银行贷款（International Bank Credit）是指借款人在国际金融市场上向外国商业银行借入货币资金的活动。国际银行货款与其他国际借贷方式相比，具有以下特点。第一，资金使用自由，不受贷款银行的限制。政府贷款往往有采购商品的限制，国际金融机构贷款要求专款专用，项目贷款与特定的建设项目紧密联系、专款专用。国际银行贷款则没有这些限制。第二，资金供应充分，每笔贷款金额较大，借取方便。例如，欧洲货币中长期信贷市场的借款手续较为简便，每笔贷款的金额较大，独家银行提供的贷款每笔额度为几千万美元，银团贷款每笔额度可达上亿美元。第三，贷款利率水平较高。国际银行贷款利率属于市场利率，受资金供求等因素影响，利率随行就市，所以利率水平较高。

国际银行贷款按借贷期限的不同，可分为中长期信贷和短期信贷。中长期信贷的借贷期限在 1 年以上，借款人有政府机构、金融机构、工商企业等。中长期信贷的期限长、金额大，风险也大，因此，借贷双方要就贷款的有关事项签订贷款协议，同时还要由借款人所属国家的政府提供担保。当一笔中长期信贷的金额相对较小、期限又不十分长时，可由一家银行独家承贷；当一笔中长期信贷的金额庞大、期限又较长时，则需要由不同国家的多家银行组成银团共同提供贷款。中长期信贷的利率以伦敦同业拆放利率为基础，加上一个附加利率（Spread；Margin）；在银团贷款（Syndicated Loan）条件下，要收取各种费用。中长期信贷的资金不规定使用用途，借款人可自行安排使用。

（4）项目融资。项目融资（Project Financing）是指为某一特定工程项目而发放的贷款，是20世纪70年代以后产生的新的贷款方式，属于国际中长期贷款。项目融资贷款偿还的唯一保证源于项目本身，与借款人的综合还款能力无关。项目贷款主要用于资源开发项目或资金密集型的大型项目。

项目贷款是以取得贷款项目建成投产后的经济收益进行偿还，因此这种贷款方式有其本身独特的特点。项目投产后以收益偿还贷款，若项目投产后没有收益，则不偿还贷款；项目贷款专款专用；项目贷款银行要承担一定的风险。因项目贷款金额大，项目的收益不十分确定，因此贷款银行要承担一定的风险，这使得项目贷款利率较一般商业贷款利率要高。

（5）出口信贷。出口信贷（Export Credit）是与国际贸易直接相关的中长期信贷。它是出口国商业银行对本国出口商或者外国进口商及其银行提供的贷款，其目的是为了解决本国出口商的资金周转困难，或者是满足外国进口商对本国出口商支付货款的需要。出口信贷的一般特点是：贷款必须用于购买贷款提供国的出口商品；贷款利率低、期限长、金额大；一般由出口国的官方或半官方信贷保险机构提供出口信贷风险担保。

第二节　国际资本流动的成因和影响

一、国际资本流动产生和变化的原因

世界经济的复杂性决定了国家间资本转移的原因也是多方面的，但是造成资本在不同国家或地区间转移的根本原因在于存在着国际经济交易和世界经济发展的不平衡。主要体现在：一方面，大量过剩资本的存在及寻求高额利润是导致资本输出的主要原因；另一方面，经济不发达国家及某些经济发达国家为弥补国内建设资金不足和发展本国经济的需要而引入资本是导致资本输入的主要原因。

（一）长期资本流动的原因

1. 利润驱动

当本国投资回报率低于国外投资回报率时，资本就会因逐利而流动。例如，在20世纪70年代末，美国国内制造业平均利润率约为13%，而1979年美国在发达国家直接投资的利润率为19.2%，在发展中国家直接投资的利润率高达32%。

2. 资源驱动

资源驱动包括寻求自然资源和人力资源。资源驱动型资本流动在20世纪70—80年代流行，我国改革开放正好迎合了这一浪潮。资源驱动型资本流动源于资源分配和经济发展的不平衡，西方发达国家对原材料需求大，自身资源紧缺，产品成本较高，通过对外投资，如开发和利用国外石油、矿产品、林业、水产等资源，一方面可以解决原材料供应问题，利用廉价的国外原材料，另一方面为“过剩”资本找到了赚取利润的出路。还有一些国家对外投资，尤其是投向劳动密集型的行业，主要是想利用国外低廉的劳动力，以减少工资支出，降低生产成本。

3. 市场驱动

常言道："逆水行舟，不进则退。"公司在激烈的竞争中，不开拓市场则很难保持住现有的份额，所以各国向外输出资本还在于保护和开拓国外市场。具体表现为：一是开辟新市场。通过对外投资，在过去没有出口市场的国家占有一定的市场。二是保护和扩大原有市场。在国外市场发展到某种程度之后，通过对外投资，有利于促进相关产品的生产和销售，扩大原有市场。三是克服贸易限制和障碍。通过向进口国或第三国投资，在进口国生产或在第三国生产再出口到进口国，以避开进口国的贸易限制和障碍。例如，英国在 20 世纪 50 年代末对中国香港棉纺业实行进口配额，促使中国香港开始向未受配额限制的第三国直接投资。此外，追求新技术、谋求占有新兴工业产品的市场也是市场驱动的具体表现。

4. 政治动机驱动

随着殖民体系瓦解，殖民地国家纷纷独立，西方的原宗主国为保持其先前在这些国家的利益，或为了继续控制这些国家的政治和经济，便大量向新兴的第三世界国家投资。另外，当一国政局不稳定时，出于寻求安全的投资场所的需要，资本会流向政局相对稳定的国家。

5. 环境污染转移驱动

引起长期资本流动的另一原因是转移环境污染。环境污染是威胁人类生存和经济发展的世界性问题，一些国家严格限制企业从事易造成污染的产品的生产，从而促使企业通过对外直接投资将污染产业向国外转移。例如，在发达国家的对外直接投资中，化工产品、石油和煤炭产品、冶金、纸浆造纸这四大高污染行业所占比重相当高。1990 年，美国、英国、法国、日本在制造业对外直接投资中严重污染行业所占比重分别为 42%、38%、63% 和 33%。

（二）短期资本流动的原因

在资本流动的过程中，长期资本和短期资本有时是互相转化的。但毕竟长期资本形成之后相对稳定，而在国际金融市场上移动频繁的游资都属于短期资本，短期资本流动的原因主要有正常贸易融资需要、利益驱动、汇差驱动、投机驱动、防范风险驱动、金融衍生工具广泛运用等。

二、国际资本流动的影响

国际间资本自由流动是经济市场化、自由化、全球化的结果与选择。资本实现了全球范围内的自由转移，会给不同国家乃至全球经济带来巨大的影响。国际资本流动，尤其是一国放开了资本与金融项目管制，对一国经济的发展将起到推动作用，但同时又蕴藏着巨大的风险。

（一）国际资本流动的积极影响

1. 增加社会福利

与商品贸易不同的是，资本交易只有一种产品：货币。在各国资本收益率不一致的情况下，如果允许资本项目开放，收益率的差异就会导致资本流动，这将使资本的利用效率提高，社会福利增加。国外研究表明，允许资本国际流动后，资本流入国和资本流出国均可获利。发展中国家多为资本流入国，资本流入在发展中国家经济增长中起着重要的作用，这早已被发展经济学家所论证并为实践所证明。从第二次世界大战后至今，发展中国家利用外资大致经历了三个阶段。第一阶段是从第二次世界大战后到20世纪60年代后期。在此期间，发展中国家取得外资的主要方式是官方资金融通、外国直接投资和贸易资金。经常项目的赤字，大部分通过政府安排和国际组织来弥补。西方国家商业银行的海外业务由于各国的外汇管制而受到限制。第二阶段是20世纪60年代后期至20世纪80年代债务危机的发生。这一时期，国际金融市场汇率、利率剧烈波动，石油价格不断飙升，很多发展中国家的经常项目出现了极大不平衡。在这种情况下，国际银行业迅速发展，并从贸易资金融通转变为更直接地帮助发展中国家实现国际收支平衡。同时，这一时期，许多发展中国家为积极发展经济，逐步解除了对海外借款的限制。因此，国际银行业备受鼓舞，参与国际贷款的银行数量激增。作为发展中国家净注入资金的一部分，外国直接投资所占的比重从1970年的19%下降到1980年的12%。在这一阶段中，官方资金融通与私人资金融通同步增长。第三阶段是从20世纪80年代后期开始至今，国际私人资本规模远远超过官方资本，私人资本流动成为国际资本流动的主要形式。私人资本对资本管制非常敏感，如果一国管制过多，外国投资者会考虑在贷款利率上加进一定比例的风险溢价，借款成本会加大。而如果允许资本自由流出、流入，会减少国外投资者的顾虑。一些发展中国家国内利率放开后，利率上升，这时候如果能够放松资本管制，将在一定程度上减轻企业筹资的成本负担，有利于企业的发展。

2. 分散风险

随着国际资本流动的加剧，特别是流动中各种风险因素的增多，近年来资本项目开放的研究重点转向国际金融市场的风险承担和风险分散。托宾—马克威茨模型（Tobin-Markowitz Model）认为，如果承担某种风险的价格在国家间是不同的，那么，利用包含这些风险的国际金融资产进行贸易的话，各国将会获利，即都能减少风险。

3. 减少管制成本

在国际资本市场一体化的情况下，资本管制的效力越来越弱，因而实施资本管制的成本也越来越高。资本管制的成本有两种：一是费用成本，二是管制带来的弊病。管制所带来的弊病主要有：第一，“寻租”行为。安妮·克鲁格（Anne krueger）在其《寻租社会的政治经济学》一书中曾提出一个竞争性寻租模型。该模型指出，对经济活动的政府管制产生各种形式的租金，而人们常常为这些租金进行竞争，浪费了大量的资源，从而导致经济效率低下、福利损失。以资本管制为例，资本管制为资本项目交易的许可证创造了一个隐含的市场价值。这种许可证是由负责资本管制的机关根据一系列规则分配给企业和机构的，这就常常使一些人通过行贿等方式来获取许可证的隐含租金，因而导致政治腐败。第二，导致资本外逃增加。有些国家出现经济美元化，导致国内货币体系名存实亡，税基萎缩。20世纪80年代以来，发展中国家资本外逃的数量逐年增加，而且许多发展中国家居民持有的国外资产，无论是以官方汇率还是以黑市汇率计算均已超过其国内金融体系的规模。在资本外逃使一国投资规模缩减的情况下，许多国家被迫举借外债，导致外债负担加重，经济处于恶性循环中。而开放资本项目则有利于降低上述资本管制成本，提高经济运行效率。

（二）国际资本流动蕴藏的风险

1. 对经济主权的冲击

一国的经济主权主要表现在发钞、征税及各种经济政策的制定与调整上。资本自由流动后，这三方面都受到很大冲击。

首先，国际资本流动带来的货币替代对一国货币发行、货币政策实施会产生影响。货币替代是经济实体在存在一定的利率、汇率、税率等差异的情况下，因追求资本安全和利益最大化而采取的一种由外币代替本币职能的现象。货币替代对发展中国家的重要性不同于发达国家。发达国家由于其资本市场的一体化，货币替代主要是私营经济主体有价证券多样化和进出口商争取降低国际贸易交易成本的结果。多数发展中国家的金融市场并不发达，面临经济和政治的不稳定性，货币替代则是国内经济主体躲避本国货币所造成的。货币替代的过程通常开始于外币替代本币作为价值贮藏手段。随着高通货膨胀的持续，一些价格，特别是一些不动产及金额巨大的商品价格开始以外币标价。不久，一些交易开始用外币履行，特别是大宗买卖。20 世纪 90 年代以前，货币替代现象主要盛行于拉美国家，20 世纪 90 年代以后，不仅拉美国家的货币替代达到了相当的规模和深度，而且在许多苏联和东欧国家，货币替代也十分严重，以至于现在很多国家都出现了美元化。由于外国货币不仅作为保值手段，还被作为计价手段和支付手段，大面积地排斥处于劣势的本国货币，因而很多国家出现了与格雷欣法则（Gresham's Law）相反的现象：良币驱逐劣币。政府为使国人增加对本币的需求，大都提高本币的存款利率，这在短期内会奏效。然而如果导致通货膨胀的因素不解决的话，这种局面不会维持很久。一些拉美国家，如玻利维亚、墨西哥及秘鲁曾采取强制政策，把外币存款变成本币存款，这么做刺激了资本外逃，并使美元变成地下货币。货币替代改变了货币存量的构成，国内的货币需求结构也会发生相应的变化。货币替代是一个流动性极强的动态过程，导致国内的宏观需求管理极为困难。

其次，税收方面。过去税收的依据主要是领土原则，即在管辖地域内对收入和经济活动有征税权力。而在资本项目开放后，这一原则失去了效力。如果一国税率过高，该国居民就会利用国际资本的自由流动来逃避一国的税赋。因此，资本项目自由化日益制约政府在税制和税率方面的选择。

最后，国际资本流动导致以封闭经济为依据的传统货币政策失灵。在封闭经济中，当一国经济过热，发生通货膨胀时，可采取紧缩的货币政策，如提高利率，以抑制总需求。然而，在当今，由于国际资本流动的存在，提高利率会诱使国外资金流入，反而会进一步刺激投资。反之，当国内经济出现衰退时，一国降低利率不仅不能刺激投资和消费，反而会造成资本外流，国内投资规模很难扩大。

2. 对国内金融市场的冲击

首先，资本大量流入导致商业银行的资产负债规模加大，银行的不良贷款增加。国际清算银行认为，亚洲银行体系之所以脆弱，核心原因在于银行和其他信贷的过度扩张引发了不稳定的资产价格周期。发展中国家的外国资本主要通过银行流入国内，因而国内银行对外负债的增加会导致其资产负债表扩大。如果国家对银行管理和监控不力，资本流入就会加大银行信贷扩张的机会，不良贷款的比例就会增加。20 世纪 90 年代，泰国、印度尼西亚、韩国在经历了大规模的资本流入后，国内信贷持续增长。

其次，国际资本流动导致银行危机和货币危机。金融机构把投资者不流动的资产转变为具有流动性的资产后，国内外经济、金融的不利因素可能会引发对金融机构的挤兑。挤兑导致大量资本流出，在缺少足够的国际储备的情况下，将造成货币的贬值；反过来，对货币贬值的预期又会进一步加重对金融机构的挤兑，从而恶化金融机构的脆弱性。可以说，金融机构创造的流动性越多，挤兑的临界点就越低，国内投资收益率略有下降或国外利率提高都会导致银行危机和货币危机的发生。

最后，国际资本流动导致证券市场出现波动。国际投资者的出现可能会对资本市场的定价效率造成一些影响。信息的效率促使资本市场发挥资本配置的作用。因为证券的价格反映了所有可利用的信息，错误的标价可能导致资本错误地分配到生产效率相对较差的企业和行业。外国投资者的决策会受其他市场的影响（如工业化国家的低收益），不会总是反映资本流入国国内市场的根本经济因素。因此股票价格会因外国投资者的出现而发生扭曲，进而出现波动，特别是在那些大部分交易来自外国投资者的市场。

3. 汇率超调导致国际收支危机

根据多恩布什（Dornbusch）的汇率超调理论（Sticky-Price Monetary Approach），商品市场与资产市场的调整速度不同，商品市场的价格水平具有黏性特点。在短期内，实际汇率不能满足购买力平价的要求，会发生过度调整的现象。这会给金融市场和实际经济的发展带来很大的冲击。从大部分发展中国家的经验看，开放资本项目后，由于资本大量流入，导致不同程度的本币升值。货币升值降低了本国商品的竞争力，出口减少，经常项目急剧恶化，货币汇率面临很大压力。这时，如果外国投资者大幅度缩减资本流入或开始撤资，本国汇率又会急剧下跌。同时，由于经常项目的恶化及外资流入的减少，有外债的国家的到期还本付息就会出现困难，从而引发一场货币危机。

第三节 国际资本流动的管制

由于国际资本流动对一国经济会造成巨大的影响，因此许多国家都实行过或正在采取程度不同的资本管制措施。例如，第二次世界大战以后，绝大多数国家都对资本账户的交易实行过管制，有的国家对资本账户实行支付数量限制，有的则对资本账户实行双重汇率制度等。一方面，资本管制有助于避免国际资本流动对一国经济的不利影响；另一方面，资本管制又导致资本外逃。因此，资本管制是把“双刃剑”。本节重点探讨资本管制和资本外逃的有关内容。

一、资本管制的主要手段

一般而言，资本管制主要有数量型管制和价格型管制两种。前者包括对国内金融机构如银行外汇资产与负债头寸的限制，对外国金融机构进入本国市场的准入限制以及对其经营业务种类与范围的限制，对外国资本进入本国特定产业的限制等诸多规定。就价格型管制而言，实行双重汇率或者多重汇率是过去采取的主要办法。对资本账户采取与经常账户不同的汇率水平，其目的在于抑制国内资本的流出。然而在操作过程中，必须明确界定经常账户的交易和资本账户的交易，同时还要对居民的外汇交易和非居民的本币交易进行管制。对资本与金融账户的交易征税（如利息税、交易税）也属于价格型管制。例如，美国在20世纪60年代就实行过利息平衡税，其目的在于防范因持有外国金融工具可能获得较高的利息收入而产生短期资本外逃。美国经济学家托宾（Tobin）提出的“托宾税”实际上是对金融交易进行征税，其目的也是为了抑制短期资本流动。智利政府曾经对流入本国的外国资本实行无息准备金制度。有的国家还对本币的可兑换性做出限制，或者对资本与金融账户某些项目的可兑换性做出明确规定。

通常来说，讨论发展中国家的资本管制问题，重点应放在如何避免资本外逃方面。从其国际收支平衡表来看，资本外逃往往会导致其净误差与遗漏账户在多数年份出现逆差，而不是逆差与顺差随机变化。当然，发展中国家也存在短时期内资本大量内流的情况，由于发展中国家往往资本不足，因此对资本流入的监管措施不像对资本流出那样严格。亚洲金融危机后，不少发展中国家采取了一些新的制度安排，如规定资金在境内最短停留时间、外汇指定银行制度、实时全额清算系统等，以规避国际资本无序流动带来的负面影响。从根本上说，有效防范国际短期资本冲击的关键，是要选择一个符合本国国情的货币政策框架和汇率制度，把握资本市场开放的时机和次序，强化本国实体经济和金融体系的制度安排，加强国际资本流动管理的国际合作。

二、资本管制的动因

资本管制的原因主要源于以下几方面。

（一）实现货币政策的独立性

根据蒙代尔“不可能三角”原理，在钉住汇率制度下，如果一国政府不对资本账户实行有效的管制，则不可能实现货币政策的独立性。因此，采取钉住汇率制度的国家如果希望获得独立的货币政策，就必须对资本账户进行管制。

（二）防止国际收支危机或者汇率危机的爆发

通常认为，短期资本流动存在“羊群效应”，资本的盲目跟风往往会导致一国陷入国际收支危机或者汇率危机当中。汇率在短期内的大幅度波动往往会对本国经济造成负面影响，因此，为防止国际收支危机或者汇率危机的爆发，政府必须限制资本的流动。尤其是在发生国际金融动荡的情况下，暂时对资本的自由流动实行管制，可以避免本国经济遭受外部金融危机的冲击。例如，马来西亚政府在1997年亚洲金融危机爆发后，为避免危机的冲击，宣布对资本账户实行管制，这使马来西亚政府成功地避免了银行破产、经济全面崩溃的困境。在拉美地区，不少国家一方面借入大量外债，另一方面又存在资本的大量外流，当后者达到一定规模时，债务危机就不可避免。因此，资本外逃是20世纪80年代初国际债务危机的重要原因之一，也是不少拉美国家在整个20世纪80年代深陷债务危机长期难以自拔的关键因素之一。

（三）保护本国的银行体系，避免出现银行危机

短期内大量资本外逃，将导致本国银行体系资产负债表的错配（包括本外币资产和负债的错配以及期限的错配），危及本国银行体系的安全。因此，限制资本跨国流动往往是一国金融体系尤其是银行体系存在不稳健因素时的必然选择。

（四）保证国内储蓄用于国内投资，避免资本流失

通常来说，发展中国家往往面临资本短缺，为实现赶超目标，需要将国内储蓄留在国内用于融通国内投资，加速国内储蓄向投资的转变，而不是购买外国的金融资产。为达到这一目标，必须实行资本管制。然而，由于发展中国家通货膨胀率一般较高，且处于金融抑制的状态，如对利率等金融资产的价格管制，对市场准入的限制，以及各种形式的规模管理，投资国内金融资产往往会遭受通货膨胀风险和利率风险等不确定因素的影响。在这种情况下，国内收入结余者就会采取其他避免通货膨胀风险的措施，如持有不动产等。资本管制的另一个相关因素就是鼓励或者限制外国公司或个人进入本国的特定产业，以实现相关产业的技术升级或者避免相关产业、自然资源被外国资本垄断或控制。

（五）避免资本外逃，保持国内税基

实行资本管制的另一个重要理由就是防止资本外逃，保持政府对金融交易、金融收入的课税能力。在证券市场规模较大的国家（如瑞士），印花税和证券交易税是政府重要的收入来源之一，利息收入和资本利得是政府课税的主要对象。因此，实行资本管制可以保证政府税收的稳定。

三、资本管制的效力

资本管制能否将国内金融市场与国际金融市场真正隔离，取决于政府管制的力度和经济主体逃避管制的预期收益。在全球经济与金融活动一体化日益加速的今天，政府要实现对资本的管制需要建立一个庞大的、业务水平较高的机构，这需要耗费一定的资源，如果随着时间的流逝，其政策收益不足以抵消其实施成本，那么资本管制的效力是递减的。

从经济主体的角度分析，是否逃避资本管制同样取决于其成本与收益的对比。由于在发展中国家存在金融抑制和私人产权保护不明确等若干制度缺陷，同时国内经济政策的周期性变化使得持有国内金融资产会遭受明显的经济损失，这会刺激国内资本的外逃。相对而言，持有外币形式的金融资产可以规避各种制度和政策风险。

四、逃避资本管制的渠道

逃避资本管制的渠道包括以下几个方面，均涉及经常账户。

（1）最主要渠道是高报或低报进出口合同金额。例如，为转移资金到国外，出口商（进口商）会低报（高报）贸易合同金额以实现资本转移，将多出的钱投资于国外资产。这恰恰是利用了资本管制中最大的制度缺陷，即一方面政府需要控制未经批准的资本流动，另一方面又不能影响正常的对外贸易。

（2）交易结算时间提前或滞后通常是资本外逃的一个重要渠道。例如，一国汇率变化存在明显预期时，往往会显著影响该国的进出口规模。进口商往往会在本币贬值之前加大进口规模；出口商则会在本币升值之前扩大出口规模。

（3）外商直接投资企业通过转移定价策略转移资本日益成为发展中国家资本外逃的重要渠道。在汇率发生预期变化之前，改变转移价格乃至延迟或推后公司内部支付，这些措施都可以帮助跨国公司将资金调入或者调出一国以规避风险。

除此之外，将某些资本账户项目混入经常账户进行交易，也是逃避资本管制的重要途径，这是基于一国政府对资本与金融账户实行更为严格的管制的现实。资本管制刺激了寻租和腐败的产生，正因为如此，资本管制的效力日益受到质疑。

五、资本管制的有效性

尽管资本管制具有一定的政策效果，但随着时间流逝，其有效性显著下降。资本违规流动使得政府无法实现其预定的政策目标。这一点在制定宏观经济政策和结构调整政策方面表现得非常明显。

在钉住汇率制度下，货币政策的有效性取决于资本管制的效力。如果名义上存在资本管制，实际上却有各种形式的资本跨境流动，那么货币政策的独立性将受到明显制约。例如，2003 年以来，由于对人民币汇率存在升值预期，跨国资本通过各种渠道进入我国，我国的外汇储备增加显著。2003 年度外汇储备增加 1 168.4 亿美元，如果加上向中国银行和中国建设银行注资的 450 亿美元，当年外汇储备增加超过 1 600 亿美元。2004 年我国外汇储备增加更是超过 2 000 亿美元。由于资本与金融账户顺差对外汇储备的贡献度占有绝对比重，因此尽管我国对资本流动存在名义上较为严格的管制，但是从实际效果上分析，资本管制的效力不容乐观。

通常，在应对资本流动方面有三种方式可供政府选择：一是对资本流动进行对冲操作；二是强化资本管制；三是取消资本管制。一般而言，在固定或者钉住汇率制度下，抵消资本流动对国内经济影响的主要手段就是中央银行实行“冲销干预”。

所谓“冲销干预”（Sterilized Intervention），又叫中和干预，是指中央银行在进行外汇买卖的同时，通过公开市场操作对国内市场进行反向操作，达到本币供应量不变的目的。它是政府管理汇率的重要政策之一，也称冲销政策。例如，当大量资本流入时，中央银行为了减轻本币升值的压力，在外汇市场上卖出本币。但是，由于国际资本流入的相当一部分会形成中央银行的外汇储备，新增的外汇储备会形成中央银行新的流动性，只有消除这部分多余的流动性，新增外汇储备才不致给国内带来信贷膨胀压力，消除多余流动性的有效方法就是在公开市场操作中卖出政府债券。这样就完成了冲销干预，反之亦然。2003 年以来，我国政府为对冲急剧增加的外汇储备，还采用了发行中央银行票据的方法进行对冲操作。

随着世界经济与金融一体化的日益深入，资本管制的有效性不断降低，各国的最终目标是放弃资本管制。然而，取消资本管制需要一系列前提条件，如果不具备相关的制度安排和宏观经济政策背景，放弃资本管制只会给本国经济带来灾难。研究表明，健全的金融体系、宏观经济的稳定、政府财政收支的稳健、银行风险管理能力的增强、恰当的开放顺序均是取消资本管制的必要条件。

关键概念

国际资本流动　国际直接投资　国际证券投资　国际贷款　资本管制　资本外逃　冲销政策

复习思考

一、单项选择题

假如大量资本流入，中央银行如何进行冲销操作（　　）

A. 在外汇市场上买进外汇储备，在公开市场操作中卖出政府债券

B. 在外汇市场上买进外汇储备，在公开市场操作中买进政府债券

C. 在外汇市场上卖出外汇储备，在公开市场操作中买进政府债券

D. 在外汇市场上卖出外汇储备，在公开市场操作中卖出政府债券

二、多项选择题

1. 短期资本流动包括（　　）

A. 贸易资本流动　B. 保值性资本流动　C. 银行资本流动　D. 投机性资本流动

2. 资本管制的主要手段包括（　　）

A. 价格管制　B. 数量管制　C. 汇率管制　D. 税收

3. 国际资本流动的积极影响有（　　）

A. 增加社会福利　B. 分散风险　C. 降低管制成本　D. 吸引外资

三、思考题

1. 为什么直接投资在国际资本流动中占有重要地位？

2. 谈谈我国资本流出的情况。

3. 国际资本流入对发展中国家是利大于弊还是弊大于利？

实训案例

案例一　近期全球资本流动趋势

2011 年以来，全球跨境资本流动规模先升后降。2011—2016 年，德国、日本和韩国资本流出规模显著上升，资本净流入占 GDP 的比例分别由 2011 年的-4.3%、0.3%和 -0.9% 变为 2016 年的-8.3%、-5.3%和-6.6%，2017—2018 年德国、日本和韩国资本流出规模有所下降，2018 年资本净流入占 GDP 的比例分别达到-6.8%、-3.2%和-3.1%；英国资本净流入规模先升后降，资本净流入占 GDP 的比例由 2011 年的 2%上升至 2016 年的 6%，再降至 2018 年的 3.8%，美国资本净流入规模先降后升，资本净流入占 GDP 的比例由 2011 年的 3.5%下降至 2014 年的 1.7%，而后上升至 2018 年的

2.2%；2014 年中国金融账户转为资本净流出状态，2015 年和 2016 年出现大量资本净流出，资本净流入占 GDP 的比例分别达到-4%和-3.7%，2017 年和 2018 年转为资本净流入状态，资本净流入占 GDP 的比例均在 0.9%左右；2013 年以来印度资本净流入规模持续下降，资本净流入占 GDP 的比例由 2012 年的 4.6%下降至 2016 年的 1.2%，2017 年和 2018 年分别回升至 2.9%和 2.2%；2012 年以来巴西资本净流入规模不断下降，资本净流入占 GDP 的比例由 2011 年的 5.3%下降至 2017 年的 0.5%，2018 年略有回升至 1.5%。

资料来源：Wind。

实训项目：寻找资料并图表分析全球主要国家近期资本流动状况，讨论中国近期资本流动趋势的原因。

案例二　近期全球资本流动特点

一是在绝大部分时期发达国家直接投资项目呈现净流出状态，但 2015 年以来转为净流入状态，其中主要是美国和英国的贡献。美国直接投资项目由 2010—2014 年年均净流出 1 300 亿美元转为 2015—2018 年年均净流入 1 713 亿美元，英国直接投资项目年均净流入规模由 2010—2014 年的 395 亿美元上升至 2015—2018 年的 794 亿美元；但德国、日本和韩国直接投资项目仍延续净流出状态，三国直接投资项目年均净流出规模由 2010—2014 年的 436 亿美元、1 053 亿美元和 171 亿美元上升至 2015—2018 年的 557 亿美元、1 394 亿美元和 195 亿美元。

二是新兴市场和发展中国家直接投资项目延续净流入，但 2015 年以来净流入规模有所下降，年均规模由 2011—2014 年的近 5 000 亿美元下降至 2015—2018 年的 3 200 亿美元，其中，下降幅度最大的地区是中东、发展中欧洲国家和中国，但印度、东盟、巴西、墨西哥、非洲等地区直接投资项目净流入有所上升或相对平稳。2013 年以来，伴随大宗商品价格进入熊市和地缘冲突风险上升，中东和发展中欧洲国家直接投资净流入均大幅下滑，中东和中亚地区直接投资项目年均净流入由 2011—2014 年 360 亿美元下降至 2015—2018 年的 150 亿美元，发展中欧洲国家直接投资项目年均净流入由 2011—2013 年的 300 亿美元降至 2017—2018 年的 200 亿美元。中国经济进入新常态，外需放缓和要素成本上升使制造业产能投资增速大幅下降，外国直接投资流入显著下降，中国企业对外直接投资进入快速增长期，导致直接投资项目年均净流入由 2010—2014 年的 1 740 亿美元降至 2015—2018 年的 403 亿美元。但印度、墨西哥和越南直接投资项目年均净流入分别由 2010—2014 年的 200 亿美元、152 亿美元和 60 亿美元上升至 339 亿美元、278 亿美元和 126 亿美元，巴西和南部非洲直接投资年均净流入相对比较稳定，2010—2014 年分别为 659 亿美元和 350 亿美元，2015—2018 年分别为 577 亿美元和 330 亿美元。

全球证券投资类资本流动波动较大，近年来新兴市场证券投资净流入规模明显下降。英美在全球证券投资类资本流动中占据主导地位。英国证券投资项目年均净流入规模由 2009—2014 年的 1 040 亿美元上升至 2015—2018 年的 2 268 亿美元，其中，2018 年净流入达到 3 628 亿美元创 2009 年以来历史最高。美国证券投资项目年均净流入规模由2009—2014年的2 454亿美元下降至2015—2018年的1 133亿美元，其中2018年转为净流出184亿美元，创2010年以来最低。德国证券投资项目年均净流出规模由2009—2014年的1 127亿美元上升至2015—2018年的1 971亿美元。日本证券投资项目由2009—2014年均净流入160亿美元转为2015—2018年年均净流出1 109亿美元。韩国证券投资项目由2009—2014年均净流入123亿美元转为2015—2018年年均净流出546亿美元。巴西证券投资项目由2009—2014年均净流入413亿美元转为2015—2018年年均净流出73亿美元。印度证券投资项目年均净流入由2009—2014年219亿美元降至2015—2018年65亿美元。中国证券投资项目年均净流入规模由2009—2014年的423亿美元降至2015—2018年的43.6亿美元，但2018年当年出现1 067亿美元净流入。

全球信贷类资本流动波动较大，不同国家资本流动状态存在较大差异。英国其他投资项目呈现净流出状态，年均净流出规模由2009—2014年的430亿美元上升至2015—2018年的1 815亿美元。美国其他投资项目呈现净流入状态，年均净流入规模由2009—2014年的2 653亿美元降至2015—2018年的889亿美元。德国其他投资项目呈现净流出状态，年均净流出规模由2009—2014年的282亿美元下降至2015—2018年的51.7亿美元。日本其他投资项目呈现净流入状态，年均净流入规模由2009—2014年的288亿美元上升至2015—2018年的722亿美元。巴西其他投资项目呈现净流出状态，年均净流出规模由2009—2014年的52.2亿美元上升至2015—2018年的173亿美元。中国其他投资项目呈现净流出状态，年均净流出规模由2009—2014年的509亿美元上升至2015—2018年的1 940亿美元，其中，2018年净流出770亿美元。

资料来源：Wind。

实训项目：讨论国际资本流动与国际金融市场的关系。

案例三　中国近期短期资本流动状况

尽管近年来中国的短期资本流动之中，对外直接投资的方式正在改善，对美国的依赖性逐步减弱，但是在近期中美贸易关系恶化的情况下，中国作为较大的短期国际资本流入国，宏观经济状况面临着诸多不利因素。首先，大量资本从美国回流，这些无处可去的资本对宏观经济体的承受能力是一次考验。其次，中国是较大的贸易顺差国，长期以来贸易顺差趋于稳定；这段时间国际贸易的不稳定局面影响到短期国际资本流动中的贸易流动，很有可能导致中国国际收支出现动荡。最后，由于对美投资的波动，中国正面临着较大的投资风险，对外来说，回流的短期资本重新流向国外追逐利益需要一个经济阵痛的缓冲过程；对内来说，短期国际资本的流入对中国国内民族工业来说是一次冲击，国内市场被趋利性强的游资抢占，一些国内企业的生存和发展面临挑战。因此，短期国际资本流动的现状受到目前国际经济格局变化（尤其是中美贸易战的深化）的影响，将会对中国的宏观经济状况产生一系列的不利影响。总体来说，短期国际资本流动，特别是在当前中美贸易关系恶化、国际资本流动波动加剧、人民币贬值的历史条件下，将会对中国的社会经济造成诸多不利影响。

实训项目：结合这些具体的不利影响，对症下药，提出相应的政策建议，限制和防范短期国际资本流动对中国经济的不利影响。

第十一章　国际金融市场和国际金融机构

引　　言

国际金融市场既是经济全球化的重要组成部分，又对世界经济的发展具有重大意义。商品、服务和资本的国际性转移，黄金的输入和输出以及外汇的买卖等都离不开国际金融市场。因此，学习和掌握国际金融市场的相关概念及构成十分必要。

国际金融机构指为协调各国间的货币政策，实现国际货币、金融合作而建立的从事国际金融经营和管理等业务活动的超国家性质的金融组织。全球性和区域性的国际金融机构分别在全球性和区域性的货币合作中发挥重要作用。

学习目标

通过本章的学习，学生应掌握主要国际金融市场和国际金融机构的含义、构成、特点以及形成和发展。

第一节　国际金融市场概述

一、国际金融市场的含义

金融市场是以金融资产为交易对象而形成的供求关系及其机制的总和。一个有效的金融市场意味着金融资产的价格能及时、准确地反映所有公开的信息，资金在价格信号的引导下合理流动，从而优化经济资源的配置。

当金融市场活动跨越国界，在国际间进行外汇、证券、黄金买卖以及资金借贷、结算等活动所形成的市场，则称为国际金融市场。国际金融市场的交易不受国界限制；交易的标的非常丰富，可以是多种货币或金融资产；市场极为活跃，富于创造性，拥有现代化的服务方式；市场管理相对宽松，较少受官方干预和约束。

国际金融市场的概念有狭义和广义之分。狭义的国际金融市场是指国际间资金借贷与资本交易的场所，又称为国际资金市场。广义的国际金融市场是指从事各种国际金融业务的国际性市场，由经营国际间货币信用业务的一切金融机构组成，它既包括国际资金市场，也包括外汇市场、黄金市场以及其他各种衍生金融市场，同时还包括在金融市场中从事交易的各类参与者、中间人和交易机构。

二、国际金融市场与国内金融市场的比较

（1）国际金融市场和国内金融市场的联系。① 国内金融市场是国际金融市场得以发展的基础，没有国内金融市场的发展就不可能形成国际金融市场。② 国际金融市场和国内金融市场在本质上是一致的，都受市场机制引导，国际金融市场的货币资金运动与国内金融市场的货币资金运动互相影响。③ 国内金融市场上的某些大型金融机构，同样也是国际金融市场运作的主要参与者。

（2）国际金融市场和国内金融市场的区别。① 市场运作范围不同。国际金融市场的业务范围超越了国家的界限，国内金融市场的业务范围则限于一国领土范围之内。② 市场业务活动不同。在国际金融市场上一些主要国家的货币和票据都可以成为交易对象，而国内金融市场只允许使用本国货币；在国际金融市场上无论居民还是非居民都可以自由参加国际金融市场活动，而国内金融市场仅限于居民参加。③ 市场管制程度不同。国际金融市场所在地国家对其活动不会过多干预，交易较自由，而国内金融市场的一切交易都受本国法令、规章制度的约束，管制相对较多。

三、国际金融市场形成的条件

国际金融市场的形成必须具备一定的基本条件，具体包括以下几个方面。

（1）稳定的政局。这是前提条件，如果一个国家政局动荡，无法保证国内经济和金融的稳定，国际经济交往受到影响，国际金融市场也就难以形成。

（2）自由开放的经济管理体制。一国若实行自由开放的经济政策，进出口贸易有一定的规模，其他对外经济往来活跃，则容易加强与世界各国的经济、金融合作，进而形成国际资金的集散地，产生国际金融市场。

（3）自由的外汇制度。在没有外汇管制或外汇管制较松的情况下，外汇资金可以自由兑换、调拨，非居民参加金融交易享有与居民相同的待遇，国际资金可以自由流出、流入。

（4）发达的金融市场。必须具备健全的金融制度、发达的金融机构以及经验丰富的国际金融专业人才，以保证形成高质量、高效率的经济活动。

（5）现代化的通信设施与交通便利的地理位置。良好的地理位置和现代化的通信联络装置有利于适应国际金融业务的新发展。

四、国际金融市场的发展

国际金融市场的形成和发展大致经历了以下几个阶段。

（1）以伦敦为中心的国际金融市场的形成。第一次世界大战之前，英国经济发展迅速，工业生产趋于垄断，对外贸易也跃居资本主义世界首位。伴随着经济的发展，英国的金融机构和金融制度也在不断完善，英镑成为当时世界上主要的国际结算货币和储备货币，从而使伦敦成为最初的国际金融市场。第一次世界大战爆发后，主要资本主义国家放弃了传统的金本位制，英镑作为最主要的国际结算货币和储备货币的地位大为削弱，伦敦国际金融市场的地位也随之下降。

（2）纽约、苏黎世和伦敦国际金融市场三足鼎立。“二战”爆发后，英国的经济遭到严重破坏，世界经济的中心由英国移至美国。美国在“二战”中积累了巨额的资本。1944 年布雷顿森林协议又确立了以美元为中心的国际货币体系，美元成为国际结算、借贷和储备货币。国际信贷亦集中于纽约，使纽约成为当时西方最大的国际金融市场。而瑞士由于保持了瑞士法郎的自由兑换，并发展了自由外汇与黄金市场，使得苏黎世成为与纽约和伦敦比肩的国际资金调拨市场。

（3）国际金融市场由集中转向分散。20 世纪 60 年代开始，美国国际收支开始出现巨额逆差，黄金外流，美元信用动摇。对此，美国采取了一系列的保护性措施限制资本外流，而纽约金融市场由于限制太多，其作为国际金融市场的作用大大降低。在欧洲则形成了欧洲美元市场，使得国际金融市场不再局限于少数传统的金融中心，而是迅速分散到米兰、法兰克福、布鲁塞尔、阿姆斯特丹、蒙特利尔、东京、卢森堡、新加坡、中国香港等地。

（4）新兴金融市场建立并向国际化发展。20 世纪 70 年代以后，以美元为中心的国际货币体系崩溃，随着发展中国家金融市场的兴起，国际金融市场的发展产生了深刻的变化。亚洲的新加坡、马来西亚、中国香港和中国澳门以及拉丁美洲、非洲等国家的金融市场都有较大程度的发展。新兴国家在进一步发展本国和本地区金融业的同时，逐步建立和发展了一些区域性的国际金融市场。如亚洲美元市场自 1968 年在新加坡建立后迅速扩展到马尼拉、东京乃至非洲和拉美国家。

（5）国际金融衍生市场的发展。20 世纪 70 年代后，随着浮动汇率体系的确立，国际金融市场的波动更加频繁，风险进一步加大，用以规避各种金融风险的金融衍生工具不断被创新出来。同时受 20 世纪 70 年代初美国经济学家罗纳德·麦金农和爱德华·肖的“金融抑制论”和“金融深化论”的影响，一些发展中国家和地区以及发达国家相继开始了金融自由化的改革。20 世纪 80 年代，全球迎来金融创新的浪潮，金融衍生市场的交易量不断扩大，成为当今国际金融市场的重要组成部分。

五、国际金融市场的作用

国际金融市场的作用表现在以下几个方面。

（1）促进国际贸易与投资的迅速增长。通过国际金融市场的融资、结算、资金调拨等作用，便利了国际贸易与投资，加强了各国经济间的相互联系。国际金融市场在世界范围内调拨资金，调剂余缺，使闲置资本转化为盈利资本，把储蓄有余国家的资金调拨到资金不足的国家，促进了生产和资本的国际化。

（2）调节国际收支。国际金融市场的扩展，为国际收支逆差国开辟了新的调节国际收支的渠道。以前只能动用有限的国家储备，现在可到国际金融市场去举债或筹资，从而能更灵活地规划经济发展，可在更大程度上缓和国际收支失衡的压力。

（3）推动银行的国际化发展。“二战”后，银行业务的国际联系进一步加强，一些传统的内向型银行纷纷走出国门，发展成为跨国银行，这无疑是国际金融市场发展推动的结果。

（4）改善国际资金分配状况，提高世界资源配置效率。国际金融市场利用利息杠杆和信贷融通以及多方面的分配渠道，引导资金从盈余国家投向资金缺乏的国家，提高了资金的收益，同时改善了世界资源的配置效率。

但同时应当指出的是，国际金融市场的迅速扩展对世界经济的发展也产生了一些消极影响。第一，导致大量资本跨国界流动，影响一国国内货币政策的执行效果；第二，为货币投机活动创造了条件；第三，助长通货膨胀，加剧经济危机。为此，加强国际金融市场管理的呼声日益高涨。

第二节 传统的国际金融市场

传统的国际金融市场从事市场所在国货币的国际借贷，并受市场所在国政府政策法规的管辖。传统的国际金融市场按其业务性质，可划分为国际货币市场、国际资本市场、国际黄金市场和国际外汇市场。国际外汇市场在第五章中已有介绍，这里不再赘述。

一、国际货币市场

国际货币市场通常指期限在1年及1年以内的国际间交易的金融工具市场，货币市场融通的资金主要用于短期周转的需要。

货币市场按其业务活动的不同，具体可分为银行短期信贷市场、短期证券市场及贴现市场。

（一）银行短期信贷市场

银行短期信贷是指期限不超过1年的资金借贷活动。短期信贷按照当事人来划分，可分为银行与银行之间的短期信贷和银行对非银行客户的短期信贷。

（1）银行与银行之间的短期信贷。银行与银行之间的短期信贷市场称为同业拆借市场，它产生于存款准备金政策的实施，在整个短期信贷市场中占据主导地位。同业拆借市场主要是银行等金融机构之间相互借贷在中央银行账户上的准备金余额，用以调剂准备金头寸的市场。随着市场的发展，同业拆借市场的参与者呈现出多样化的格局，交易对象也不仅限于商业银行的准备金，还包括商业银行相互间的存款以及证券交易商和政府拥有的活期存款，拆借的目的除满足准备金要求外，还包括轧平票据交换的差额，解决临时性、季节性的资金需求等。同业拆借市场的拆借期限通常以1~2天。短至隔夜，多则1~2周，一般不超过1个月，当然也有少数同业拆借交易的期限接近或达到1年的。同业拆借市场的利率随市场利率的变化而变化，一般低于对国内大客户的优惠放款利率。在国际货币市场上，比较典型的同业拆借利率有三种：伦敦银行同业拆借利率、新加坡银行同业拆借利率以及香港银行同业拆借利率。伦敦银行同业拆借利率是伦敦金融市场上银行间相互拆借英镑、欧洲美元及其他欧洲货币的利率，由报价银行在每个营业日的上午11时对外报出，分为存款利率和贷款利率。伦敦银行同业拆借利率是国际金融市场上最重要的利率，相比之下，另两种同业拆借利率的生成和作用范围则局限于两地的亚洲货币市场，它们的报价方法及拆借期限与伦敦银行同业拆借利率并无差别，但在国际金融市场上的地位和作用则相差很多。

（2）银行对非银行客户的短期信贷。这是指银行对工商企业所提供的短期信贷，主要用于解决企业临时性或季节性的资金需要，在短期信贷市场不占有主要地位。银行在发放这类贷款时会关注企业借款的用途、企业的财务状况并追踪企业的交易行为，目的在于把握还款来源，以确保能够按时收回贷款。

（二）短期证券市场

这是指期限在 1 年以下的短期证券的交易市场。在这个市场上进行交易的短期证券主要包括国库券、大额可转让定期存单、商业票据和银行承兑汇票。

（1）国库券。它是由各国财政部发行的短期债券，属于国家信用，违约风险小，流动性强，是各国短期投资者的首选目标之一。国库券在西方国家特别是美国的发行量很大，是短期证券市场上的主要信用工具。国库券的期限通常以 3 个月、6 个月及 1 年最为常见，其票面不载明利息，按票面金额以折价方式发行，到期时按票面金额偿还，投资者的收益是证券的购买价与证券面额之间的差额。

（2）大额可转让定期存单。它是由商业银行发行的不记名、可转让的定期存款凭证。其特点是金额大，可自由流通。定期存款与大额可转让定期存单的区别主要在于：① 前者记名、不可流通转让；后者不记名、可流通转让。② 前者金额不固定可大可小；后者金额较大，其面额有 10 万美元、20 万美元等，通常为 100 万美元。③ 前者利率固定；后者利率既有固定的，也有浮动的，且一般来说比同期限的定期存款利率高。④ 前者可以提前支取，提前支取要损失一部分利息；后者不可提前支取，但可在二级市场上流通转让。大额可转让定期存单的期限一般有 3 个月、6 个月和 1 年。

（3）商业票据。商业票据不是以商品交易为基础的，而是专门为融通资金而签发的一种票据。它是大公司为筹措资金以贴现方式出售给投资者的一种短期无担保承诺凭证。商业票据可在市场上自由买卖和流通，其有效期限种类很多，但一般不超过 270 天，市场上未到期的商业票据平均期限在 30 天以内，大多数商业票据的期限在 20~40 天。由于商业票据没有担保，仅以信用作保证，因而能够发行商业票据的一般都是规模巨大、信誉卓著的大公司。

（4）银行承兑汇票。它是经过银行承兑的保证到期付款的商业汇票，银行是第一责任人，出票人只负第二责任。汇票经银行承兑后，出票人可以持有汇票，但通常情况下是将其在市场上贴现。银行承兑汇票最常见的期限有 30 天、60 天和 90 天，另外也有 180 天和 270 天；交易规模一般为 10 万美元和 50 万美元。银行承兑汇票的违约风险较小，但有利率风险。它常被用于国际贸易中，是贸易融资的一种手段。

（三）贴现市场

这是经营票据贴现业务的短期资金市场。所谓贴现是指把未到期票据按照贴现率扣除从贴现日至票据到期日的利息，向银行或贴现公司换取现金的一种方式。贴现市场主要由贴现公司、商业票据行、商业银行和中央银行组成，其中以贴现公司为主。贴现交易的对象是 1 年以内的短期票据，主要包括国库券、短期债券、银行票据和各种商业票据，贴现利率通常高于银行贷款利率。

二、国际资本市场

国际资本市场是指经营1年以上的国际性中长期资金借贷和证券业务的国际金融市场，其主要功能是筹措和运用各国国内、国际资金，以满足本国的生产建设和国民经济发展的需要。国际资本市场是国际间资本流动的重要途径，也是国际金融市场最为活跃的领域之一。资本市场按融通资金方式的不同，可分为银行中长期信贷市场和证券市场。

（一）银行中长期信贷市场

它是指一国银行为另一国长期资金需求者提供1年以上中长期信贷资金的场所。中长期信贷资金的期限一般为2~10年，甚至10年以上。中长期信贷的借款人包括银行、企业、政府机构、国际机构等。中长期信贷期限长、金额大，风险也大，借贷双方要签订严格的贷款协议，详细规定各有关事项的处理方法，同时还需借款人所属国家政府提供担保。由于中长期信贷规模大、期限长，往往不能由一家银行独自承担，而是采用国际银团贷款的方式，以增大资金的供给实力，分散风险。中长期信贷利率通常是伦敦银行同业拆借利率再加上一个附加利率，在国际银团贷款中，除贷款利率外，还要收取各种费用。国际银行中长期信贷可由借款人自由使用，贷款资金在用途上不受贷款银行的限制，不与任何项目相关联，也没有商品采购条款，可由借款人自行安排。

（二）证券市场

它是指以各种证券形式筹集中长期资金的场所，是股票、公司债券和政府债券等有价证券发行和交易的市场，是长期资本投资人与需求者之间的有效中介。证券市场包括发行市场和交易市场。

（1）证券发行市场。它也称一级市场或初级市场，指新证券的发行人从策划到由投资银行等中介机构承销直至全部由投资人认购完毕的全过程。该市场由投资银行、信托公司、经纪人和证券商组成，专门经营证券的发行和分销业务。证券发行市场没有固定场所，证券的认购和分销不在有组织的交易所内进行，而是由几家承销商组成承销集团，通过电信网络来推销新发行的证券。

（2）证券交易市场。它也称二级市场，指已发行证券的交易市场。证券的转让、买卖或流通均在该市场进行。该市场由证券交易所、经纪人、证券商和证券管理机构等组成，其中证券交易所是交易的中心。证券交易所是有组织的交易场所，只经营登记上市的合格证券。证券交易所中的经纪人并不参加交易，只提供公开的拍卖场所和组织拍卖交易，所中交易证券的价格由买卖双方通过竞价决定，成交后双方均按规定的时间，到交易所附设的清算机构进行交割清算。这种在证券交易所内进行的证券交易称为场内交易。此外二级市场上还有场外交易，是指在证券交易所外进行的证券交易。场外交易无正式组织，也没有集中的场所，一般由交易双方在证交所外面自行议价成交，或在经纪人或自营商的办公处所直接与对方成交，或通过经纪人成交。场外交易的证券除登记上市的小额证券外，主要是没有在证交所登记上市的证券。

三、国际黄金市场

国际黄金市场是各国进行黄金买卖的交易中心，是国际金融市场的重要组成部分。

（一）国际黄金市场的分类

（1）按市场性质，国际黄金市场可分为国际性市场和区域性市场。前者指国际性黄金交易相对集中的市场，其价格的形成及交易量的变化对其他市场有很大影响。世界五大黄金市场分别为：伦敦、苏黎世、纽约、芝加哥及香港。后者指本地区黄金交易相对集中的市场，对其他市场影响不大，如欧洲的巴黎、法兰克福、布鲁塞尔，东南亚的新加坡、曼谷，东亚的东京，非洲的开罗、卡萨布兰卡，北美的多伦多、旧金山以及南美的里约热内卢等。

（2）按交易方式，国际黄金市场可分为现货交易市场和期货交易市场。前者指黄金交易双方在达成协议后两个工作日内进行交割的市场，以伦敦和苏黎世最为典型。后者指交易双方签订合同并交付押金后，在未来指定日期办理交割的市场，如纽约、芝加哥和香港等。

（3）按交易自由程度，国际黄金市场可分为自由交易市场和限制交易市场。前者指黄金可以自由输出入，居民和非居民都可自由买卖的黄金市场，如苏黎世。后者指对黄金的输出入和市场交易主体实行某种限制的黄金市场，如巴黎等。

（二）国际黄金市场的供求

（1）黄金市场的供给来源主要有：

① 各国金矿开采并出售的黄金，这是主要的也是根本的来源。目前，世界上主要的采金国有南非、美国、加拿大、巴西和澳大利亚。

② 各国政府、国际货币基金组织所抛售的黄金。各国政府为应对国际收支逆差，稳定金价和维持本币汇率，往往在黄金市场上抛售黄金。国际货币基金组织为配合其政策，也会在市场上抛售黄金。

③ 出售金币。这是黄金供给的另一种形式，南非、加拿大和美国是世界主要金币生产国。

④ 集团或私人出售的黄金。它也是市场上黄金供给的一个来源。

（2）黄金市场的需求来源主要有：

① 工业需求。黄金的工业用途很广，主要表现在电子电器工业、航天、医疗和军工等方面。工业用金的需求量占国际黄金市场供应量的比重最大。

② 官方储备需求。虽然黄金的货币职能已经丧失，但它仍是世界各国重要的国际储备手段。

③ 私人投资与收藏。私人出于保值或投资的目的而购入黄金。投资是指投资者将黄金视为普通资产并与其他资产比较，根据它们的盈利性、可靠性及变现性，决定资金的投向。收藏是指收藏家将黄金视作保存、储备资金的可靠手段，为了积累财富而购买黄金。

(三) 国际黄金市场的价格决定

影响黄金价格变动的因素很多，一般来说主要包括：

(1) 市场供求关系。这是决定黄金价格的基本因素，黄金供应增加，价格就会平稳或下跌；黄金需求旺盛，价格就会上扬。

(2) 美元汇率。由于黄金一般以美元标价，因此美元汇率的变动直接影响到黄金价格的变化。通常情况下，美元汇价上升，黄金价格则下降；美元汇价下降，黄金价格则上升。

(3) 市场利率与通货膨胀率。通常情况下，通货膨胀严重，金价看涨；利率提高，金价看跌。

(4) 石油价格。石油价格的变动对金价具有间接或直接的影响。从间接方面来说，石油以美元计价，油价上涨意味着美元下跌，而美元的变动又影响到金价的升降。从直接方面来说，石油输出国所积累的石油美元除了投资于欧洲货币市场外，还大量购入黄金，从而使得金价上涨。

(5) 国际政治局势的变动。金价对国际政治局势的变动非常敏感，一般来说，国际政治局势紧张可能会导致金价攀升。

总之，影响黄金价格的因素既有基本的供求关系，又有其他多种因素，它们相互制约、互为影响、错综复杂，使得黄金价格反复升降，不断波动。

第三节 新兴的国际金融市场

区别于传统的国际金融市场，新兴的国际金融市场主要指离岸国际金融市场。随着资本国际化日益加深，国际金融交易日益摆脱国家金融法规的管制和约束，形成了国外借款人与国外贷款人之间的金融交易，即离岸交易，这种交易所形成的市场称为离岸国际金融市场。

一、离岸国际金融市场的形成和发展

离岸国际金融市场最早于20世纪50年代末形成于英国伦敦。朝鲜战争爆发后，美国政府冻结了中国在美国的所有美元资产，苏联和其他东欧国家担心面临同样的危险，纷纷将存放在美国的资产转移至欧洲国家的银行，主要是伦敦的各大银行，这些资产构成了最早的境外美元供给。1956年年末至1957年年初，英国发生英镑危机。为了防止英镑资金外流，英国银行开始使用美元发放贸易贷款，从而出现了最早的境外美元贷款。

离岸国际金融市场在20世纪60至70年代迅速发展，这与美国政府的金融政策密不可分。为改善国际收支状况，美国自20世纪60年代起采取了一系列限制美元外流的措施。1963年开始征收利息平衡税，规定美国银行对非居民发放贷款或美国居民购买外国公司在美国发行的债券，所得利息要缴纳赋税。结果，美国银行纷纷把美元资金转移到欧洲，以逃避利息平衡税。此外，这一时期，受美联储“Q条例”限制，美国商业银行支付的存款利率不能高于6%，大批美元存款从美国国内转移到欧洲货币市场。

这些都使得欧洲美元市场在1966年至1969年间有了突飞猛进的发展。

20世纪70年代，石油输出国组织（OPEC）持有大量的经常项目盈余，并将其投放于离岸市场。大量石油美元的投放以及石油贸易逆差国对资金的需求对离岸国际金融市场的发展起到了极其重要的作用。在20世纪80年代金融自由化浪潮的推动下，离岸国际金融市场得到了进一步的发展。1981年12月美国批准在其境内设立国际银行便利（International Banking Facilities，IBFs），虽然其中存与贷的美元都在美国境内，但它按照离岸国际金融市场的规则进行。至此，离岸国际金融市场突破了特定地理区域的限制，它与传统的在岸国际金融市场的区别主要体现在市场管理体制方面。

二、离岸国际金融市场的特点

和传统的国际金融市场相比，离岸国际金融市场具有以下几个显著特点。

（1）基本上摆脱各国金融当局的干预，在更大程度上取决于市场机制的作用。离岸国际金融市场既不受所在国政府的管制和金融法规的约束，更不受原货币发行国金融当局的管制和影响。因此，其在货币兑换、资金调拨等方面的自由度更大。

（2）具有相对独立和灵活的利率结构制度。离岸国际金融市场的利率水平及变动受世界范围资金供求及其变动的影响。由于不受法定存款准备金和利率最高限度的限制，其利率比国内金融市场和传统国际金融市场的利率更具竞争力。

（3）拥有资金调度灵活方便的银行网络和极其庞大的资金规模。离岸国际金融市场上的资金来自世界各地，数额极其庞大，各种主要的可自由兑换的货币应有尽有，能充分满足不同类型的外国银行和企业对不同期限和不同用途的资金的需求。

三、离岸国际金融市场的主要业务

离岸国际金融市场的主要业务包括：

（一）短期信贷业务

短期信贷业务是指期限在1年以内的短期资金的存放活动。

离岸国际金融市场的存款分为两种。一种是通知存款，即没有指定到期日的存款。银行根据存款人发出的通知予以付款，付款时间可以是存款人提出要求的当天或两天后或七天后。另一种是定期存款，即指定到期时间的存款。银行于定期存款到期日还本付息，定期存款的期限主要有1个月、3个月、6个月、12个月等，存款的利率最初是固定的，但20世纪70年代后也出现了浮动利率定期存款。

离岸国际金融市场短期资金拆放，也称银行同业拆放，是产生时间最早、规模最大的离岸金融业务。期限最短为隔夜，多则3个月，最长不超过1年。这种拆放活动主要凭借信用，无须提供担保，也不需要签订合同，通过电话或电传即可成交。利率一般以伦敦银行同业拆借利率为基础，酌量增加一定幅度的加息率。

离岸国际金融市场的短期信贷业务具有如下特点。

（1）借贷期限短。借贷期限大多为1~7天或1~3个月，少数为半年或1年。

（2）借款额度大。通常每笔交易额少则数万美元，多则可达数十亿美元，由于交易金额大，很少有个人参加。

(3) 银行同业交易占很大比重。

(4) 借贷条件灵活。借贷期限、币种、金额和交割地点可由借贷双方协商确定，不拘一格，灵活方便，借贷双方的选择性较强。

(5) 利率相对合理。在离岸国际金融市场上，利率由交易双方根据伦敦银行同业拆借利率具体商定，其存款利率一般略高于国内市场，贷款利率一般略低于国内市场，因而存贷的利差较小。

(二) 中长期信贷业务

中长期信贷业务是指期限在 1 年以上的货币借贷活动。贷款人主要是国际银团，而借款人主要是大的跨国公司、国际组织和各国政府。该业务活动的主要特点如下。

(1) 借贷期限长。一般为 5~7 年，也有 10 年或更长的期限，部分官方机构和社会团体的借款长达 20 年。

(2) 借款金额大。通常为几千万美元，数十亿美元的巨额贷款也时有所见，每笔贷款的平均额度在 1 亿美元左右。由于金额巨大，借贷双方需要签订合同，有时还需借款方的政府或官方机构出面担保。

(3) 国际银团贷款所占比重大。离岸国际金融市场上的中长期信贷通常由几家或十几家不同国家的银行组成银团，通过一家或几家信誉卓著的大银行牵头贷款，这样不仅可以承担巨额贷款，还可分散贷款风险，因此，国际银团贷款在离岸国际金融市场上逐渐占据主导地位。

(4) 实行浮动利率。由于贷款期限长，贷款人和借款人都不愿承担利率变动的风险，因此离岸国际金融市场上的中长期信贷多为浮动利率。浮动利率的基础是伦敦银行同业拆借利率，根据贷款金额大小、时间长短及借款人资信，再加上不同幅度的附加利息来确定。

(三) 欧洲债券业务

欧洲债券是指发行人在本国之外的市场上发行的，不以发行所在地国家的货币计值，而是以其他可自由兑换货币为面值的债券，如美国公司在英国发行的马克债券是欧洲债券。欧洲债券是国际资本市场融资的一个重要途径，其主要特点为：

(1) 欧洲债券多数为不记名债券，债券的持有者拥有其所有权。

(2) 欧洲债券利息支付通常是免税的。

(3) 欧洲债券是通过国际银行辛迪加同时在几个国家发售。债券被分散到世界各地的投资者手中，多数国家都不需要发行前的注册或信息披露，对发行期限和发行数量也没有限制。

(4) 欧洲债券面值、货币多样化。这些货币的共同特征就是可自由兑换。

(5) 欧洲债券安全性高。其发行人多是大的跨国公司、政府和国际金融组织，这些发行人资信较好，对投资人而言资金比较安全。

四、离岸国际金融市场的影响

离岸国际金融市场作为真正意义上的国际金融市场，其对世界经济的积极影响主要体现在：(1) 为“二战”后发达国家的经济恢复提供了大量的建设资金。(2) 促进了某些工业国家的经济增长和发展中国家的经济发展。(3) 离岸国际金融市场为国际贸易融资提供了充分的资金来源，在一定程度上满足了各国在对外贸易活动中对国际结算支付手段日益增长的需求，促进了国际贸易的飞速发展。(4) 为一些国家缓解了国际收支失衡的问题。由于离岸金融市场的短期资金流动非常便利、快捷，从而为国际收支顺差国提供了一个投放外汇储备的场所，也为国际收支逆差国提供了一个借入资金的场所。

另外，离岸国际金融市场也有一定的消极影响，主要体现在：(1) 增大了国际金融市场的借贷风险。离岸金融市场上的存款大部分是短期的，而贷款则趋向于中长期，一旦借款人违约，会造成很大损失，甚至导致银行破产。(2) 不利于各国货币汇率的稳定，加剧了金融市场的动荡。离岸金融市场的利率结构和资金流动不受管制，为套利、套汇等投机活动提供了方便。大量资金通过这类活动在几种货币之间频繁移动，往往使汇率、利率发生剧烈波动，加剧了外汇市场的动荡，增大了外汇交易的风险，从而影响到国际金融的稳定。(3) 影响有关国家国内货币政策的实施。某些国家对离岸金融市场依赖程度较高，离岸金融市场资金流动状况的变化会影响到这些国家国内经济因素的变化，进而导致政府政策达不到理想的效果。另一方面，这些国家在调整国内政策后，也会诱使离岸金融市场的资金流向发生变化，资金流入或流出同样会导致政策的执行效力下降。因此，离岸金融市场的存在会削弱某些国家国内金融政策的效果。(4) 离岸金融市场信用膨胀增加了世界通货膨胀的压力。离岸金融市场的借贷活动使一国的闲散资金变成了另一国的货币供应量，使市场的信用基础扩大。另外，在离岸金融市场上，大量游资冲击金价、汇率和商品市场，不可避免地会影响到各国的物价水平，导致输入性通货膨胀。

第四节 国际金融市场的发展趋势

自20世纪80年代以来，随着经济全球化趋势的加强，国际金融市场呈现出崭新的发展趋势。

一、国际金融市场一体化

金融市场的一体化趋势自20世纪80年代初开始加剧，是宏观经济发展、金融管制放松、技术进步和金融创新的结果。所谓国际金融一体化，是指国内和国外金融市场之间日益紧密的联系和协调，它们相互影响与促进，逐步走向统一金融市场的状态和趋势。国际金融市场的一体化主要表现在以下几个方面。

(1) 银行业务的国际化。欧洲、美国、日本的银行竞相在海外设立分支机构，一大批跨国银行纷纷建立。离岸国际金融市场的产生，缩小了国际金融市场在时间和空间上的距离，使跨国银行可以全天不间断营业。同时，离岸市场还加剧了国际金融市场的竞争，有助于形成合理的国际利差水平，既增加了跨国银行的国际利润，也便利了跨国银行的海外业务发展。

（2）证券业务的国际化。证券业务的国际化使得投资者可在世界范围内选择投资对象，以求最大程度分散投资风险，获得较大收益；而借款人也可以在国际范围内寻找资金来源，从而降低筹资成本。

（3）管理手段的国际化。各国金融监管体制和监管内容日益趋同，普遍强调金融法规监管、行业约束和市场约束三方面的结合。以市场约束为主体的监管体系正在形成，金融监管的国际合作也在不断加强。

二、国际融资证券化

国际融资证券化包括筹资手段和贷款债权的证券化。筹资手段的证券化是指传统的通过银行来筹资的方式开始逐渐向通过金融市场发行证券来筹资的方式转变，即由间接金融向直接金融转变，也就是所谓的“脱媒”现象。它主要体现在商业票据、债券、股票等有价证券发行的扩大和国际证券市场重要性的增加上面。贷款债权的证券化是指金融机构以贷款债权作担保的证券发行，即以证券交易方法转让贷款债权，实现贷款债权的流动化。融资证券化的作用体现在以下几个方面。

（1）弥补了银行信用的局限性。相比于银行信用，证券信用的投资者与经营者之间可以相互选择，这种机制给企业经营者以巨大的压力和动力，同时证券信用比银行信用具有更高的流动性和效益性。

（2）弥补了传统股份制的缺陷。现代股份制不可返还和股票可以自由转让的优点，保证了企业经营的连续性，也保证了投资者回避风险的可能性，适应了经济发展的要求。

（3）满足了社会化大生产稳定而灵活地筹集巨资的需要。以债券和股票作为基本融资工具的金融市场证券化适应了经济发展的客观要求，可以迅速地把社会资金集中到股份公司，并立即投入到需要巨额资金的项目上去。

三、金融创新层出不穷

金融创新指金融机构为创造机会、追求更大利润而对金融要素进行的重新组合，包括金融工具、融资方式、金融市场、支付清算手段以及金融组织形式的创新。金融创新的方式主要有两种。一是业务创新，它是全部创新活动的基础并由此引发了金融机构职能和市场组织等一系列的创新活动。二是制度创新，它是指为了保证金融机构和整个金融体系的安全、稳定所进行的一系列在管理制度和管理活动上的调整和改善。制度创新通常紧随业务创新，为防范和消除业务创新活动所引发的各种金融风险，需要有相应的金融管理制度调整；同时制度创新也可以成为业务创新的原因，许多业务创新的品种和内容其实就是在设法逃避现行制度管制的过程中出现的。

在金融业务创新中涌现出一批金融衍生工具，即其价值由利率、汇率或指数等衍生的交易合约，如期货、远期合约、选择权合约或其他性质类似的金融工具。它是在传统金融工具，如货币、股票、债券等的基础上衍生出来的，通过预测股价、利率、汇率等指标的未来行情走势，采用支付少量保证金或权利金签订远期合同或互换不同金融商品等交易形式的新兴金融工具。

（一）金融衍生工具的特点

（1）结构复杂。相比于传统的金融工具，金融衍生工具的权利和义务较新，有一定的理解难度，某些结构需要加以拆解才能了解其中的风险。

（2）运用高杠杆。只需投入较少的保证金，投资人就可介入较大成交量的交易。

（二）金融衍生工具的种类

（1）按基础工具种类的不同划分：

① 利率衍生工具。它指以利率或利率的载体为基础工具的金融衍生工具，主要包括远期利率协议、利率期货、利率期权、利率互换以及上述合约的混合交易合约。

② 股权式衍生工具。它指以股票或股票指数为基础工具的金融衍生工具，主要包括股票期货、股票期权、股票指数期货、股票指数期权以及上述合约的混合交易合约。

③ 货币衍生工具。它指以各种货币作为基础工具的金融衍生工具，主要包括远期外汇合约、货币期货、货币期权、货币互换以及上述合约的混合交易合约。

（2）按金融衍生工具自身的交易方法和特点的不同划分：

① 金融远期。它指合约双方同意在未来日期按照固定价格交换金融资产的合约。

② 金融期货。它指买卖双方在有组织的交易所内以公开竞价的形式达成的，在将来某一特定时间交收标准数量特定金融工具的协议。

③ 金融期权。它是赋予其购买者在规定期限内按双方约定的价格购买或出售一定数量某种金融资产的权利的合约。

④ 金融互换。它指两个或两个以上的当事人按共同商定的条件，在约定的时间内，交换一系列现金流的合约，主要有货币互换和利率互换两类。

总体来说，金融创新使得融资成本大大降低，融资渠道多样化，融资效率提高，而且提供了多种防范风险的有效措施，促进了国际金融市场的一体化。但从另一方面来看，金融创新也改变了金融机构原有的资产负债比例，模糊了各种金融机构之间原有的业务界限，从而增加了金融体系的不稳定性和金融管理的难度。而且，金融创新在转移和分散风险的同时也带来了新的风险，如交易风险、表外风险等。

四、金融自由化

金融自由化指针对金融抑制这种现象，减少政府的行政干预，确立市场机制的基础调节作用。20 世纪 90 年代后，国际金融市场上掀起了一股自由化的浪潮，推动了整个金融制度和金融机构的良性发展。金融自由化增强了国际金融市场的竞争性，提高了其运行的效率。金融自由化主要体现在以下几个方面。

（1）价格自由化。其主要包括利率市场化和汇率自由化。利率市场化指通过市场和价值规律机制，由货币供求关系决定利率水平，使利率能正确反映金融市场的价格和金融资源的配置状况，从而有利于投资者寻求最佳的投资组合，实现利润最大化，提高融资效率。汇率自由化指一国由固定汇率制向浮动汇率制的转变，实现汇率由外汇市场供求关系决定。

（2）市场准入自由化。这是指放开金融机构市场准入的限制条件，放开程序控制以及对设立金融分支机构的限制和对金融机构合并的政策限制等。20 世纪 80 年代后，各国纷纷放松了对市场准入的限制，这有利于提高金融机构的服务质量，改善服务条件。

（3）金融机构和业务自由化。指放宽对金融机构业务范围的管制，允许金融机构混业经营。金融机构和业务的自由化促进了金融机构的有效竞争，促使金融机构充分利用金融资源，提高创新能力。

金融自由化同样会带来风险，比如利率和汇率管制的解除会加剧市场动荡，资本流动的自由化也为国际游资冲击国内市场提供了机会。

第五节　国际货币基金组织

国际货币基金组织主要负责国际货币事务，其主要任务是向成员提供解决国际收支暂时不平衡所需的短期外汇资金，以消除外汇管制，促进汇率稳定和国际贸易的扩大。

1944 年 7 月，参加筹设联合国的 44 个国家的代表在美国新罕布什州的布雷顿森林召开联合国和联盟国家国际货币金融会议，通过了成立国际货币基金的协议。

国际货币基金组织于 1945 年 12 月 27 日正式成立，1947 年 3 月 1 日开始业务活动，总部设在华盛顿，同年 11 月 15 日成为联合国的一个专门机构，但在经营上有其独立性。截至 2016 年，国际货币基金组织有 189 个成员，其中 180 个事具有独立主权的国家，9 个是地区。中国是国际货币基金组织的创始国之一，中华人民共和国于 1980 年 4 月 18 日恢复在国际货币基金组织的合法席位。2016 年 10 月 1 日，国际货币基金组织正式将人民币纳入特别提款权货币篮子，使人民币成为继美元、欧元、英镑、日元后的世界第五大货币，有利于中国产业、贸易的发展。

一、国际货币基金组织的宗旨

（1）通过建立一个就国际货币问题进行磋商及合作的常设机构，促进国际货币合作。

（2）维持国际贸易的均衡发展，提高基金组织各成员的就业水平及实际收入水平，为开发生产性资源提供便利条件。

（3）维持汇率稳定，避免竞争性汇率贬值。

（4）协助成员之间建立多边支付体系，消除阻碍国际贸易发展的外汇限制。

（5）向各成员提供资金融通，使其能够在不使用伤害该成员和世界经济繁荣的调整型措施的情况下，纠正暂时性的国际收支不平衡。

（6）缩短各成员国际收支不平衡的时间，减缓其失衡的程度。

二、国际货币基金组织的结构

国际货币基金组织的最高决策机构是理事会（Board of Governors），理事会由各成员的中央银行行长或财政部部长组成，每年秋季举行定期会议，决定国际货币基金组织和国际货币体系的重大问题。日常行政工作由执行董事会（Executive Board）负责，该机构由 24 名成员组成，另设主席一名，主席即为国际货币基金组织总裁。总裁在通常情况下不参加董事会的投票，但若双方票数相等，总裁可投决定性一票。

三、国际货币基金组织的资金来源

国际货币基金组织的资金主要来自三个方面。

（1）份额（Quota）。份额是指成员向国际货币基金组织认缴的一定数额的款项，是国际货币基金组织的主要资金来源。份额的大小根据成员在世界经济中的相对规模来确定，综合考虑成员的国民收入、外汇储备、对外贸易量的大小等多方面因素。各成员在国际货币基金组织的份额，决定了其在组织中的投票权、借款的数额以及分配的特别提款权（SDRs）份额。各成员应缴纳的份额，每隔五年重审一次。最初份额的 25% 以黄金缴纳，75% 以各成员的货币支付。1976 年牙买加会议后，黄金地位发生变化，份额的 25% 不再要求以黄金支付，而是以特别提款权或自由兑换货币缴纳。按规定，每个成员有 250 票基本投票权，此外按其份额每 10 万特别提款权可增加一票，所以份额越大，表决权也越大。份额既决定了国际货币基金组织的融资能力，也决定了各成员在国际货币基金组织中的义务、权利和地位。

（2）借款。国际货币基金组织通过与成员协商，向成员借入资金。例如，1962 年 10 月基金组织根据借款总安排（General Arrangement to Borrow，GAB），向十国集团借入 60 亿美元，用以维持美元汇率的稳定。

（3）信托基金。国际货币基金组织于 1976 年 1 月决定将其 1/6 的库存黄金（2 500 万盎司）分 4 年按市场价格出售，将所得利润作为信托基金，用于向最贫穷的成员提供信贷，这是一项特殊的资金来源。

四、国际货币基金组织的主要业务活动

（一）资金融通

国际货币基金组织最主要的业务活动是向成员提供资金融通，以协助它们改善国际收支逆差情况。基金组织对成员发放的贷款主要有以下几种类型。

（1）普通贷款（Normal Credit Tranches）。它也称普通提款权，是基金组织最基本的一种贷款，用于弥补成员国际收支逆差的短期资金需要。贷款期限为 3~5 年，贷款额度最高为成员缴纳份额的 125%。普通贷款分为储备部分贷款（Reserve Tranche）和信用部分贷款（Credit Tranche）。二者的区别在于：在储备部分贷款下向基金组织借款，实际上并未构成对基金组织的债务，因为储备部分贷款的限额为成员份额的 25%，恰好等于成员用特别提款权或自由兑换货币向基金组织缴纳的份额，成员提用储备部分贷款是无条件的，不需经过批准，也不用支付利息；而信用部分贷款是储备部分贷款之上的普通贷款，其最高限额为份额的 100%，分四个档次，每档 25%，贷款条件逐档严格，利率逐档升高。

（2）中期贷款（Extended Facility）。它主要用于解决成员长期的国际收支困难。中期贷款的限额为成员所缴纳份额的 140%，但普通贷款与中期贷款两项总和不得超过成

员所缴份额的165%。国际货币基金组织对这项贷款的控制很严格，成员必须提交为实现宏观经济计划所采取的政策措施，基金组织根据成员执行政策、实现目标等的实际情况，分期发放贷款。中期贷款的期限为4~10年，备用安排期为3年，第四年后开始回购，10年内分16次偿还。

（3）出口波动补偿贷款（Compensation Financing Facility；Compensation Financing of Export Fluctuations）。它设立于1963年，目的在于向因出口下降而产生国际收支困难的成员提供资金帮助。1981年该贷款范围扩大，基金组织成员因进口成本过高而面临国际收支困难时，也可申请此项贷款。1988年该贷款更名为“补偿与应急贷款”（Compensatory and Contingency Financing Facility），强调此项贷款主要用于解决国际收支中临时和偶然发生的困难。

（4）缓冲存货贷款（Buffer Stock Financing Facility）。该贷款于1969年设立，用于帮助出口初级产品的成员为稳定国际市场上初级产品的价格而建立缓冲库存资金的需要。其最高借款额度为成员所缴份额的45%，期限为3~5年。

（5）石油贷款（Oil Facility）。这是基金组织专门为解决1974年6月至1976年5月间由石油危机所引起的国际收支困难而设立的临时性贷款。其贷款对象既有发展中成员，也包括因石油涨价而引发国际收支困难的发达成员。该贷款具有临时性性质，至1976年5月，此项资金已全部借出，贷款业务宣告结束。

（6）信托基金贷款（Trust Fund）。此项贷款设立于1976年，以优惠的条件向较贫穷的发展中国家提供贷款。1973年人均国民收入不超过300特别提款权的国家才能获得此项贷款，年利率仅0.5%，期限10年，后五年还款，每年偿还一次。

（7）补充贷款（Supplementary Financing Facility）。此项货款于1977年正式发放，用于补充普通贷款和中期贷款的不足，帮助成员解决持续而严重的国际收支困难。该贷款总额为100亿美元，其中7个国际收支顺差的工业国提供52亿美元，欧佩克国家提供48亿美元。期限为3.5~7年，每年偿还一次，分期还清。利率为基金组织付给资金提供国的利率加0.2%，后三年加0.325%。

（8）结构调整贷款（Structural Adjustment Facility）和强化的结构调整贷款（Enhanced Structural Adjustment Facility）。这两项贷款分别设立于1986年和1987年，用于帮助低收入的发展中国家实施中期的宏观经济调整规划。前者最高限额为成员所缴份额的70%，后者一般为250%。

（9）扩大贷款（Enlarged Access Policy）。这是1981年国际货币基金组织实行扩大贷款政策而设立的一种贷款，是补充贷款承诺完毕后，以同样条件提供的一项贷款，实质上起着补充贷款的作用。

（10）体制转型贷款（Systematic Transformation Facility）。该贷款于1993年设立，旨在向苏联、东欧等转轨国家提供财政援助。

（二）监管

监督成员的汇率政策，维持汇率稳定是国际货币基金组织的一项重要业务职能。基金组织要求成员做到：（1）努力以自己的经济和金融政策来达到促进经济有序增长的目标；（2）不可操纵汇率或国际货币制度来妨碍国际收支的有效调整或取得不公平的竞争优势；（3）奉行国际货币基金组织所规定的外汇政策。

（三）储备资产的创设

1969年，国际货币基金组织决定创设特别提款权以补充国际储备的不足。特别提款权由基金组织按缴纳的份额分配给各成员，分配后即成为其储备资产，当成员发生国际收支赤字时，可动用特别提款权，将其划给另一成员，以偿付收支逆差，或偿还基金组织的贷款。

（四）技术援助

国际货币基金组织在诸如财政、货币政策的执行，机构的建立，统计数据的收集整理以及官员的培训等方面对成员提供专门的技术援助。

中国自1980年4月恢复了在国际货币基金组织的合法席位后，与基金组织的关系一直处于稳步、密切的发展中。1981年以来，中国陆续几次获得国际货币基金组织的贷款，但总体来看，中国借款的数量并不多，国际货币基金组织并不是中国利用外资的主要来源。不过在技术援助方面，中国多次得到基金组织在金融规划、货币政策和财政政策、银行统计和经营管理等知识技术方面提供的帮助。此外，基金组织每年都会派代表团到中国商谈经济、金融问题。

第六节　世界银行集团

世界银行成立于1944年，由国际复兴开发银行（International Bank for Reconstruction and Development，IBRD）、国际开发协会（International Development Association，IDA）、国际金融公司（International Financial Corporation，IFC）、多边投资担保机构（The Multilateral Investment Guarantee Agency，MIGA）和解决投资争端国际中心（International Center Settlement of Investment Disputes，ICSID）五个相互密切联系的机构组成。但“世界银行”的名称，主要指IBRD。

一、世界银行

国际复兴开发银行即通常所说的世界银行，成立于1945年12月，1946年6月开始营业，总部在华盛顿，纽约、日内瓦、巴黎及东京等地设有办事处，1947年成为联合国的专门机构之一，中国是其创始成员之一。

（一）世界银行的宗旨

（1）为成员的生产事业提供资金，帮助各成员进行内部建设，鼓励不发达国家的生产和资源的开发。

（2）通过保证或参与私人贷款和私人投资的方式，促进私人对外投资。

（3）用鼓励国际投资以开发成员的生产资源的方式，促使其国际贸易长期均衡地增长并保持国际收支平衡。

（4）在贷款、担保或其他渠道的资金中，保证重要项目和时间上紧迫的项目能够优先安排进行。

（二）世界银行的组织机构

世界银行不是银行，而是一个专门机构，只有国际货币基金组织的成员才有资格申请加入世界银行。世界银行的组织机构与国际货币基金组织类似，主要由理事会和执行董事会组成。理事会是最高权力机构，由成员委派理事和副理事各一名组成，理事人选一般由成员的财政部部长或中央银行行长担任，任期五年，可以连任。理事会行使的主要职权是：批准接纳新成员，调整应缴股本，停止成员资格，决定银行净收入分配以及其他重大问题。

执行董事会负责处理银行日常事务。执行董事会的最高首脑是执行董事会的主席，也是世界银行的行长，任期五年，可连选连任。主席平时无投票权，但在执行董事会表决中双方票数相等时，可投决定性一票。

（三）世界银行的资金来源

（1）成员缴纳的股金。世界银行是按股份公司原则建立起来的企业性金融机构，凡成员均需认购其股份。成员缴纳股金的多少依据各成员的经济实力，并以它们在国际货币基金组织中所摊份额为准，即根据各成员在世界贸易和国际收支中所占的比重而定。世界银行成立之初，法定资本为 100 亿美元，各成员认缴股金总额为 76 亿美元，实缴股金为认缴股金的 20%。由于成员数目不断增加，为满足老成员增加认缴股金和新成员认缴的需要，理事会对世界银行的法定资本进行了数次增资。

（2）借款。向国际金融市场借款，尤其是在资本市场发行中长期债券，是世界银行资金的主要来源。世界银行发行债券的方式主要有两种。一种是直接向成员政府机构或中央银行出售债券；另一种是通过投资银行、商业银行等中间包销商向私人投资市场出售债券。20 世纪 60 年代以前，这些债券大部分在美国市场发行，后来逐渐推广到欧洲、日本及欧佩克国家的资本市场。

（3）转让债权。世界银行将贷款债权转让给商业银行和私人投资者，收回部分资金，以提高其贷款资金的周转能力。

除此之外，世界银行历年业务活动中的利润收入也是其资金来源之一。由于世界银行资信卓著，经营得法，每年利润都相当可观。

（四）世界银行的贷款业务

世界银行的主要业务活动是为发展中国家提供长期生产性贷款，以促进其经济发展。世界银行对发展中国家贷款的资金主要来自其向投资者发行的债券以及在国际信贷市场的借款，资金成本相对较高，因此，世界银行的贷款条件非常严格：（1）贷款对象仅限于发展中成员政府和由成员政府担保的公私机构。（2）世界银行原则上只对成员的特定建设项目发放贷款，特殊情况下才发放非项目贷款。（3）贷款对象需要具有偿还能力。（4）申请贷款的成员要由世界银行确定不能以合理的条件从其他渠道获得资金。

世界银行提供的贷款条件较优惠，一般期限在 5 年以上，最长可达 30 年，贷款有还款宽限期，在此期间只付利息不还本，但借款人要承担汇率变化的风险。贷款利率基本按照世界银行在国际资本市场筹借资金的成本再加 0.5% 计算。向世界银行申请贷款的手续非常严密，而且费时较长。从提出申请，经过选定、评估等阶段，到最终取得贷款，通常需要一年半至两年的时间。

二、国际开发协会

国际开发协会成立于1960年9月，同年11月开始营业，会址位于华盛顿。它是世界银行的一个附属机构，是专门向低收入发展中成员发放优惠长期贷款的国际金融组织。

国际开发协会的宗旨是帮助世界上欠发达地区的成员，促进其经济发展，提高人们的生活水平。国际开发协会由世界银行相关人员负责经营管理，在组织结构方面是两块牌子，一套人马。但二者在法律上相互独立，它们的股本、资产和负债也相互分开。国际开发协会名义上也有理事会和执行董事会，其中，理事会是最高权力机构，执行董事会负责日常业务活动。成员在理事会的投票权大小与其认缴的股本成正比。国际开发协会的资金来源主要有四方面：成员认缴的股本、成员提供的补充资金、世界银行的赠款以及协会本身的营业收入。国际开发协会的业务活动主要是项目贷款，同时提供技术援助，进行经济调研。协会的贷款只提供给低收入的发展中成员，贷款项目要经过严格的审查，但比世界银行的贷款更为优惠，没有利息，只收取少量手续费，期限一般为35~40年，宽限期平均为10年。

三、国际金融公司

国际金融公司是世界银行的另一附属机构，成立于1956年7月，总部设在华盛顿，1957年2月成为联合国的专门机构之一。

国际金融公司的宗旨是向成员特别是发展中成员的私人企业提供无须政府担保的贷款或投资，鼓励国际私人资本流向发展中成员以推动这些成员的私人企业的成长，促进其经济发展。同国际开发协会一样，国际金融公司与世界银行也是两块牌子，一套班子。最高权力机构为理事会，理事会下设执行董事会，负责处理日常事务，正副理事、正副执行董事也就是世界银行的正副理事和正副执行董事。国际金融公司的资金主要来自成员认缴的股本、市场筹措资金以及公司业务经营的净收入。国际金融公司的业务活动主要是向成员的私人企业提供无须政府担保的贷款和对私人企业进行投资，直接入股。此外，公司还为私人企业提供技术和制定政策方面的帮助。

四、多边投资担保机构

多边投资担保机构于1990年开始营业，其宗旨是在与发展中成员的经济发展和经济政策目标相一致的前提下，加强这些成员以生产为目的的资本和技术流动，为外国投资者提供公平、稳定的投资环境。多边投资担保机构对外国投资者在发展中国家所遭遇的非商业性风险如转移限制、没收、违约、战争或内部骚乱等提供投资担保，担保的期限通常为15年，特殊情况可延长至20年。

五、解决投资争端国际中心

解决投资争端国际中心成立于1966年，是世界银行为成员政府与外国投资者在投资、结算等方面发生的纠纷提供仲裁和调解的机构，它遵循1966年10月14日生效的《国际间投资结算仲裁惯例》执行仲裁或调解。解决投资争端国际中心是世界银行的附属机构，下设行政法院和秘书处，行政法院院长由世界银行行长担任。中心的费用支出来自世界银行的业务收入。

中国是世界银行的创始成员之一，1980年重新恢复合法席位。此后，中国与世界银行集团展开了长久的、密切的合作，合作的项目主要集中在基础设施、农业、教育、卫生、环保等方面。总体看来，世界银行集团对中国的援助和贷款的主要目的是帮助中国保持宏观经济稳定，推进改革，缓解基础设施“瓶颈”制约，加强人力资源开发，促进农业的稳定发展，保证粮食供应和保护环境。同时，中国政府也向世界银行集团借鉴了很多有益的政策性建议和经验。今后，中国将会在更广泛的领域内继续和世界银行集团开展深入合作。

第七节 其他国际金融机构

一、国际清算银行

国际清算银行（Bank for International Settlements，BIS）是历史最悠久的国际金融机构，于1930年5月由英、法、德、意、比、日等国的中央银行与代表美国利益的摩根银行、花旗银行根据海牙国际协定联合组建，总部设在巴塞尔。

国际清算银行的宗旨是促进世界各国中央银行的合作，为国际金融运作提供更多便利，并在国际金融清算业务方面充当受托人和委托人。

国际清算银行是以股份公司的形式建立的，最高权力机构是股东大会，股东大会每年召开一次，由认购该行股票的各成员中央银行派代表参加。股东大会审查年度决算、资产负债表、损益表和盈利分配办法。董事会是国际清算银行的经营管理机构，是主要的政策制定者，每年召开一次会议，审查银行的日常业务。董事会由13名董事组成，设主席1名，副主席若干名。董事会下设经理部，有总经理、副总经理及正、副经理十余人，经理部又下设四个业务机构：银行账号部、货币经济部、秘书处和法律处。

国际清算银行在业务上不同于国际货币基金组织等其他金融机构，它是专门从事各国中央银行存放款业务的银行，是“中央银行的银行”，国际清算银行所主持的巴塞尔委员会是国际银行业监管的权威机构。具体来说，国际清算银行的业务主要包括：（1）办理各种国际清算业务。（2）为各国中央银行提供服务。包括办理存贷款，买卖黄金和货币，买卖可供上市的证券以及协助管理外汇储备与金融投资等。（3）定期举办中央银行行长会议。（4）管理各成员中央银行，进行国际货币与金融问题的研究。

二、亚洲开发银行

亚洲开发银行（Asian Development Bank，ADB，简称亚行）是亚太地区和国家及部分西方国家合办的区域性国际金融机构，于1966年12月开始营业，总部设在菲律宾首都马尼拉。我国于1986年加入该行。

亚洲开发银行的宗旨是：通过发放贷款、进行投资、提供技术援助促进亚太地区的经济增长与合作，并协助本地区的发展中国家加速经济发展的进程。

亚洲开发银行的最高权力机构是理事会，由各成员国（或地区）各派一名理事和副理事组成，理事会的执行机构是董事会，主要负责银行的日常工作。

亚洲开发银行的资金主要来源于成员认缴的股本、借款、亚洲开发基金和特别基金等。亚行的主要业务活动有：（1）提供贷款。对本地区各成员政府、政府附属机构、公私企业及与开发本地区有关的国际机构提供长期贷款，这是亚行最主要的业务活动。（2）股本投资。通过购买股票的形式，对发展中成员的私人企业提供融资，这是亚行自1983年起开办的业务。（3）技术援助。亚行向成员提供包括咨询服务、派遣长期或短期专家顾问团及协助拟定和执行开发计划等方面的技术援助。

三、非洲开发银行

非洲开发银行（African Development Bank，AFDB，简称非行）是非洲国家在联合国的帮助下于1964年正式成立的区域性国际金融机构，1966年7月正式营业，总部设在科特迪瓦的经济中心阿比让。

非洲开发银行的宗旨是：通过向非洲成员提供贷款、投资和技术援助，充分利用本地区的人力和资源，促进成员经济发展和社会进步，尽快改变其落后贫穷的面貌。

理事会是非洲开发银行的最高权力机构，下设执行机构——董事会。非行的贷款业务分为普通贷款业务和特别贷款业务。普通贷款业务指该行用普通股本资金提供的贷款和担保偿还贷款；特别贷款业务指用该行规定专门用途的特别基金开展的优惠贷款业务。为了广泛动员和利用资金，解决贷款资金来源问题，非洲开发银行在20世纪70年代又先后成立了四个机构：非洲开发基金、尼日利亚信托基金、非洲投资开发国际金融公司以及非洲再保险公司。

四、欧洲投资银行

欧洲投资银行（European Investment Bank，EIB）是欧洲经济共同体各国政府间的一个金融机构，于1958年1月成立，总部设在卢森堡。其宗旨是：利用国际资本市场和共同体内部资金，促进共同体的平衡和稳定发展。

欧洲投资银行的资金主要来源于成员认缴的股本金以及通过发行债券在国际金融市场上筹措的借款。欧洲投资银行的业务活动主要包括：（1）为工业、能源及基础设施项目的兴建与改造提供贷款或贷款担保。（2）促进成员感兴趣的事业的发展。（3）促进成员企业的现代化。

五、泛美开发银行

泛美开发银行（Inter-American Development Bank，IDB）是拉美以及一些西方国家还有日本和前南斯拉夫合办的区域性国际金融机构，于 1959 年 12 月成立，1960 年 10 月正式营业，总部设在美国首都华盛顿。

泛美开发银行的宗旨是通过对拉美成员的经济和社会发展项目提供资金和技术援助，促进各成员自身和共同的经济发展和社会进步。泛美开发银行的资本来源有：成员分摊；发达国家成员提供；在国际金融市场和有关国家发行债券等。

理事会为泛美开发银行的最高权力机构，由各成员委派一名理事组成，理事会下设的执行董事会为执行机构。此外，泛美开发银行在拉美各成员的首都及巴黎、伦敦都设有办事处。

泛美开发银行的主要业务活动是提供贷款，分为普通业务贷款和特种业务基金贷款。前者的贷款对象是政府和公、私机构的特定经济项目，后者则主要为那些需要特别对待的经济和社会项目提供贷款。除贷款外，泛美开发银行还向各成员提供技术援助，或为各项目的培训人员提供工资，或通过技术培训，使当地相关人员具有执行本国发展项目的技能。

关键概念

国际货币市场　国际资本市场　国际黄金市场　离岸国际金融市场
国际货币基金组织　世界银行

复习思考

一、单项选择题

1. 广义的国际金融市场包括货币市场、资本市场、外汇市场和（　　）
A. 贴现市场　B. 期货市场　C. 黄金市场　D. 证券市场
2. 按交易的自由程度划分，苏黎世黄金市场属于（　　）
A. 现货市场　B. 期货市场　C. 自由交易市场　D. 限制交易市场
3. 下列哪项不属于世界银行的资金来源（　　）
A. 成员缴纳的股金　B. 发行债券取得的借款
C. 参与外汇市场操作所得收益　D. 债权出让
4. 国际货币基金组织的总部设在（　　）
A. 纽约　B. 日内瓦　C. 海牙　D. 华盛顿
5. 国际清算银行的最高权力机构是（　　）
A. 股东大会　B. 理事会　C. 董事会　D. 总裁

二、多项选择题

1. 国际金融市场在经济发展中具有独特的作用，具体表现在（　　）

A. 提供国际融资渠道　　B. 调剂各国资金余缺
C. 调节国际收支　　D. 促进经济全球化发展
E. 有利于规避风险

2. 国际货币市场的子市场主要包括（　　）
A. 短期信贷市场　B. 国际债券市场　C. 短期证券市场　D. 票据贴现市场
E. 离岸货币市场

3. 属于全球性的国际金融机构有（　　）
A. 世界银行　B. 国际清算银行　C. 亚洲开发银行
D. 国际货币基金组织　E. 国际金融公司

4. 国际货币基金组织的资金来源有（　　）
A. 发行债券　B. 份额　C. 向成员借款　D. 信托基金
E. 经营利润

三、思考题

1. 什么是国际金融市场？国际金融市场的形成需要哪些条件？
2. 国际金融市场的作用有哪些？
3. 国际货币基金组织的宗旨是什么？
4. 世界银行的宗旨是什么？

实训案例

中国离岸金融市场

一、中国离岸金融市场发展的主要历程

初创阶段（1989—1994 年）。在这一阶段，只有招商银行经营离岸金融业务，并取得了很好的经营效果。1989—1991 年，招商银行的离岸总资产从 3 073 万美元迅速上升到 21 012 万美元，离岸存贷款、利润等指标均有较快增长，离岸金融业务的发展获得了良好的开端。在这一阶段，离岸业务各种管理规章制度逐步健全。

增长阶段（1995—1998 年）。本阶段有 4 家银行加入离岸金融业务中来，中国工商银行、中国农业银行、深圳发展银行（现为平安银行）、广东发展银行，至此，共有 5 家银行经中国人民银行和国家外汇管理局批准经营离岸金融业务。同时，深圳作为中国首个离岸金融试点城市，利用毗邻香港的优势，与香港金融市场对接。

清理整顿阶段（1999—2002 年）。亚洲金融危机的爆发对东南亚地区经济造成了严重影响，对于以香港为主要市场的中国离岸金融业务来说如同当头棒喝。加之先前的盲目扩张和管理不善，离岸金融业务的风险即刻暴露，离岸资产质量不断恶化。1999 年初，央行不得不宣布暂停新的离岸资产业务，进入清理整顿阶段，离岸业务的发展停滞。

重新启动（2002 年至今）。2002 年 6 月 11 日，央行重新放开离岸金融业务，批准交通银行、招商银行、浦发银行、深圳发展银行开办离岸金融业务。2005 年 8 月，深圳发展银行和招商银行获得证监会批准，成为中国第一批开办离岸担保业务的中资银行。同时增设上海作为离岸金融试点城市。

二、中国离岸金融的监管

针对性的离岸法律文件呈现出效力低、数量少的特点。目前，中国对离岸金融业务发挥监管作用的文件主要是1997年10月发布的《离岸银行业务管理办法》和1998年5月“关于发布《离岸银行业务管理办法实施细则》的通知”，这意味着在监管方面存在着文件出台时间过早、缺少一系列的法律文件进行更加详细的规定和高级别立法等缺陷。

离岸金融业务的监管机关。《离岸银行业务管理办法》明确指出，国家外汇管理局及其分局是银行经营离岸银行业务的监管机关，负责离岸银行业务的审批、管理、监督和检查。银行经营离岸银行业务，应当经国家外汇管理局批准，并在批准的业务范围内经营。未经批准，不得擅自经营或者超范围经营离岸银行业务。外汇局定期对银行经营离岸银行业务的情况进行检查和考评，具体包括：离岸银行资产质量情况；离岸银行业务收益情况；离岸银行业务内部管理规章制度和风险控制制度的执行情况；国家外汇管理局规定的其他情况。

离岸金融业务管理。《离岸银行业务管理办法实施细则》规定，离岸银行业务实行独立核算，其账务处理采取借贷记账法和外汇分账制，应分币种单独填制会计凭证，设置单独账簿，并编制单独的财务报表和统计报表。离岸银行对离岸银行业务风险按以下比例进行单独监测：离岸流动资产与流动负债比例不低于60%；离岸流动资产与离岸总资产比例不低于30%；对单个客户的离岸贷款和担保（按担保余额的50%折算）之和不得超过该行自有外汇资金的30%；离岸外币有价证券（蓝筹证券和政府债券除外）占款不得超过该行离岸总资产的20%。

三、中国离岸金融的新发展

（一）中国离岸金融依托自贸区快速发展

2013年9月—2019年8月，国务院先后分五批，批复成立上海、广东、天津、福建、辽宁、浙江、河南、湖北、重庆、四川、陕西、海南、山东、江苏、广西、河北、云南、黑龙江共18个自由贸易试验区。自由贸易区作为特殊经济功能区，是发展离岸金融业务的天然沃土，反过来，离岸金融业务的发展也有利于深化自贸区建设。

一方面，自贸区是发展离岸金融的天然载体，实际上建立了一个对内隔离，对外接轨的金融环境。上海是我国首个自贸试验区，国务院《中国（上海）自由贸易试验区总体方案》也明确提出“允许实验区内符合条件的中资银行开办离岸业务”。另一方面，发展离岸金融也是深化自贸区改革的有效手段，离岸金融在便利国际结算和资金融通、扩大对外开放、引导境外人民币资金流动等方面均可发挥重要作用，有利于持续推进人民币国际化和上海国际金融中心建设。

（二）“一带一路”倡议为离岸金融带来了新的发展机遇

2013年9月和10月，国家主席习近平分别提出建设“新丝绸之路经济带”和“21世纪海上丝绸之路”的合作倡议。2019年9月，中国一带一路网发布了“一带一路”倡议六周年成绩单，从基础设施到民生改善，从贸易往来到文化交流，“四梁八柱”已经确立，精耕细作正在开启。2013—2018 年中国与沿线国家货物贸易额超 6 万亿美元，对沿线国家直接投资额约 900 亿美元；中国国际进口博览会成功举办，成交总额超过 578 亿美元；截至 2019 年 6 月底，中国出口信用保险公司在沿线国家累计实现保额 7 704 亿美元，支付赔款约 28.7 亿美元，丝路基金实际出资额近 100 亿美元；六大经济走廊均取得重要进展，如截至 2018 年底，“中巴经济走廊”框架下已启动或建成项目 19 个，总投资近 200 亿美元。

“一带一路”进程的推进，“五通”等重点方面的合作，均导致对离岸金融服务的需求日益旺盛，为离岸金融的发展提供了良好的外部环境和新的契机。例如，基础工程建设带来的巨大融资需求、国家之间的贸易往来带来结算和出口信贷融资需求以及对贷款的监管等。反过来说，离岸金融也可以在自身发展的基础上，使贸易和投融资更加便利和自由，在经贸合作、项目互联互通等关键领域起到重要作用。达到“一带一路”和离岸金融协同发展、互相促进的效果。

实训项目：根据上述材料分析一下中国离岸金融市场的发展与人民币国际化之间的关系，及对中国未来金融市场发展的影响。

第五篇

国际金融危机理论与国际金融监管

第十二章　国际金融危机理论与国际金融监管

引　言

国际金融危机的爆发往往会对世界经济造成非常严重的影响。美国次贷危机引发的国际金融危机就使世界金融体系乃至全球经济遭到自大萧条以来最为严重的创伤。了解并掌握国际金融危机的相关理论对于预测、应对金融危机无疑具有重大意义。国际金融监管是维持国际金融体系安全与稳定的重要手段。以美国次贷危机为契机，国际金融监管体制有了新的变化。

学习目标

通过本章的学习，学生应了解国际金融危机理论三代模型；掌握国际金融监管的含义、目标、原则、体制以及发展的新趋势。

第一节　国际金融危机理论

金融危机是指全部或大部分金融指标如利率、汇率、资产价格、企业偿债能力、金融机构倒闭数量等出现恶化，导致正常的融资活动无法继续的情况。金融危机有多种表现形式，如货币危机、债务危机、股市危机及银行业危机等。现代金融危机往往表现出全面性或系统性的特征，换言之，上述几种现象通常同时或相继发生。

一、第一代金融危机模型

20 世纪 70 年代，克鲁格曼（Panl R. Krugman）率先引进价格稳定机制模型，研究固定汇率制度的货币危机问题，后经佛拉德（Flood）、加伯（Garber）等人的改进，形成了第一代货币危机理论模型。根据此模型，货币危机根源于政府的宏观经济政策和固定汇率间的矛盾。该理论假定：为弥补财政赤字，货币当局将会不加节制地持续发行货币，从而形成本币贬值的压力。为了维持固定汇率，中央银行只能动用外汇储备。一旦外汇储备数量接近枯竭，投机者就会对货币发起投机冲击，外汇储备被全部消耗掉之后，政府被迫放弃固定汇率制度，货币危机就此爆发。

第一代货币危机模型强调宏观经济基础变量的恶化是导致危机的根本原因。当一国拥有充足的外汇储备时，持续性的财政赤字货币化与维持固定汇率制度的矛盾往往被掩盖起来；但是当外汇储备不足时，投机者抛售本币的狂潮便会激化这种内在矛盾，最终引发危机。投机者短期内大量抛售本币的行为并不是一种非理性行为，也不是市场受到操纵的结果，尽快抛空一种内在价值趋跌的货币是避免风险的最佳选择。

该模型较好地解释了20世纪70—80年代的货币危机，但其缺陷在于高度简化，模型中僵化的政府行为反而不够理性，也不符合现实；政府通常不会盲目地以增加货币发行量的方式来解决财政赤字问题，中央银行也不会仅以外汇买卖单一手段来干预市场，它们可以选择其他紧缩性货币政策（如提高利率）或相应的财政政策来改善内部经济运行的情况。

二、第二代金融危机模型

第二代危机模型最早是由奥布斯特菲尔德（Obstfeld）提出的。他修正了第一代危机模型中过分简化政府行为的做法，认为投机性冲击的结果并非完全可预期的，投机者与货币当局之间的博弈——货币当局决定动用多少外汇储备来维持固定汇率及投机者对一国政府外汇储备底线的估计，将成为投机性冲击何时发生的关键。也就是说，第二代危机模型和第一代危机模型在分析上实质是相同的，都将危机的爆发归因于国内经济政策同维持固定汇率的矛盾上。差别在于，第二代危机模型强调的是货币危机预期自我实现的性质。其基本假定是：第一，政府具有维持固定汇率制的动机；第二，政府具有放弃固定汇率制的动机；第三，市场的预期最终会导致政府放弃固定汇率制。事实上，政府是否维持固定汇率制度，是权衡各种利弊可能之后的政策选择结果。但是当市场预期汇率贬值的时候，维持固定汇率的成本和收益会发生根本性的变化，成本将大大增加，最终会促使政府放弃固定汇率制。

一国政府捍卫固定汇率制是因为：首先，稳定的汇率水平有助于促进国际贸易和国际投资活动；其次，对于具有高通货膨胀历史的国家来说，固定汇率制代表了政府向国际社会做出的郑重承诺，有助于维护本币信誉。

促使一国政府放弃固定汇率制的可能因素有：一是该国有巨额外债负担，货币贬值可以减轻其实际债务；二是若该国经济不景气，存在较高的失业率，政府会希望采用扩张性货币政策来刺激经济、降低失业率，但固定汇率制阻碍了政府上述意图的实现。

市场预期汇率贬值会导致政府放弃固定汇率制是因为如果公众开始怀疑政府捍卫固定汇率制的决心和能力，或干脆失去了耐心，就会造成维持固定汇率制的成本过高，而使政府最终放弃固定汇率制，危机将会提前到来。所以，预期本身就是汇率危机的直接原因，具有自我实现的机制。

三、第三代金融危机模型

第三代危机模型是在1997年亚洲金融危机后由麦金农和克鲁格曼发展起来的，该模型认为在新兴市场经济国家中，危机的爆发在于经济泡沫的破裂；金融上层建筑的过度扩张导致了经济泡沫；而金融上层建筑的恶性膨胀根源于经济中普遍存在的道德风险；普遍存在的道德风险则归因于企业和金融机构的隐性担保以及政府同这些企业和机构的裙带关系。这样的隐性担保及裙带关系使企业和金融机构一方面肆无忌惮地扩大外债规模，另一方面又无所顾忌地将大量资金投资于高风险的股票和房地产市场中，从而促使资产价格膨胀，泡沫由此产生。但是脱离实体经济的金融泡沫不可能永远膨胀下去，当出现某种外来因素扰动时，泡沫破灭就会通过支付链条传导到整个金融体系，于是资产价格急剧下跌，银行不良债权激增，进而引发全面的金融危机甚至社会危机。此外，现代金融危机的一个主要特征还表现为：外汇市场的不稳定会在各个有关国家传播，一种货币的贬值会导致其他货币的贬值。一国危机会导致外部债权人重新评估其他国家的经济基本面，从而出现“传染效应”，而这也是东南亚金融危机的主要原因之一。

第二节　国际金融监管

一、国际金融监管的含义

金融监管的概念有广义和狭义之分。狭义的金融监管侧重金融监管当局依据国家法律法规对包括金融机构及其所从事的各项业务活动在内的整个金融业所实施的监督与管理。广义的金融监管还包括金融机构的内部控制与稽核、行业自律组织及社会中介组织等的监管。

金融监管最初仅限于各国内部的独立行为，随着经济一体化与金融全球化，逐步发展成国际范围内的监督与管理活动。国际金融监管作为国内金融监管的延伸和扩展，除国内金融监管的所有内容外，还包括一国政府或其代理机构对在外国经营的本国金融机构的分支机构或附属机构、在国内经营的外国金融机构、流入本国的国际资本、流出本国的资本等进行的监督和管制，其监管对象主要为国际金融机构，包括国际银行、国际证券机构、国际保险机构和国际信托机构等。国际金融监管需要各国的合作和协调，各国通过一系列的国际公约来达成金融监管上的共识以及主权原则前提下的合作。

二、国际金融监管的目标

总的来说，金融监管的目标就是金融监管行为所要达到的最终效果，具体涉及三个方面。

（一）维持金融体系的安全与稳定，保证金融市场的正常运转

金融机构作为货币资金融通和信用经营的特殊机构，具有很大的风险性，而且对整个经济体系有牵一发而动全身的影响。任何一家金融机构的运营一旦出现严重问题，都有可能引起连锁反应，导致金融、经济秩序的混乱，给社会公众和整个国民经济带来灾难性的后果，甚至引发金融、经济危机。所以，保持金融体系安全、稳定、有序地运行就成为金融监管的首要目标。

（二）保护存款人及投资者的利益

存款人的存款是银行贷款的来源，是银行得以生存的保障，保护存款人的利益实质就是维护银行的信贷基础。作为金融市场参与主体的投资人是资金的输出方，属于各种

金融交易中的信息弱势群体，他们的利益也应该受到保护。维护金融体系的稳定和保护存款人与投资者利益两个目标之间存在密切的关联。前者是后者的前提，后者又能促进前者的实现。

（三）促进金融市场的公平竞争与高效运行

市场经济是竞争性经济，竞争在很大程度上可以实现资源的优化配置，良性的、公平的竞争能够促使金融机构提高运行效率。但金融市场的风险较大，恶性竞争常常发生，所以需要强有力的金融监管以营造公平、良好的竞争环境。

当前金融全球化程度加深，一个国家的金融风险往往会波及其他国家，甚至引起国际性的金融风暴，因此国际金融监管作为国内金融监管的延伸，除完成上述目标外，还要打击和遏制跨境金融违法行为、防止金融风险在国际间传播以及最大限度地降低国际金融危机的发生和蔓延带来的全球危害。

三、国际金融监管的原则

金融监管的原则是金融监管主体在监管过程中所应遵守的基本行为准则。1997 年巴塞尔委员会制定的《有效银行监管的核心原则》涉及监管体系的各个方面，贯穿于监管行为的整个过程，是各国金融监管工作的基础性指导原则。

（一）依法监管原则

金融监管工作只有在法律的规范和约束下，才能顺利地实施和有效地进行。这一原则包括两方面的含义：一是金融机构必须依法接受国家金融监管当局的监督和管理；二是国家金融监管当局也必须依法实施监管。遵循此原则的前提是一国拥有完善的金融监管法律、法规。

（二）适度监管原则

金融监管当局对金融市场的介入应该控制在合理的范围内，一方面保持金融机构间的合理竞争，避免因金融垄断造成金融体系失去效率和活力；另一方面又要防止过度竞争和恶性竞争导致社会资源的浪费和金融体系的动荡不安。

（三）自我控制与外部监管相结合的原则

金融监管不仅仅是金融监管当局的责任和义务，金融监管活动也涉及金融机构内部的自我控制。为使金融监管能够真正发挥作用，保证金融活动公平、有效地进行，必须将金融监管与金融机构内部控制有机地结合起来，即将监管措施转化为内部控制要素。

（四）风险预防原则

金融业的性质决定了它的高风险性，而一个完善的风险预防机制是保证金融体系稳健运行的必要条件。巴塞尔委员会制定的《有效银行监管的核心原则》指出，银行监管者必须提前做好充分的风险准备，并掌握多种监管手段，从而保证在银行不能满足市场要求或者储蓄者的资金安全受到侵害时采取及时、合理的行动办法。

这些原则同样适用于国际金融监管，除此之外，国际金融监管由于其特殊性，还应遵循以下原则。一是信息共享原则。金融活动的日益国际化和金融市场的全球化使得对跨境金融活动的监管往往超出一个国家或地区监管机构的管辖范围。一国或地区的金融监管机构如果无法获得其他国家或地区金融机构真实、有效的信息，将很难卓有成效地开展监管活动。因此，必须将国家或地区间共享相关金融信息作为一个原则确定下来。二是母国与东道国共同监管原则。国际金融市场的一体化、跨国金融机构的不断涌现使单纯依靠母国或东道国实施跨境金融活动监管的方式已经无法适应形势的要求，母国和东道国的金融监管当局必须互相协调合作，实现对跨境金融活动的有效监管。

四、国际金融监管的体制

金融监管体制是金融监管体系及基本制度的总称。当代国际金融监管体制的模式按不同标准有多种划分方法，比如，按监管机构监管范围的不同，可分为混业监管模式和分业监管模式；按监管对象确立标准的不同，可分为功能监管和机构监管；按监管组织体系的设置不同，可分为统一监管模式、分业监管模式以及不完全统一监管模式。这里，在借鉴传统划分方法的基础上，结合金融监管国际化的新趋势，将金融监管体制划分为以下三种模式。

（一）集权型金融监管模式

这是指由一家金融管理机构对国内所有金融机构的一切金融活动进行监管，有两种情况：一是由中央银行行使监管职能；另一种是由专门的监管机构行使监管职能。一般情况下，由中央银行承担集中监管职能的情况比较多见。英国及大多数发展中国家的金融监管模式是该种类型。它的优点主要在于：金融监管集中，金融法规统一，有助于贯彻货币政策和金融监管指令，有利于克服相互推诿的弊端。但是这种模式也有可能导致金融监管部门的作风官僚化，滋生腐败；同时，金融监管的任务过重也不利于提高金融监管人员的素质，促使他们为金融机构提供更优质的服务。

（二）分工型金融监管模式

这种模式在不同的金融业务领域以及中央与地方之间分别设定监管机构，具体又可分为单线多头式和双线多头式两种类型。

单线多头式是指全国金融监管权集中于中央，在中央一级分别由两个或两个以上的机构共同负责全国金融业的监督管理。采用这种模式的大多是经济比较发达的国家，如法国、德国、日本、比利时、新加坡等。

双线多头式是指中央与地方对金融体系同时享有监管权力，在中央和地方分别有多个金融监管机构。通常这些机构分别设立在中央或每一级地方政府机构之下，两级政府可以分设监管机构，互不干涉。实施这一监管模式的国家主要是联邦制发达国家，如美国和加拿大。

分工型监管模式有利于各个权力机构之间相互制约，可以防止金融权力过度集中，不容易产生腐败；同时，各监管机构分工较细，具有专业化优势，可提高监管效率。但是这种监管模式高效运行的关键在于金融监管机构间的相互协作与沟通，否则很容易出现监管冲突、监管重复等问题，以致影响金融机构的正常业务运行，加剧金融领域的矛盾，导致金融混乱。

（三）合作型金融监管模式

这种监管模式又称跨国型金融监管模式，是指在经济合作区域内，由统一机构负责所有成员的金融监管工作，合作性是其最大特点。

合作型金融监管模式与区域性货币联盟紧密相关，是区域金融合作和世界经济一体化的发展结果。区域性、合作性经济组织的存在是构建此模式的基础，履行监管职能的机构是跨国中央银行，其典型代表是欧洲中央银行。在这种监管模式下，成员将金融管理权交给跨国中央银行，有利于相互合作，节约成本。但同时，成员的金融管理政策也会失去其独立性。

可见，每一种金融监管模式都各有利弊，一国选择何种模式是由其政治经济体制、经济发展水平、社会结构、文化历史背景以及金融业的规模等多重因素决定的。

五、国际金融监管的新趋势

后危机时代，国际金融监管呈现出五大趋势：对金融机构资本监管力度不断加强、监管标准日益多元、强调宏观审慎监管与微观审慎监管融合统一、强调行为监管、对金融机构的合规监管力度不断加大。

（一）对金融机构的资本监管力度不断加强

强化金融机构资本监管是后危机时代国际金融监管改革的核心之一。强化资本监管主要体现在资本数量和资本质量两个方面。《巴塞尔协议Ⅲ》对二者进行了规定，资本数量方面，要求银行满足一级核心资本充足率不低于4.5%、一级资本充足率不低于6%，资本充足率不低于8%；资本质量方面，要提高普通股和未分配利润在核心一级资本中的权重，设立新的最低普通股比率标准，降低非普通股在一级资本工具中的占比，促进普通股和未分配利润在一级资本构成中占据主导地位。

（二）监管标准日益多元，确立多重约束的监管框架

为弥补资本充足率监管的缺陷，2017年底公布的《巴塞尔协议Ⅲ》最终改革方案确立了由资本充足率、流动性覆盖比率、净稳定融资比例、杠杆率、大额风险暴露上限相互补充与协调配合的多重约束监管框架。该框架从流动性监管、杠杆率监管、大额风险暴露监管三个方面，显著提升了银行业审慎监管标准。

（三）强调宏观审慎监管和微观审慎监管融合统一

宏观审慎监管与微观审慎监管是审慎监管的两大支柱。微观审慎监管关注单一金融机构的稳健运行，监管机构通过制定一系列监管指标，形成了“自下而上”的监管模式。宏观审慎监管则是一种“自上而下”的监管框架，通过对风险相关性的分析、对系统重要性机构的监管来防范和化解系统性风险，保障整个金融体系的良好运作，避免经济遭受重大损失。

国际金融危机后，世界各国的金融监管当局普遍认识到金融体系中的一些致命风险易在微观审慎监管下被忽视，而宏观审慎监管则能有效弥补监管盲点。从实践上看，各国的金融监管改革方案普遍将系统性风险监管放在了重要位置，意图通过建立宏观审慎监管结构框架妥善应对包括金融市场本身结构、投资者结构等系统性风险。例如，美国

先后发布的“蓝图”“框架”及“白皮书”等改革方案中都可看出美国正在寻求增强宏观审慎监管的路径。

（四）强调行为监管，强化金融消费者保护

长久以来，对于金融投资者的保护始终是各国金融监管机构的目标之一。随着金融混业经营的不断发展，各种金融衍生品大量出现，金融商品的购买者已扩大至普通民众，并将金融商品作为可带来一定收益的消费品来购买，因此，在一定意义上来说，“金融投资者”的范畴覆盖面已变得有限，“金融消费者”的概念更符合金融商品购买者的基本含义。

国际金融危机带给各国监管当局的另一个重要教训就是忽略了对金融消费者的教育和保护。在信息不对称的情况下，消费者对金融产品缺乏了解，无法有效分散风险，最终成为危机发生的重要诱因。次贷危机之后，各国不仅加强审慎监管，而且注重行为监管，且国际金融监管改革重点也放在保护金融消费者利益上。金融消费者保护方面，英美有许多共同之处：以法律形式明确规定了金融消费者保护的监管目标以及监管机构的保护职责；要求加强与金融消费者权益保护相关的各个监管部门之间的协调与配合；通过法律明确赋予金融消费者权益保护监管机构处罚权。

（五）对金融机构的合规监管力度不断加大

国际监管机构对金融机构的合规监管不再局限于其所在地分支机构，而是向其全球总部甚至与其具有较高关联性的其他机构或地区的交易对手方延伸，这导致金融机构海外业务经营和发展所面对的合规监管压力增加。主要体现在三个方面：一是长臂管辖理念不断深化，反洗钱监管力度加大；二是非现场监管报表在合规监管中的应用日益普遍；三是金融科技监管工具广泛应用，定制化监管趋势凸显。

关键概念

第一代金融危机模型　第二代金融危机模型　第三代金融危机模型　国际金融监管

复习思考

一、单项选择题

1. 强调宏观经济基础变量的恶化是导致危机的根本原因的是（　　）

A. 第一代金融危机模型　　B. 第二代金融危机模型

C. 第三代金融危机模型　　D. 第四代金融危机模型

2. 下列哪一项原则要求金融监管当局对金融市场的介入控制在合理的范围内，既要保持金融机构间的合理竞争，又要防止过度竞争和恶性竞争导致社会资源的浪费和金融体系的动荡不安（　　）

A. 风险预防原则　　B. 依法监管原则

C. 适度监管原则　　D. 自我控制与外部监管相结合的原则

二、多项选择题

1. 国际金融监管的对象主要包括（　　）

A. 国际银行　　B. 国际证券机构　　C. 国际保险机构

D. 国际信托机构　　E. 世界银行

2. 国际金融监管的原则主要有（　　）

A. 依法监管原则　　B. 适度监管原则　　C. 自我控制与外部监管相结合的原则

D. 风险预防原则　　E. 自愿原则

三、思考题

1. 国际金融危机理论是如何形成并发展的?

2. 试述国际金融监管的含义、目标、原则、机制以及新趋势。

实训案例

解读美国次贷危机

一、谁来背锅：次贷危机爆发的根本原因

2001 年的互联网泡沫破灭之后，美国的利率一路降低至 1.25%，导致国债等传统的投资产品回报率非常低；而中国、日本和欧佩克国家的大量外储存放在美国，也使得美国的借贷成本不断降低。这种情况下，美国的金融机构大量使用杠杆并投资于高风险资产，在获取高额回报的同时，美国金融体系的杠杆率也急剧上升，并积累了大量风险，促成了次贷危机的爆发。

第一，美联储过度宽松的货币政策是危机爆发的根本原因之一。金十数据整理发现，美联储从 2001 年初开始连续进行了 13 次降息，联邦基金利率从最初的 6.5% 降到了 1%，而 30 年固定利率抵押贷款合约利率（即美国的房贷利率）也从 2000 年 5 月的 8.52%，一路降至 2004 年 3 月的 5.45%。

第二，当时的小布什政府为了刺激经济，“不合时宜”地提出了新的“美国梦”计划——每个美国人都应该“居者有其屋”。而在美国富裕阶层的购房需求基本饱和的情况下，美国政府只能把注意力转向信用评级得分较低的人，通过立法要求金融机构向穷人发放贷款，促成了次级贷款大量发放。

第三，美国发放次级贷款的大部分金融机构是抵押贷款公司，而激烈的市场竞争更不断拉低了借款者的信用门槛。为了收取更多手续费，这些抵押贷款公司盲目发展客户市场，忽视甚至是有意隐瞒客户的借款风险，很多不可能借到钱或者借不到那么多钱的“边缘贷款者”，也被蛊惑进来。

第四，过度的金融创新也成为美国房地产泡沫膨胀并最终导致危机爆发的背后推手。提供次级贷款的抵押贷款公司并不会坐等房贷的本金和利息，他们将其打包成抵押贷款证券卖给房地美和房利美这样的大金融机构，以实现快速变现。而房地美和房利美也不会长期持有这些住房抵押贷款，他们和高盛等投行一起通过资产证券化将贷款打包成一个新产品——债务抵押债券（Collateralized Debt Obligation，CDO），并将其出售给市场。随后标准普尔等评级机构为这些普通人根本看不懂的产品给出相当于美国国债的评级，使得这些债券迅速被保险公司、基金公司等抢购一空。

第五，华尔街的聪明人又通过施展金融魔法，为这些CDO购买了保险信用违约互换（Credit Default Swap，CDS），即使债券出现违约，CDS购买者也就能获得相应价值的赔偿。这样一来，几乎完全规避了风险（出了事由保险公司承担）。通过这些令人眼花缭乱的金融创新，截至2007年，与次级贷款有关的金融产品总额高达8万亿美元，是抵押贷款的5倍。

二、危机降临：美国的金融体系突然“没钱了”？

华尔街涌现出CDO、CDS等一系列金融创新并创造了大量收益，不过所有收益的最终根源在于“美国房价无限上涨”。1997—2006年，一般的美国住房价格增加了124%，美国家庭的拥房比例从1994年的64%上涨到2004年的史上最高水平69.2%；而CDS的市场规模竟然飙升至次级抵押贷款市场的48倍，相当于美国GDP的4倍之多。

但是，对世界经济有所了解的人都知道，没有只涨不跌的房价，当你选择无视市场规律时，风险往往会紧随而至。随着国际油价的飞涨以及美国国内通胀率的飙升，美联储在2004年6月起的两年内连续17次加息，将联邦基金利率从1%上调至5.25%。由于次贷大多为浮动利率贷款，也紧随基准利率上升而上升，大多数次贷借款人的还款压力大幅增加，房价也开始掉头向下。

对美国的贷款购房者来说，此时最尴尬的情况出现了——房价下跌使其不能再通过房屋净值贷款获得新的抵押贷款，即便出售房产也偿还不了本息，最终只能违约。而抵押贷款供应商也由于房价下跌降低了抵押品价值，导致其无法通过出售抵押品回收贷款本息。而此前被投行等各种金融机构疯抢的CDO等金融产品，也逐渐地无人问津。

自2007年2月起，美国的新世纪金融公司、贝尔斯登、花旗银行、摩根士丹利等大机构都先后发布盈利预警或出现大规模业绩亏损，而美国著名投行雷曼兄弟则成为第一张倒下的多米诺骨牌。雷曼兄弟的倒闭给美国金融体系及美国经济带来了沉重的打击，上万亿美元的金融泡沫破裂，数百万美国人的财富一夜之间化为乌有，房地产价格一落千丈，华尔街当年的利润总额亏损超过1 000亿美元，衰退和危机的阴影弥漫在美国各行各业。

资料来源：“金十数据”网易号，http://mp.163.com/v2/article/detail/ESQIE9G40519EO06.html。

实训项目：根据所学内容和案例分析美国发生次贷危机的原因，对于国际金融监管有哪些方面的启示？

参考文献

1. 姜波克. 国际金融新编［M］. 6版. 上海：复旦大学出版社，2018.
2. 陈雨露. 国际金融［M］. 6版. 北京：中国人民大学出版社，2019.
3. 侯高岚. 国际金融［M］. 4版. 北京：清华大学出版社，2017.
4. 叶蜀君. 国际金融［M］. 3版. 北京：清华大学出版社，2014.
5. 刘惠好. 国际金融［M］. 3版. 北京：中国金融出版社，2017.
6. 孙刚，王月溪. 国际金融学［M］. 大连：东北财经大学出版社，2011.
7. 朱孟楠. 国际金融学［M］. 2版. 厦门：厦门大学出版社，2013.
8. 杨胜刚，姚小义. 国际金融［M］. 4版. 北京：高等教育出版社，2016.
9. 沈国兵. 国际金融［M］. 3版. 北京：北京大学出版社，2018.
10. 李晓，等. 国际货币体系改革：中国的视角与战略［M］. 北京：北京大学出版社，2015.
11. 吴君. 国际货币体系改革与国际金融中心研究［M］. 上海：复旦大学出版社，2018.
12. 管涛. 汇率的本质［M］. 北京：中信出版社，2016.
13. 克鲁格曼. 国际经济学［M］. 10版. 北京：中国人民大学出版社，2016.
14. 罗纳德·麦金农. 失宠的美元本位制［M］. 北京：中国金融出版社，2013.